나도 할 수 있다! COMPUTATIONAL THINKING

컴퓨팅사고

도서출판 그린

머리말

여러분은 4차 산업혁명이 우리 삶을 어떻게 변화시킬 것인가에 대해 깊이 생각해본 적 있나요? 혹자는 이렇게 생각하고 있을지도 모르겠습니다.

'4차 산업혁명? 그건 공대생들이나 하는 거잖아. 나는 그냥 내가 하던 일이나 계속할거야. 나하곤 전혀 관계없잖아?'

이 책의 저자는 이런 분들에게 단호하게 '그렇지 않다'고 답을 합니다. 4차 산업혁명은 우리 삶의 모든 부분을 바꾸어놓을 것입니다.

2016년 스위스에서 개최된 세계경제포럼에서 '4차 산업혁명'이 언급되었습니다. 4차 산업혁명은 인공지능, 빅데이터, 사물인터넷, 클라우드 컴퓨팅, 나노기술, 생명공학 등의 기술들이 융합되어 새로운 가치를 창출하는 산업 형태라고 할 수 있습니다. 이는 컴퓨터 및 정보통신 기술을 기반으로 기존 모든 분야의 지식들이 융합되어 새로운 분야를 만들어낼 것입니다. 그렇다면 우리는 4차 산업혁명 시대를 맞이하여 어떤 준비를 해야 하고 어떤 역량을 갖추어야 할까요?

4사 산업혁명 시대는 컴퓨터 정보통신 기술, 즉 소프트웨어가 세상을 지배하게 됩니다. 그렇다면 모든 사람이 전문적인 프로그래밍을 배워야 할까요? 그렇지는 않습니다. 기초적인 소프트웨어적 지식과 함께 본인의 전공 지식을 융합할 수 있는 능력이 더욱 중요합니다.

앞으로 인공지능 기반의 소프트웨어가 대신할 수 있는 단순노동, 정보수집, 지식산업 분야와 같이 경험이나 학습한 내용을 바탕으로 문제를 해결하는 직업들은 점차 사라지고, 체험, 경험, 개성, 문화, 감정, 행복산업과 같이 복합적 사고와 창의적인 문제 해결이 요구되는 직업들은 증가하게 될 것입니다. 따라서 미래 사회에서는 소프트웨어 기반의 창의적 문제 해결 능력, 즉 컴퓨팅사고력을 갖춘 인재가 요구됩니다.

카네기멜런 대학교의 지넷 윙(Jeannette M. Wing) 교수는 '컴퓨팅사고는 컴퓨터 과학자뿐만이 아니라 누구나 배워서 활용할 수 있는 보편적인 사고이자 기술'이라 하였습니다. 컴퓨터를 이용해 문제를 해결하는 방식은 전통적인 방식의 사고로 해결하기 힘든 복잡한 상황에서도 효과적으로 문제를 해결할 수 있기 때문입니다.

이 책은 창의적 문제 해결능력을 갖춘 미래 인재에게 필수적인 컴퓨팅사고력 향상을 위한 기본서가 될 것입니다. 이 책의 목적은 프로그래밍 능력 향상이 아니라, 컴퓨터 비전공자들도 쉽게 컴퓨팅사고를 통해 문제를 해결할 수 있는 능력을 기르는 것입니다. 이를 위해 컴퓨팅사고의 개념과 기초적인 컴퓨팅사고 표현 방법들을 습득하고, 습득한 내용을 프로그램으로 직접 표현해보기 위해 스크래치라는 교육용 프로그래밍 툴을 사용합니다. 또한 컴퓨팅사고를 응용하여 간단하지만 재미있는 게임 만들기까지 다루고 있습니다. 복잡한 이론은 최소화하고 예제를 통해 누구나 쉽게 이해할 수 있도록 하였습니다.

마지막으로 이 책을 통해 컴퓨팅사고와 프로그래밍이 어렵다는 고정관념을 깨버릴 수 있는 좋은 계기가 되었으면 합니다.

컴퓨팅사고! 누구나 할 수 있습니다.

2020년 2월

노기섭, 박현준

CONTANTS

PART 1
컴퓨팅사고 기초 익히기

Chapter 1 **4차 산업혁명과 미래 인재** 010

1.1 4차 산업혁명 010
1.2 소프트웨어의 발달 013
1.3 미래 인재 017

Chapter 2 **컴퓨팅 사고란 무엇인가?** 020

2.1 컴퓨팅 사고가 등장하게 된 이유 020
2.2 인간의 사고와 컴퓨팅사고 027
2.3 컴퓨팅 사고의 단계 029

Chapter 3 **스크래치 소개, 설치, 사용법** 032

3.1 스크래치 소개 032
3.2 스크래치의 설치 및 시작 036
3.3 스크래치 사용법 041

Chapter 4 **자료형과 변수** 054

4.1 컴퓨터가 이해할 수 있는 자료 054
4.2 자료형의 개념과 종류 057
4.3 스크래치에서 자료형 사용하기 058
4.4 변수와 변수의 필요성 059
4.5 리스트와 자료형 062

Chapter 5 **순차적 표현을 통한 문제해결** 065

5.1 일상생활에서 만나는 문제들 065
5.2 일의 순서 정하기 066
5.3 순차적 표현을 통한 프로그래밍 069

Chapter 6 **반복적 표현을 통한 문제 해결** 089

6.1 패턴 인식 090
6.2 스크래치에서의 반복문 094
6.3 반복적 표현을 이용한 길찾기 해결 094
6.4 반복적 표현을 이용한 정사각형 그리기 해결 095
6.5 구구단 프로그램 097

Chapter 7 **선택적 표현을 통한 문제 해결** 106

7.1 일상생활에서 만나는 선택적 상황 106
7.2 스크래치에의 선택문 110
7.3 교통신호 시스템 111
7.4 로봇 청소기 프로그램 121

Chapter 8 **나누어 처리(함수)** 132

8.1 나누어 처리하기의 개념 이해 132
8.2 프로그래밍에서의 나누어 처리하기 134
8.3 정사각형을 그리고 넓이와 둘레 구하기 135
8.4 행운권 추첨 프로그램 142

CONTANTS

PART 2
문제 해결을 위한 컴퓨팅사고 응용

Chapter 9 **대화형 프로그램** 160

9.1 간단한 대화형 프로그램 - 묻고 기다리기 161
9.2 이차방정식의 해 구하기 163
9.3 이차방정식의 해 구하기 - 나만의 블록으로 작성하기 166
9.4 오실로스코프 만들기 166

Chapter 10 **리스트를 이용한 효율적인 자료 저장 및 검색하기** 172

10.1 변수를 활용한 다수의 데이터 처리 173
10.2 리스트를 활용한 다수의 데이터 처리 176
10.3 리스트에서 자료 찾기 179

Chapter 11 **효율적인 데이터 관리를 위한 정렬하기** 190

11.1 구현이 간단한 버블 정렬 192
11.2 사람이 정렬하는 방법과 같은 삽입 정렬 197
11.3 다양한 정렬 방법들 202

Chapter 12 **이벤트 처리와 메시지 방송** 210

12.1 순차적 표현을 이용한 종업원 문제 해결 213
12.2 이벤트를 이용한 종업원 문제 해결 214
12.3 스프라이트끼리 대화하며 문제 해결하기 218
12.4 다수의 이벤트 동시에 처리하기 220

Chapter 13 **멀티미디어를 이용한 문제 해결하기** 225

13.1 소리 227

13.2 음악 230

13.3 비디오 감지 233

13.4 멀티미디어를 이용한 문제 해결 237

Chapter 14 **간단한 게임 만들기** 241

14.1 유령 잡기 게임 242

14.2 배구왕 앵무 게임 250

나도 할 수 있다!

컴퓨팅사고

PART 1

컴퓨팅사고 기초 익히기

Learning the Basics of Computational Thinking

Chapter 1 4차 산업혁명과 미래 인재
Chapter 2 컴퓨팅 사고란 무엇인가?
Chapter 3 스크래치 소개, 설치, 사용법
Chapter 4 자료형과 변수
Chapter 5 순차적 표현을 통한 문제해결
Chapter 6 반복적 표현을 통한 문제 해결
Chapter 7 선택적 표현을 통한 문제 해결
Chapter 8 나누어 처리(함수)

1 CHAPTER 4차 산업혁명과 미래 인재

1.1 4차 산업혁명

현재 인류는 여러 단계의 산업혁명을 거치며 발전해 왔다. 미국의 미래학자인 앨빈 토플러(Albin Toffler, 1928~2016)는 인류의 산업 발전단계를 '제3 물결(The Third Wave)'라는 책을 통해 제시하였다.

그림 1-1. 미래학자 앨빈 토플러와 그의 저서 '제3물결'

앨빈 토플러는 인류 발전단계를 크게 3가지 물결(wave)로 구분하였다.

- 제1의 물결: 약 1만 년 전에 시작된 농업혁명으로 수렵 채집생활에서 정착형 농경생활로 변화한 농업혁명을 의미한다.

- 제2의 물결: 18세기 영국의 증기기관의 발명으로 시작된 물결로써 농경사회에서 대량생산이 가능한 산업사회로 변화한 산업혁명을 의미한다.
- 제3의 물결: 20세기 말 컴퓨터의 성능이 비약적으로 발전하면서 시작된 변화로써 초기 대량 생산 산업사회에서 지식정보기반 후기 산업사회로의 전환을 의미하는 정보화 혁명을 의미한다.

20세기 중반에 시작된 컴퓨터와 인터넷의 발달은 인류의 삶의 방식을 크게 바꾸어 놓았다. 현재 인류는 모든 정보가 인터넷으로 연결되고, 사람과 사물, 그리고 인공지능의 역할이 강력해지는 현대 사회를 살아가고 있다. 우리가 살아가는 현대사회는 1980년에 앨빈 토플러가 주장한 '사회 발전의 성공과 실패를 좌우하는 요인은 컴퓨터와 통신 기술을 결합한 정보화 기술'을 바탕으로 하는 정보통신기술(Information and Communication Technology, ICT) 사회임은 분명해 보인다. 이를 볼 때, 앨빈 토플러가 수십 년 전에 예측한 사회는 이미 실현된 것으로 볼 수 있다.

앨빈 토플러가 제시한 산업혁명(제2의 물결과 제3의 물결)은 필요에 의해 또 다시 4종류의 산업혁명으로 분류할 수 있다. 산업혁명을 4가지로 다시 정리하면 다음과 같다.

- 1차 산업혁명: 증기기관을 이용한 '기계적 혁명'으로 농경사회에서 산업화 도시로의 전환이 특징이며, 대표적인 산업으로 철강 산업을 들 수 있다.
- 2차 산업혁명: 전기를 이용한 대량생산으로의 전환으로, 기존산업과 신규 산업이 전력을 이용하여 대량생산 능력을 확보하였다. 대표적 기술로는 전기모터, 전화, 전등 등이 있다.
- 3차 산업혁명: 컴퓨터와 통신을 통한 디지털 혁명으로 기존의 아날로그 또는 기계 장치에서 디지털 기술로의 전환을 의미한다. 대표적 기술로는 컴퓨터, 인터넷, 통신기술이 있다.
- 4차 산업혁명: 소프트웨어를 기반으로 기존 산업(제품, 서비스 등)이 융합되는 산업 형태로 초연결(hyper-connectivity) 또는 초지능(super- intelligence)가 주요 특징이다. 대표

적 기술로는 인공지능, 빅데이터, 사물인터넷, 클라우드 컴퓨팅, 나노기술, 생명공학 등이 있다.

'4차 산업혁명'이라는 용어는 2016년 스위스에서 개최된 다보스 세계경제포럼에서 처음으로 도입된 개념이다. 세계경제포럼(World Economic Forum, WEF)은 기업인, 경제학자, 정치인 등 세계적으로 저명한 인사들이 모여서 세계 경제에 대하여 토론하고 연구하는 민간단체이다. 현재는 유엔 비정부자문기구로 성장하여 세계무역기구(World Trade Organization)과 서방선진7개국회담(G7)등에 강력한 영향력을 행사하는 세계적인 경제 모임으로 인정받고 있다. 세계경제포럼의 창시자인 클라우드 슈밥(Klaus Schwab)은 2016년 스위스에서 개최된 세계경제포럼에서 '4차 산업혁명'을 주장하였다. 4차 산업혁명은 정보통신을 기반으로 기존의 다양한 기술들이 융합되어 새로운 가치를 창출하는 산업형태로 볼 수 있다.

그림 1-2. 2016년 세계경제포럼에서 연설하는 클라우드 슈밥

우리가 원하든 원하지 든 이미 4차 산업혁명의 시대로 진입하였고, 새로운 4차 산업혁명의 시대를 성공적으로 살아가기 위해서는 4차 산업혁명의 특징을 이해하고 대학 생활 기간을 통해 준비해야 한다. 물론 4차 산업혁명의 대표적인 기술들은 인류가 특별한 학습을 하지 않더라도 삶을 영위하도록 진화할 것이다.

그러나 4차 산업혁명을 이해하고 능동적으로 대처하는 사람들에게 보다 많은 기회와 가치를 가져올 것은 자명한 사실이다. 4차 산업혁명의 중심에는 소프트웨어가 자리 잡고 있다. 현재 소프트웨어는 다양한 분야와 융합하여 새로운 가치와 기능을 끊임없이 창출하고 있다. 다음 장에서는 4차 산업혁명의 중심이 되는 소프트웨어의 발전 과정과 응용분야를 개략적으로 살펴보도록 한다.

1.2 소프트웨어의 발달

컴퓨터는 크게 소프트웨어와 하드웨어로 구분한다. 하드웨어는 사람의 손으로 만질 수 있는 컴퓨터의 물리적 구성품을 의미한다. 일상생활에서 흔히 볼 수 있는 컴퓨터 하드웨어는 본체, 키보드, 마우스, 프린터, 인터넷 공유기 등이 대표적이다.

그림 1-3. 컴퓨터 하드웨어의 예 (출처: kr.123rf.com)

소프트웨어는 컴퓨터 하드웨어를 동작 시키는 하드웨어 이외의 것들을 의미한다. 소프트웨어는 원시코드(Source Code, 소스코드) 형태의 프로그램, 자료구조, 데이터베이스, 각종 문서, 사용자 매뉴얼 등을 포함한다. 소프트웨어는 매우 다양한 역할을 수행하고 있다. 소프트웨어의 주요 역할을 정리하면 다음과 같다.

산업 분야 간 융합을 통한 고부가가치 창출: 최신 산업으로 분류되는 자동차, 항공기, 의료 분야에서 소프트웨어의 비중은 점차 커지고 있다. 대표적인 예로써 무인 자동차, 무인항공기, 인공지능을 융합한 의료 진단 분야의 경우 기존 산업에 소프트웨어가 융합되어 보다 높은 가치와 새로운 서비스를 창출하고 있는 분야이다.

기존 제품의 지능화: 기존 제품에 소프트웨어를 내장함으로써 안전, 편리성, 품질 등을 향상시킬 수 있다. 자동차를 예를 들면, 기존 차량에 엔터테인먼트 시스템, 자율주행 시스템, 고장진단 시스템 등의 소프트웨어를 내장하여 보다 높은 제품 성능을 제공할 수 있다.

사회적 인프라 성능 향상: 사회적으로 제공되는 날씨 예측, 고속도로 교통정보, 버스 안내 정보, 미세먼지 정보, 학생 정보 등 교육 인프라 등과 결합하여 다양한 실시간 분석 정보를 제공하여 사회적 편익을 증진시킨다.

초연결 사회로의 가속화: 휴대용 스마트 기기의 소셜 네트워크 서비스를 통하여 시공간을 초월하여 사람들을 연결하고, 각종 사물들을 컴퓨터 네트워크를 통해 연결하여 모든 사물이 인간과 연결되는 초연결 사회로의 진입을 가속화한다.

인류 콘텐츠 혁명: 소프트웨어를 이용하여 지구상의 수많은 사람들이 사진, 음악, 동영상, 리뷰, 문서 등 다양한 형태의 콘텐츠를 실시간으로 생성하고 유통하여 인류 역사상 가장 빠른 콘텐츠 혁명으로 진입하고 있다.

소프트웨어를 구현하기 위해서는 개발 도구가 필요하다. 개발을 위해서는 컴퓨터가 알아들을 수 있는 형태로 표현해 주어야 한다. 컴퓨터가 이해할 수 있도록 고안된 것이 프로그래밍 언어이다. 대표적인 프로그래밍 언어를 저급언어와 고급 언어로 개략적으로 구분하면 다음과 같다.

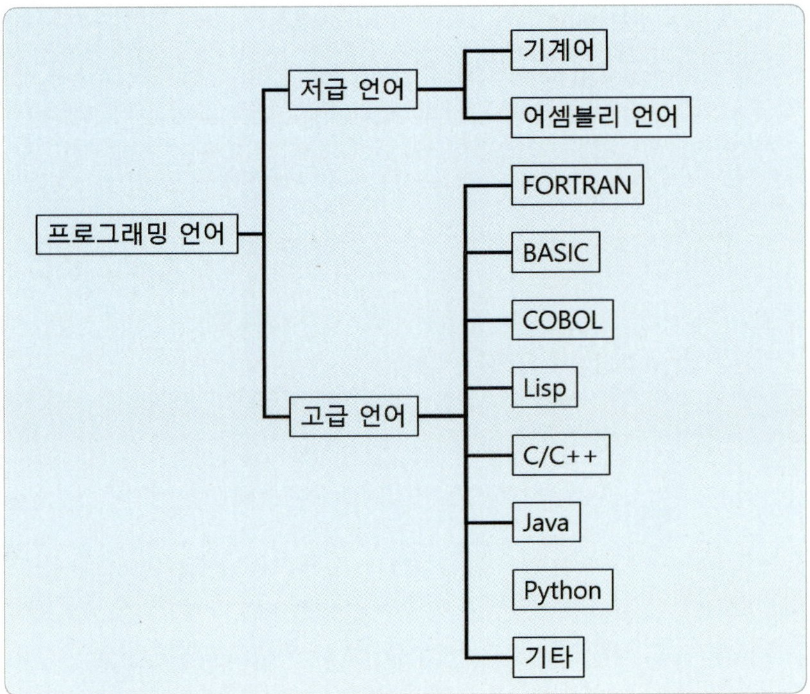

그림 1-4. 프로그래밍 언어의 분류(출처: https://slidesplayer.org/slide/14555597)

프로그래밍 언어는 크게 저급 언어와 고급 언어로 구분할 수 있다. 저급 언어는 기계에 좀 더 친숙한 방식으로 표현하는 프로그래밍 언어이고, 고급 언어는 사람에게 보다 친숙한 방식으로 만들어진 프로그래밍 언어이다. 저급 언어는 실행 속도가 빠르고 섬세한 조작이 가능하지만 사람이 초반에 배우기 어렵다. 반면에 고급언어는 사람이 쉽게 배워 빠르게 소프트웨어를 개발할 수 있지만 저급 언어에 비해 속도가 느리고 하드웨어를 섬세하게 제어하기 어렵다. 저급과 고급의 차이는 '사람 친화적이냐'와 '기계 친화적이냐'의 차이점이지 고급 언어가 저급 언어보다 품질이 높다는 의미는 아니다.

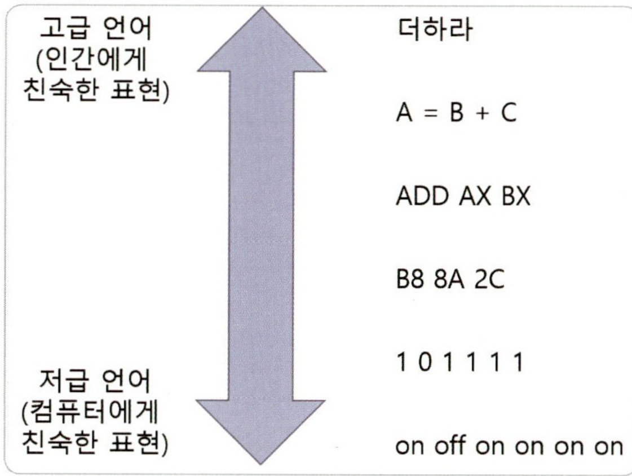

그림 1-5. 저급 언어와 고급 언어의 개념적 설명
(출처: http://www.soen.kr/book/java/book/111.htm)

컴퓨터 작동 환경에 따라 저급 언어가 효율적인 경우도 있고, 고급 언어가 필요한 경우도 있다. 저급 언어와 고급 언어에 대해 좀 더 구체적으로 설명하면 다음과 같다.

1.2.1 저급 언어

저급언어는 기계어와 어셈블리 언어를 의미한다. 기계어는 컴퓨터가 이해할 수 있는 0과 1의 조합으로 만들어진 언어이다. 예를 들어, '더하기'를 위한 명령어를 '1010'으로 정의하고 '곱하기'를 '1111'로 정의하여 사용하는 형태를 의미하다. 기계어는 하드웨어를 직접 제어하기 위한 지식이 필요하므로 초보자가 배우기는 어렵다.

어셈블리 언어는 기계어 명령어를 사람이 인식할 수 있는 기호로 변경하여 사용하는 언어이다. 예를 들어, 기계어 명령어 '1010'이 더하기 명령어라면 어셈블리 언어는 1010 대신에 'ADD'로 표현하거나 곱하기로 정의된 '1111'을 'MULTI' 등의 형태로 변경한 형태를 들 수 있다. 어셈블리 언어는 기계어보다 인간이 이해하기 쉽지만 여전히 기계에 가까우며 저급 언어로 분류된다.

1.2.2 고급 언어

고급 언어는 어셈블리 언어를 인간이 좀 더 이해하기 쉽도록 변경한 형태의 언어이다. 고급 언어는 프로그래머가 하드웨어에 대한 특별한 지식이 없더라도 소프트웨어를 개발할 수 있다. 일반인들에게 알려진 Java, Python, C++ 등과 같은 언어는 대부분 고급 언어이다. 예를 들어, 더하기를 기계어로 표현하면 '1010' 이고 어셈블리 언어로 표현하면 'ADD(더하기)'로 표현할 수 있다. 반면에 고급언어에서는 '+'로 표현하는 방식이다.

일반적으로 고급 언어로 작성된 프로그램은 컴퓨터가 이해할 수 없기 때문에 먼저 소스 프로그램을 기계어로 번역한다(기계어로 번역된 프로그램을 목적 프로그램이라고 부른다.) 컴퓨터는 이렇게 번역된 기계어를 가지고 프로그램을 실행한다.

고급 언어로 작성된 프로그램(소스 코드)을 기계어로 번역하는 것을 컴파일러(Compiler) 또는 인터프리터(Interpreter)라고 하며, 이때 외부 작성된 프로그램 외부에서 가져오는 소스 코드나 분할된 소스코드를 하나로 합쳐주는 역할을 수행하는 것을 링커(Linker)라고 한다. 기계어로 번역된 목적 프로그램(Object Program)을 컴퓨터의 메인 메모리에 올리는 것을 로더(Loader)라고 부른다.

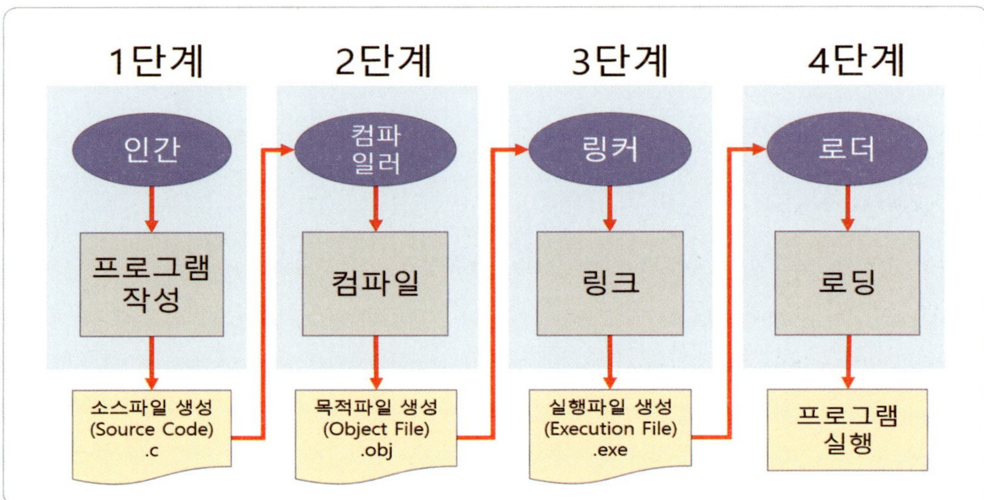

그림 1-6. 고급 언어로 작성된 프로그램의 작동 순서

고급 언어를 번역할 때 모든 프로그램을 한꺼번에 번역하는 방식을 적용하는 것이 컴파일러 방식이고, 명령어를 한 줄씩 번역하면서 실행하는 방식을 적용하는 것은 인터프리터 방식이다. 예를 들어 스크래치 언어는 고급 언어에 속하고, 번역 방식은 인터프리터 방식을 사용한다. C 언어는 고급 언어에 속하지만 컴파일러 방식을 사용한다.

1.3 미래 인재

우리는 4차 산업혁명의 시대에 이미 들어와 있으며 소프트웨어가 세상을 지배하는 구조로 변경되어 가고 있다. 그리고 다가올 미래사회에 필요한 지식을 배우기 위해 수많은 사람들이 모여들고 있다. 그렇다면 우리가 준비해야할 미래 인재상은 무엇일까? 그 답은 미래사회에 어떤 직업들이 생겨나고 없어질 것인지를 살펴보면 어느 정도 답을 얻을 수 있다. 미래에 사라질 직업들의 특징은 단순노동, 정보수집/계산, 지식산업 분야와 관련된 직업들은 사라질 것이다. 반면에 체험/경험, 복합노동, 개성/문화/표현산업, 감정/행복산업은 증가할 것이다. 사라질 직업의 특징은 경험적/학습적 지식의 토대 위에서 작동한다는 것이다. 새롭게 등장하거나 증가할 직업은 복합적 사고와 창의력이 필요한 것이 특징이다.

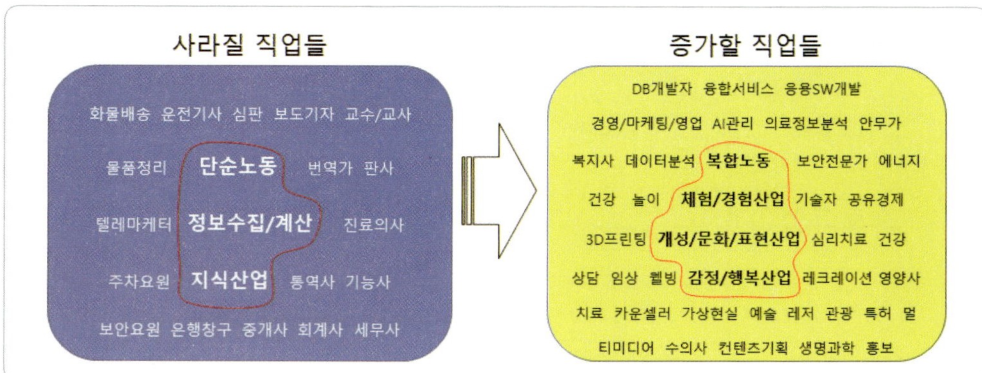

그림 1-7. 미래사회의 직업 변화

미래사회에 다가올 직업을 고려할 때 복합적 사고와 창의력을 갖춘 인재들이 필요할 것이다. 미래학자 앨빈 토플러(1928~2016)는 "한국 학생들은 하루 15시간 동안 학교와 학원에서 미래에 필요하지도 않은 지식과 존재하지도 않을 직업을 위해서 시간을 낭비하고 있다"라고 말하였다. 4차 산업혁명 시대에 필요한 것은 학생들의 지식 보다는 문제해결 역량이 필요하다는 점을 강조한 것이다.

그렇다면 미래인재에게 필요한 역량은 어떻게 달성할 수 있을 것인가? 답은 4차 산업혁명의 특징을 살펴보면 얻을 수 있다. 4차 산업혁명은 '3초'혁명 이라고 표현할 수 있다. 3초는 '초(超) 생산', '초(超) 연결', '초(超) 통합'을 줄여서 부르는 신조어 이다. 초생산은 스마트팜(smart farm), 스마트 팩토리(smart factory) 등을 통해 생산성이 확대되는 것이며, 초연결은 모든 사물들이 인터넷을 통해 하나로 연결되는 것이며, 초통합은 기존의 모든 시스템이 지속적으로 통합된다는 것이다. '3초 혁명'을 실현시키는 기본적인 수단은 소프트웨어이며 이를 통해 다양화, 전문화, 지능화, 개인화를 달성할 수 있다.

따라서 우리가 미래의 인재가 되기 위해서는 소프트웨어 기반의 창의적 사고를 이해할 수 있는 교육을 받아야 한다. 그러나 소프트웨어는 비전공자들이 초기에 접근하기 어려운 면이 있다. 본 교재는 소프트웨어 기반 창의적 사고, 즉 컴퓨팅 사고력을 달성하여 미래 인재에 다가설 수 있도록 하는 것이 목적이다.

2 CHAPTER 컴퓨팅 사고란 무엇인가?

우리는 다양한 형태의 사고 체계에서 살아가고 있다. '철학적 사고'란 철학 이론에 따라 사물이나 현상을 파악하고 행동 방향이나 결론을 도출하는 사고방식을 말한다. '공학적 사고'의 경우 공학적 정의에 기반하여 사고하고 문제를 해결하는 사고 체계를 의미한다. 그렇다면 '컴퓨팅 사고(computational thinking)'란 무엇일까? 온라인 위키피디아에 따르면 컴퓨팅 사고는 "컴퓨터가 효과적으로 수행할 수 있도록 문제를 정의하고 그에 대한 답을 기술하는 것이 포함된 사고 과정의 일체를 일컫는다."라고 정의된다. 이번 장에서는 컴퓨팅 사고가 어떻게 형성되어 왔으며, 인간의 사고체계와 어떻게 구분되고 양립될 수 있는지, 그리고 컴퓨팅 사고의 단계에 대하여 살펴보도록 한다.

2.1 컴퓨팅 사고가 등장하게 된 이유

우리는 앞서 앨빈 토플러가 예측한 '제3의 물결(정보화 혁명)'이 이미 현실이 된 사회에서 살고 있음을 살펴보았다. 지금까지 컴퓨터는 인간의 사고능력, 행동, 판단 및 분석, 예측, 시각 등을 모방하면서 발달해 왔다. 이것을 가능하게 하는 핵심 기술을 DNA로 줄여 부르기도 한다. DNA는 빅데이터로 표현되는 Data(데이터), 대용량 데이터를 전송하고 공유할 수 있도록 해주는 Network(네트워크), 수집된 데이터를 분석하고 예측하는 AI(Artificial Intelligence, 인공지능)의 영문 앞자리를 따온 용어이다. 미래는 이러한 DNA 기술을 바탕으로 더욱 다양하고 광범위한 분야에서 4차 산업혁명이 발전하게 될 것이다.

그렇다면 왜 사람들은 컴퓨터가 인간을 닮아 오는 것에 만족하지 못하고 '컴퓨팅 사고'라는 것을 생각해 내고 중요하다고 강조하는 것일까? 답은 컴퓨터를 이용해 문제를 해결하는 방식이 정보통신 기술이 빠르게 변화하는 현대사회에서 효과적으로 작동할 수 있다는 것을 발견하였기 때문이다. 현대사회에서 발생하는 문제의 특징은 전통적인 아날로그 방색의 사고로 해결하기 힘든 복잡한 상황이 종종 발생하게 되었고, 이를 극복하기 위한 방법으로 컴퓨팅 사고의 필요성이 대두되었다. 컴퓨팅 사고는 크게 3단계를 걸쳐 진화하였다. 우리가 컴퓨팅 사고의 단계를 공부하기 전에 컴퓨팅 사고의 진화 과정을 이해하는 것이 필요하다.

2.1.1 컴퓨팅 사고의 개념 형성기

컴퓨팅 사고의 시작은 컴퓨터과학자들이 다양한 문제를 해결하기 위한 소프트웨어를 만들어가기 위한 단계에서 적용하는 사고방식과 그에 대한 표현 방법으로부터 출발하였다. 기존의 인간 사고와 다른 가장 큰 특징은 컴퓨터를 기반으로 하는 사고체계를 적용한 점이다. 컴퓨팅 사고라는 용어는 미국 MIT 대학교의 시모어 파페트(1982~2016, Seymour Papert, 미국의 컴퓨터 과학자이자 교육자)에 의해 1980년에 제안 되었으며, 1996년에 다시 언급 되었다.

이후 미국의 카네기멜런 대학교의 컴퓨터과학과 교수인 지넷 윙(Jeannette M. Wing) 교수가 컴퓨터과학 관련 유명 저널인 ACM(Association for Computing Machinery, www.acm.org)에 'Computational thinking'이라는 논문을 게재한 이후 큰 관심을 받게 되었다. 지넷 윙 교수는 논문에서 "컴퓨팅적 사고는 컴퓨터 과학자뿐만이 아니라 누구나 배워서 활용할 수 있는 보편적인 사고이자 기술이다."라고 주장하였다. 지넷 윙 교수의 등장 이후 그동안 컴퓨터과학자 또는 컴퓨터공학자들의 특수한 사고방식으로 여겨졌던 컴퓨팅 사고에 대한 관점이 변화되는 계기가 되었다.

그림 2-1. 시모와 파페트 교수(좌측)와 지넷 윙 교수(우측)

2.1.2 컴퓨팅 사고의 확산기

컴퓨팅 사고의 확산은 글로벌 IT기업인 구글(Google), 미국 컴퓨터과학 교사연합(CSTA, Computer Science Teachers Association), 그리고 교육 기술 국제모임(ISTE, International Society for Technology in Education)에서 컴퓨팅 사고 모델을 제안하면서 학교와 산업체에 확산되기 시작하였다.

미국, 영국, 중국 등 세계 주요국은 인간이 살아가기 위해 기본적으로 읽기, 쓰기, 더하기, 빼기를 알아야 하는 것과 같이 현대사회에서는 컴퓨팅 사고가 필요한 것으로 보고 있다. 이를 실현하기 위해 정규 교육과정으로 컴퓨팅 사고를 가르치려는 노력을 하고 있다. 영국은 2014년 이후 컴퓨팅 사고력 향상을 위해 코딩 교육을 필수과목으로 포함시켰다. 유럽의 핀란드, 체코, 에스토니아 등 국가도 코딩 정규 교육 시스템에 코딩 교육을 추가하고 있다.

우리나라는 2018년 이후 코딩 교육이 초 · 중 · 고등학교의 교과 과정에 일부 반영되어 교육하고 있다. 초등학교의 경우 실과 과목에, 중고등학교는 기술가정 과목에서 컴퓨팅 사고와 관련된 코딩 교육이 의무화 되었다. 전국의 각 대학도 컴퓨팅 사고력을 기르기 위해 컴퓨팅 사고 관련 과목 또는 코딩 교육을 확대하고 있다.

또한 정치, 산업계의 핵심 리더들을 통해 컴퓨팅 사고와 그 중요성이 지속적으로 확산되고 있다.

- "코딩을 배우는 것이 자신의 미래는 물론 국가의 미래에도 매우 중요하다." 미국 전 대통령, 버락 오바마
- "모든 국민들은 '코딩'을 배워야 합니다. 코딩은 생각하는 법을 가르쳐 주기 때문이죠." 애플, 스티브 잡스
- "초등학교 6학년 때, 프로그래밍을 처음 배우기 시작한 건 매우 단순한 이유였습니다. 여동생과 함께 즐길 수 있는 무언가를 만들고 싶었거든요." 페이스북, 마크 주커버그
- "컴퓨터 프로그래밍은 사고의 범위를 넓혀주고 더 나은 생각을 할 수 있게 만들어주며 분야에 상관없이 모든 문제에 대해 새로운 해결책을 생각하는 힘을 길러준다." 마이크로소프트 빌게이츠

그림 2-2. 주요 인사들의 발언(자료출처: https://bit.ly/36cOTdX)

2.1.3 컴퓨팅 사고의 일상화

현대 사회의 다양한 응용분야에서 소프트웨어의 힘은 막강해 졌다. 과거 반도체, 자동차, 스마트기기 등과 같은 제조 기반 산업이 혁신성장과 국민소득 향상을 주도하는 상황에서 구글, 아마존, 마이크로소프트와 같은 소프트웨어 기업이 세계 경제를 주도하는 상황으로 바뀌었다. 2019년 현재 전 세계 소프트웨어 시장 규모는 1,300조원 이상이며 이는 반도체, 휴대폰, 자동차 시장을 합친 규모와 맞먹는다. 또한 모든 산업분야(의료, 금융, 교육, 엔터테인먼트 등)로 확대되고 있다. 소프트웨어는 현재 우리의 일상생활이 되었으며 더 큰 부가가치를 유발할 수 있는 미래의 핵심 성장 동력이다. 이는 경제 주요 인사들의 발언에서 확인할 수 있다.

- "컴퓨터의 등장 60년, 마이크로프로세서 발명 40년, 그리고 인터넷 등장 20년 만에 소프트웨어가 세상을 먹어치우고 있다." 마크 앤더슨이 월스트리트저널에 기고한 글
- "자동차는 이제 가솔린이 아니라 소프트웨어로 달린다." 디터 제체(독일 자동차회사 '메르세데스-벤츠' 전직 CEO)
- "이제부터 모든 기업은 소프트웨어 기업이다(All companies are now software companies)" 미국 통신사(톰슨 로이터, Thomson Reuters) 기사
- "GE는 2020년까지 소프트웨어 기업이 될 것이다." 미국 제조업체 GE
- "모든 지구상의 제조 기업은 어느 날 갑자기 자신들이 소프트웨어 회사가 되어 있음을 깨닫게 될 것이다." 미국 제조업체 GE 전(前) 회장 제프리 이멜트

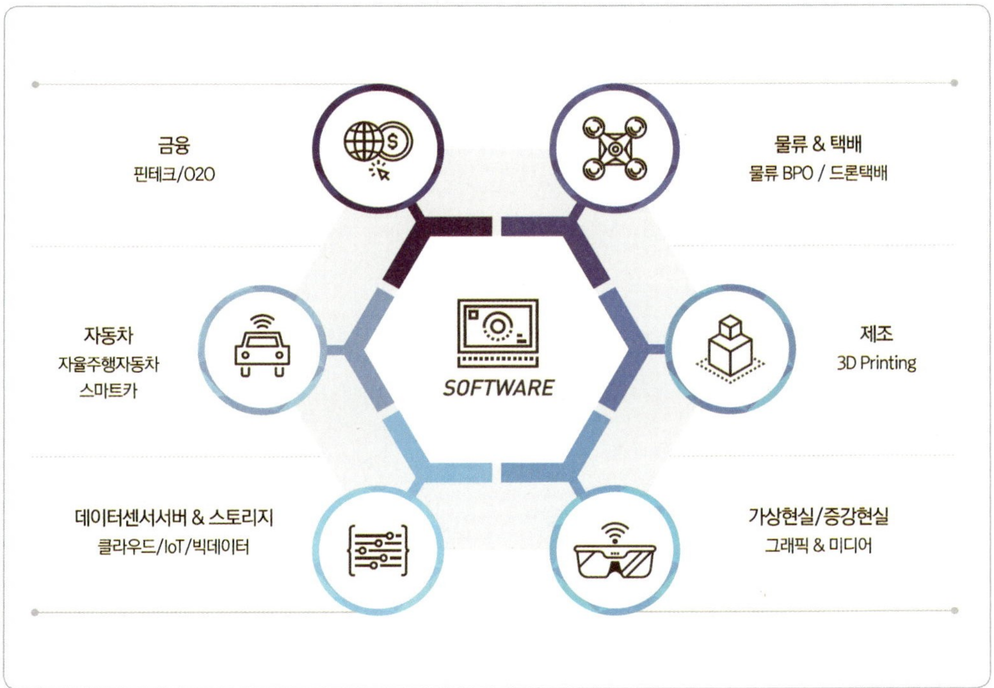

그림 2-3. 소프트웨어와 산업구조(출처: 2018 소프트웨어산업 연간보고서, 소프트웨어정책연구소)

컴퓨팅 사고력이 필요한 소프트웨어는 다양한 분야에서 실제로 확인할 수 있다. 대표적인 분야는 금융, 의료, 건축, 영화, 게임, 자동차 등을 들 수 있다. 이러한 기존 산업들은 소프트웨어와 결합하여 새로운 형태의 산업이 탄생하였다. 예를 들어 금융 분야와 소프트웨어가 융합하여 '금융IT'라는 용어가 탄생허가나 소프트웨어와 의료가 융합한 'IT의료'라는 개념이 탄생하는 것을 들 수 있다. 다양한 소프트웨어 중심 융합 산업의 사례는 다음과 같다.

2.1.3.1 소프트웨어와 금융 산업

소프트웨어의 성장과 같이한 산업 중 하나는 금융 산업이다. 소프트웨어와 금융이 융합된 기술을 핀테크(Financial + Technology)이다. 핀테크 기술은 지급 및 결제 시스템, 금융 데이터 분석, 인터넷/모바일 뱅킹, 앱 카드 등이 있다.

2.1.3.2 소프트웨어와 의료 산업

의료 기술의 발전은 의료 장비의 발전과 같이한다. 의료 장비는 병원정보시스템, 컴퓨터 단층촬영(CT), 혈액 분석 장비 등 다양하다. 또한 노령화가 진행되면서 노인층을 대상으로 하는 헬스 모니터링 시스템, 진단 시스템 등 다양한 의료 시스템이 등장하였다. 이러한 의료 장비를 소프트웨어와 융합하여 새로운 기능을 창출할 수 있게 되었다. 소프트웨어와 의료 산업의 결합으로 다양한 데이터를 체계적으로 수집/관리할 수 있게 되었다. 이러한 데이터에 인공지능을 결합하여 병을 진단하고 예측하는 시스템으로 발전하고 있다. 글로벌 IT 기업인 IBM은 의료용 인공지능 왓슨(Watson)을 개발하여 실제 진단에 서비스를 제공하고 있다.

그림 2-4. 의료 인공지능 왓슨

2.1.3.3 소프트웨어와 자동차 산업

CES(Consumer Electronics Show)는 세계적으로 유명한 전자제품 전시회 중 하나이다. CES에는 전 세계의 각종 첨단 전자제품들이 전시되는 행사이다. 최근 CES에 자동차가 전시되기 시작하였다. 과거 가전제품이 주를 이루었던 CES에 자율주행, 인포테인먼트, 인공지능 등의 기술이 접목된 자동차가 전시되는 현상으로 볼 때, 자동차 산업과 소프트웨어의 융합은 이미 시작되었으며 세계 시장의 선도 기술을 선점하기 위한 치열한 경쟁이 벌어지고 있는 것이다.

2.1.3.4 소프트웨어와 엔터테인먼트 산업

음악, 영화와 같은 엔터테인먼트 산업에도 소프트웨어와의 융합이 다양하게 발생하고 있다. 현대 영화의 경우 컴퓨터 그래픽(CG) 효과를 도입하여 다양한 특수효과를 생산하고 있다. 음악은 작곡, 편집, 음원배포, 음악 재생 등 다양한 분야로 소프트웨어 활용이 확대되고 있다. 최근 스마트 기기의 급속한 보급으로 유튜브 등과 같은 온라인 플랫폼을 활용한 엔터테인먼트 콘텐츠 활용량이 하루가 다르게 증가하고 있다.

그림 2-5. 소프트웨어기술(CG)를 활용하여 제작된 영화(좌측: 아바타, 우측: 그래비티)

2.2 인간의 사고와 컴퓨팅사고

독일의 철학자 데카르트는 "나는 생각한다. 고로 존재한다."라고 말한 바 있다. 인간이 동물과 구별되는 가장 큰 특징 중 하나는 고차원적으로 생각하는 능력일 것이다. 다시 말해 생각이 없는 사람은 인간이 아니라고 할 정도로 사람들은 늘 생각을 하면서 살아가게 된다.

인간의 사고력은 다양한 형태로 나타나게 된다. 먼저 인간은 동물과 같이 감각적 사고를 가지고 있다. 감각적 사고는 다른 사람이 가르쳐 주지 않아도 알 수 있는 경우가 대부분이다. 음악가들이 절대 음감과 같은 음악적 감각을 가지고 있다거나, 축구선수가 동물적 슈팅 감각을 가진 경우 등이다. 위험을 만나면 두려움을 느끼게 되어 위험을 피할 수 있는 경우도 있고, 디자인 감각이 있는 사람들은 가르쳐주지 않아도 예쁜 모양의 제품을 디자인 하는 경우 등이 감각적 사고에 속한다.

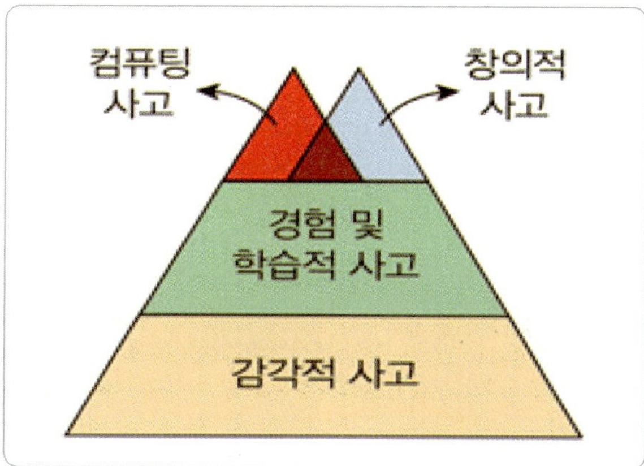

그림 2-6. 인간의 사고체계
(자료출처: 소프트웨어와 컴퓨팅사고, 생능출판사, 2018, 김대수 지음)

경험 및 학습적 사고는 인간이 동물과 차별되는 사고 영역이다. 경험적 사고는 우리가 살아가면서 경험한 것들이 토대가 되어 사고하는 것이다. 만약 뜨거운 물에 데인 경험이 있다면, 물이 아닌 뜨거운 물체들을 만나게 되면 조심해야 한다는 생각을 하게 될 것이다. 경험을 하지 않아도 되는 경우는 학습적 사고의 경우이다. 우리가 학교에서 뜨거운 물이 피부에 닿으면 화상을 입는다는 것을 학습하였다면, 뜨거운 물에 데이는 경험을 하지 않더라도 주의할 수 있게 된다. 인간은 경험과 학습을 누적시키며 지식의 영역을 지속적으로 확장해 왔다. 우리가 초 · 중 · 고등학교와 대학에서 공부를 하는 이유도 경험 및 학습적 사고를 확대하기 위한 과정이다.

창의적 사고는 감각, 경험, 학습적 사고를 기반으로 새로운 가치, 제품, 아이디어 등을 만들어내는 사고력이다. 우리가 컴퓨터에 대한 감각적 재능을 가지고 있고, 대학 과정을 통해 프로그래밍 언어를 배워서 소프트웨어를 개발할 수 있는 경험과 능력이 있다고 하더라도 새로운 개념의 플랫폼이나 서비스를 만드는 것은 별개의 문제이다. 예를 들어 기존에는 음식 배달 서비스가 전화로만 가능했는데 이것을 온라인 플랫폼으로 옮긴 '배달의 민족', '요기요' 등과 같은 배달 앱은 프로그래밍을 잘하고 소프트웨어를 개발한 경험이 있다고 해서 누구나 만들 수 있는 것은 아니다. 이와 같이 기존의 경험과 지식을 바탕으로 새로운 것을 창조해 내는 것을 창의적 사고라고 한다.

컴퓨팅 사고는 창의적 사고와 동일한 위치에 있는 사고 체계이다. 컴퓨팅 사고는 컴퓨터 과학자들이 사용하던 사고체계를 의미한다. 소프트웨어도 다양한 분야에서 수많은 아이디어, 제품, 서비스 등이 쏟아져 나온다. 창의적 사고는 쉽게 정의하기 어렵고, 창의적 사고를 할 수 있도록 유도하는 정형화된 틀을 찾기 어렵다. 그러나 컴퓨팅 사고는 사고의 단계를 정의하고 각 단계별로 어떤 활동들이 필요한 것인지 비교적 명확하게 표현할 수 있다. 현대 사회의 복잡성을 체계적으로 이해하고 문제 해결에 빠르고 정확하게 접근해 갈 수 있는 점과 누구라도 학습을 통해 창의적 사고영역에서 발생하는 문제점을 쉽게 극복할 수 있다는 점은 컴퓨팅 사고의 가장 큰 장점이다.

2.3 컴퓨팅 사고의 단계

일반적으로 창의적 사고는 보통의 생각과는 다른 아이디어를 의미하고 컴퓨팅 사고는 컴퓨터 과학자들이 문제 해결을 위해 적용하는 사고방식이다. 컴퓨팅 사고의 대표적인 특징은 다음과 같다.

- 컴퓨터의 기본 개념과 원리를 기반으로 문제를 효율적으로 해결
- 복잡한 문제를 체계적으로 해결할 수 있는 사고체계
- 문제의 영역에 상관없이 다양한 분야에 적용 가능

컴퓨팅 사고의 단계는 다양하게 정의될 수 있다. 우리는 지넷 윙(Jeannette M. Wing) 교수가 제안한 컴퓨팅 사고의 단계를 먼저 살펴보고, 이를 보완하여 제시된 CSTA (Computer Science Teachers Education, 미국의 컴퓨터 과학 교사 협회), ISTE (International Society for Technology in Education, 국제 교육 기술 협회), 구글(Google.com)의 컴퓨팅 사고 체계에 대하여 살펴볼 것이다.

먼저 지넷 윙 교수가 제안한 컴퓨팅 사고를 구성하는 5가지 요소를 제시하였다. 5가지 요소는 분해,(Decomposition), 개념화(Conceptualizing), 추상화(Abstraction), 병렬처리(Parallel Processing), 재귀적 사고(Recursive Thinking)이다. 일반적으로 적용순서와 개념 및 특징을 정리하면 그림 2-6과 같다.

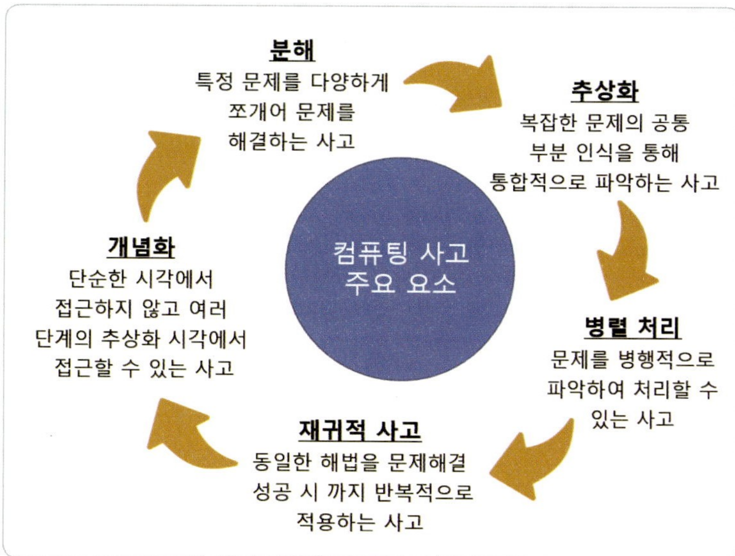

그림 2-7. 지넷 윙의 컴퓨팅 사고 주요 요소(자료출처: https://youtu.be/BtouDUig3ws)

지넷 윙 교수가 2008년 추가로 언급한 컴퓨팅 사고와 CSTA, ISTE, Google의 제안을 더욱 확장시켜 발전되었다. 확장된 컴퓨팅 사고 영역을 비교하면 표 2-1과 같다.

표 2-1. 컴퓨팅 사고의 학습단계 및 요소 비교[5]

<table>
<tr><th>지넷 윙 (2008)</th><th>CSTA & ISTE (2011)</th><th>Google (2015)</th></tr>
<tr><td rowspan="7">추상화</td><td colspan="2">자료 수집</td></tr>
<tr><td rowspan="2">자료 분석</td><td>자료 분석</td></tr>
<tr><td>패턴 인식</td></tr>
<tr><td colspan="2">자료 제시</td></tr>
<tr><td>문제 분해</td><td>분해</td></tr>
<tr><td rowspan="2">추상화</td><td>추상화</td></tr>
<tr><td>패턴 일반화</td></tr>
<tr><td rowspan="4">자동화</td><td>알고리즘 및 절차</td><td>알고리즘 디자인</td></tr>
<tr><td colspan="2">자동화</td></tr>
<tr><td colspan="2">병렬화</td></tr>
<tr><td colspan="2">시뮬레이션</td></tr>
</table>

우리는 컴퓨팅 사고의 모델에 접근하여 다양한 학습 단계에 적응할 수 있도록 배워 나갈 것이다. 이를 위해서는 소프트웨어와 관련된 다양한 개념을 익히는 것이 필요하다. 우리 교재의 전반부는 컴퓨팅 사고를 실습할 수 있는 도구(Tool)의 사용법부터 시작하여 순차, 변수, 선택, 반복, 함수 등에 대한 다양한 기본 개념을 배울 것이다. 후반부는 자료의 저장, 검색, 정렬, 이벤트 처리, 컴퓨터 및 멀티미디어 대화와 관련된 내용을 학습할 것이다. 각 단원은 컴퓨팅 사고를 사용하기 위한 기본적인 설명이 제공될 것이다.

3 CHAPTER 스크래치 소개, 설치, 사용법

3.1 스크래치 소개

3.1.1 스크래치의 등장

스크래치는 미국의 MIT 대학교 미디어랩에서 개발한 소프트웨어 교육용 도구이다. 스크래치는 초등학생부터 대학생, 직장인에 이르기까지 소프트웨어 프로그래밍에 입문하려는 사람들이 쉽게 접근하고 이해하기 쉽도록 만들어진 프로그래밍 언어이자 도구(Tool)이다. 스크래치를 통해 창의적 사고, 체계적 추론 및 협동 작업이 가능하다.

스크래치는 2009년 1.4 버전이 배포되었고, 2004년 5월에는 2.0 버전이 배포되었다. 현재 사용하고 있는 스크래치는 2019년 1월에 발표된 3.0 버전이다. 스크래치는 4,100만 명 이상의 사용자가 있으며 웹 사이트에 공유된 프로젝트가 4,200만 개에 이른다. 현재 버전인 3.0은 여기에서 다운로드 하거나 여기에 있는 온라인 에디터에서 접속할 수 있다. 전세계 50개국의 언어를 지원하여 언어장벽 없이 쉽게 프로그래밍에 접근할 수 있다.

스크래치는 재미있고 교육적이며 배우기 쉽도록 고안되었다. 블록 기반 프로그래밍을 사용하여 이야기, 게임, 예술, 시뮬레이션 등을 제작할 수 있는 도구가 있다. 스크래치에는 그림판과 소리 에디터 또한 내장되어 있다.

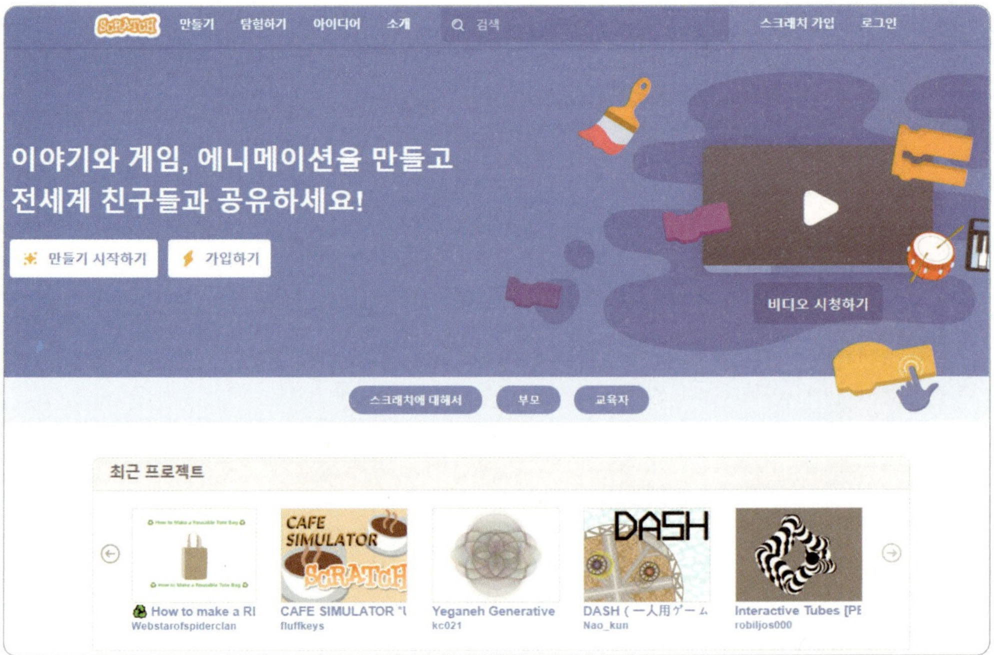

그림 3-1. 스크래치 홈페이지 (자료출처: https://scratch.mit.edu 화면캡처)

3.1.2 스크래치의 특징

스크래치 개발 환경의 사용자 인터페이스는 여러 창으로 화면을 분할한다. 중간에 있는 것은 블록 팔레트이고, 오른쪽에 있는 것은 스크립트 영역이며, 무대와 스프라이트는 왼쪽에 있다. 블록 팔레트에는 프로그램을 만들기 위해 스크립트 영역으로 끌 수 있는 코드 조각("블록"이라고 함)이 있다. 한 번에 많은 양의 블록을 표시하지 못하게 하고, 사용하기 쉽도록 동작, 형태, 소리, 펜, 제어, 이벤트, 관찰, 연산, 변수 및 추가 블록과 같은 10개의 탭으로 구성되어 있다.

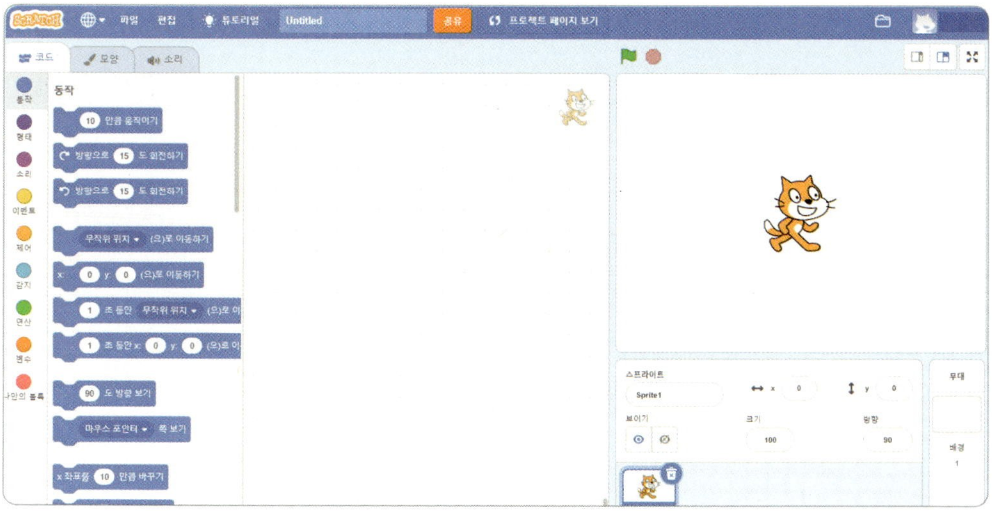

그림 3-2. 스크래치 블록 팔레트 화면구성

스크래치의 또 다른 특징은 스크립트(Script) 언어라는 점이다. 스크립트는 사전적으로 연극영화의 대본, 글자, 활자 등을 의미한다. 컴퓨터 프로그래밍 언어는 크게 컴파일러(Complier) 언어와 스크립트 언어로 분류할 수 있다. 컴파일러 언어는 프로그래밍을 완성한 이후 컴파일러(번역기)를 이용하여 작성된 프로그램을 한꺼번에 기계어로 전환한 이후 프로그램을 실행시키는 방법이다. 대표적인 컴파일러 언어는 C/C++, Java 등이 있다. 스크립트 언어는 프로그래밍 소스 코드를 한 줄씩 해석해가며 실행하는 언어이다. 스크립트 언어는 Python, PHP, Perl, Javascript 등이 대표적이다. 컴파일러 언어는 프로그램의 모든 부분을 종합적으로 완성해야 한다는 점에서 초보자에게 어렵게 느껴진다. 반면에 스크립트 언어는 프로그램을 한 줄씩 실행해 가면서 작성할 수 있기 때문에 초보자들도 쉽게 프로그래밍을 할 수 있는 장점이 있다.

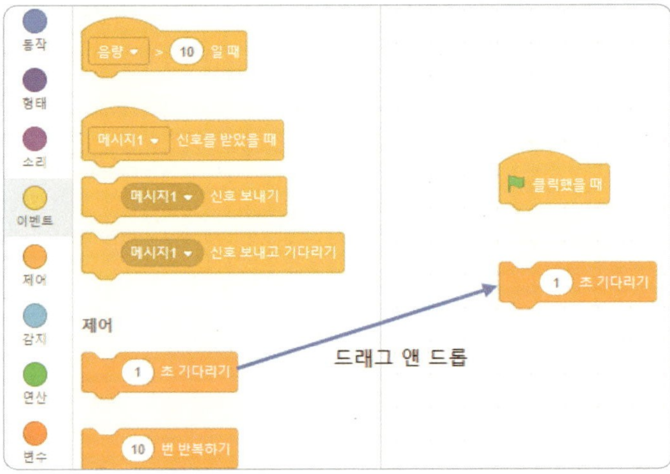

그림 3-3. 스크래치의 드래그 앤 드롭 기능

스크래치는 드래그 앤 드롭(Drag and Drop) 방식을 사용한다. 그림 3-3 의 좌측 부분에 다양한 형태의 도형들이 있다. 각각의 도형을 블록(Block)이라고 한다. 프로그래머는 자신이 원하는 프로그래밍 명령어를 마우스로 선택하여 우측 영역으로 이동시키면 명령어 입력이 끝난다. 이러한 단순한 명령어 입력을 통해 초보자도 직관적으로 프로그램을 작성할 수 있다.

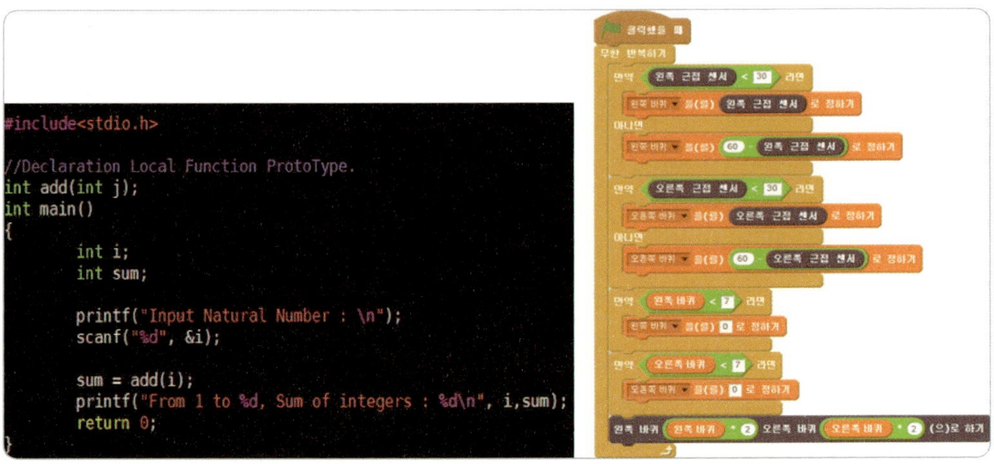

그림 3-4. 기술형 명령어(좌)와 블록형 명령어(우) 비교

컴퓨터 프로그램은 컴퓨터가 해야 할 일들을 적어놓은 파일이다. 컴퓨터는 사람과 컴퓨터가 사전에 약속된 언어를 통해 해야 할 일을 찾아서 하게 된다. 컴퓨터와 사람이 알아들을 수 있도록 표현한 언어를 프로그래밍 언어(Language)라고 한다. 컴퓨터 언어를 표현하는 방식은 기술형 명령어와 블록형 명령어로 구분한다.

스크래치는 대표적인 블록형 명령어를 사용하는 언어이다. 그림 3-4의 좌측 그림은 기술형 명령어로 작성한 프로그램의 예시이다. 기술형 명령어는 어느 어느 정도 프로그래밍 실력이 있는 사람에게는 빠르고 편리하게 활용할 수 있지만 어느 부분에서 오류가 있는지를 파악하기 어렵고 프로그램의 전반적인 구조를 직관적으로 파악하기 힘들다. 반면에 그림 3-4의 우측 그림은 스크래치로 작성한 프로그램이다. 어린 아이들이 레고 블록을 조립하여 새로운 형태를 만드는 것과 유사하게 프로그램 작성이 가능하다. 블록형 명령어는 블록과 블록 사이의 이음새가 일치하지 않으면 조립이 되지 않는다. 이것은 프로그램 명령어의 조합이 맞지 않는 경우 이음새가 일치하지 않도록 하여 오류 발생을 사전에 차단하는 장점이 있다.

3.2 스크래치의 설치 및 시작

스크래치 3.0 버전에서는 서버 기반 스크래치와 데스크톱 기반 스크래치 2가지를 모두 사용할 수 있으며 무료이다. 서버 기반 스크래치를 온라인 버전이라고 부르기도 한다. 2가지 기능을 차례대로 설명한다.

3.2.1 서버 기반 스크래치

서버 기반 스크래치는 별도의 소프트웨어 설치 과정 없이 사용할 수 있는 스크래치 버전이다. 서버 기반 스크래치의 장점은 사용자가 프로그램을 설치해야 하는 번거로움이 없으며, 전 세계 어디든지 인터넷만 연결되어 있다면 사용가능하다. 부가적으로 최신 버전으로 유지되기 때문에 소프트웨어 관리에 대한 부가적인 노력을 기울이지 않아도 된다. 단점으로는 인터넷이 연결되지 않는다면 전혀 사용할 수 없는 점이 있다.

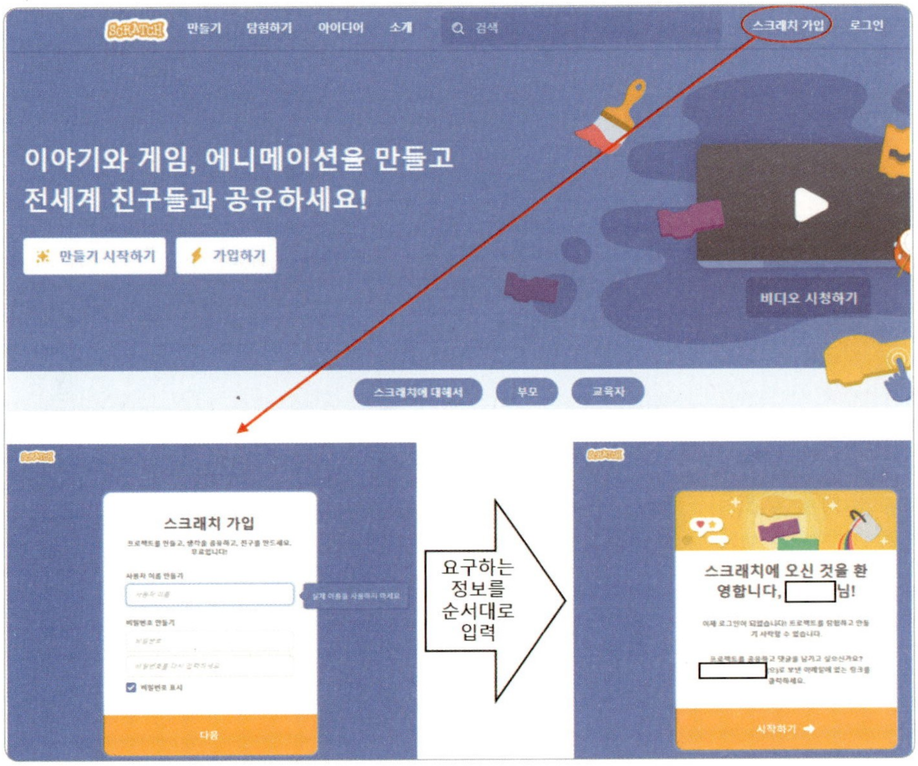

그림 3-5. 스크래치 회원 가입

우리가 네이버(naver.com)나 다음(daum.net)과 같은 웹페이지에 접속하여 다양한 기능을 사용하는 것과 같은 방식이다. 예를 들어 네이버에서 제공하는 이메일이나 카페 기능을 사용하려면 회원가입을 해야 하는 것처럼 서버 기반 스크래치를 이용하기 위해서는 회원가입을 해야 한다. 회원가입은 인터넷 주소 https://scratch.mit.edu 로 접속하면 가능하다.

그림 3-5와 같이 스크래치 https://scratch.mit.edu에 접속하면 화면 우측 상단에 있는 '스크래치 가입'이라는 메뉴를 클릭하면 스크래치 가입 창이 뜬다. 회원가입에 필요한 정보를 순서대로 입력하면 최종적으로 회원가입이 완료창이 뜬다. 회원가입을 완료한 이후부터는

서버 기반 스크래치를 자유롭게 사용할 수 있다. 그림 3-5의 우측 상단에 있는 로그인 버튼을 누르고 사용자 이름과 비밀번호를 입력하면 로그인 가능하다.

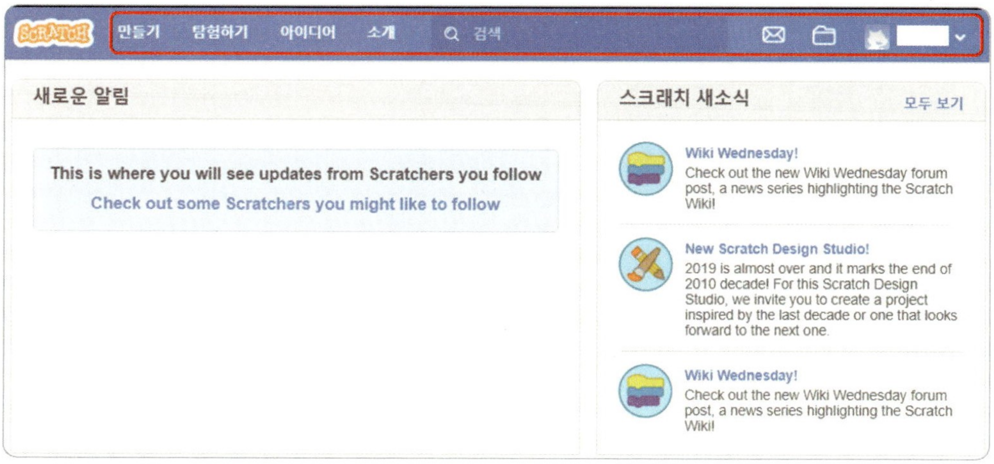

그림 3-6. 스크래치 로그인 직후 화면

스크래치에 로그인 직후 화면은 그림 3-6과 같다. 화면 상단에 다양한 메뉴와 아이콘이 보이고 하단에는 알림, 새소식 등의 정보를 제공한다. 각 메뉴와 알림창의 기능은 다음과 같다.

- '만들기' 메뉴를 선택하면 스크래치를 이용한 프로그래밍이 가능한 창으로 전환된다. 기본적으로 그림 3-2와 같은 화면으로 전환된다.
- '탐험하기' 메뉴를 선택하면 전 세계 스크래치 사용자들이 만들어서 공유한 다양한 프로그램을 볼 수 있다. 프로그램의 작동을 감상할 수 있을 뿐만 아니라 스크래치 소스코드까지 볼 수 있으며, 필요하다면 소스코드를 다운로드 할 수 도 있다.
- '아이디어' 메뉴를 선택하면 스크래치를 이용해서 만들 수 있는 다양한 프로그램 작성법을 안내(Tutorial)해 준다. 프로그래밍에 대한 두려움이 있는 사람이라면 자신이 관심 있는 분야를 선택해서 튜토리얼을 감상하면 된다.
- '소개' 메뉴를 선택하면 스크래치와 관련된 다양한 정보를 조회할 수 있다.

- '검색' 메뉴는 전세계 4,100만 명 이상의 사용자들이 만들어낸 스크래치 프로그램을 검색할 수 있다. 본인이 관심 있는 검색어를 입력하면 다양한 스크래치 프로그램을 쉽게 찾을 수 있다.
- '알림' 메뉴는 편지봉투 모양의 아이콘으로 되어 있다. 스크래치에서 개별 사용자에게 필요한 정보를 제공한다. 만약 나에게 스크래치로부터 새로운 알림이 왔다면 편지봉투 모양에 숫자가 표시된다.
- '내 작업실' 메뉴는 폴더 모양의 아이콘으로 되어 있다. 내 작업실은 그 동안 사용자가 만들어 서버에 저장한 모든 스크래치 프로그램을 확인할 수 있다.
- 화면 상단의 맨 오른쪽은 본인의 아이디가 표시되고 아이디 옆의 아랫방향 꺽쇠 모양을 누르면 본인의 정보, 작업실, 계정 설정, 로그아웃을 선택할 수 있는 메뉴가 추가적으로 표시된다.

3.2.2 데스크톱 기반 스크래치

데스크톱 기반 스크래치는 본인의 컴퓨터에 프로그램을 설치하여 사용하는 방식이다. 장점으로는 인터넷에 연결되지 않은 환경에서도 사용할 수 있다는 점과 별도의 회원가입이나 로그인 절차가 필요 없다는 것이다. 단점으로는 온라인 서버에 데이터를 저장하기 때문에 반드시 자신의 컴퓨터가 있는 장소에서만 프로그래밍이 가능하다는 점이다. 그 외 스크래치 프로그래밍에 관련된 내용은 서버 기반 스크래치와 동일하다. 데스크톱 기반 스크래치 프로그램은 다운로드 페이지 https://scratch.mit.edu/download에서 다운로드하면 된다.

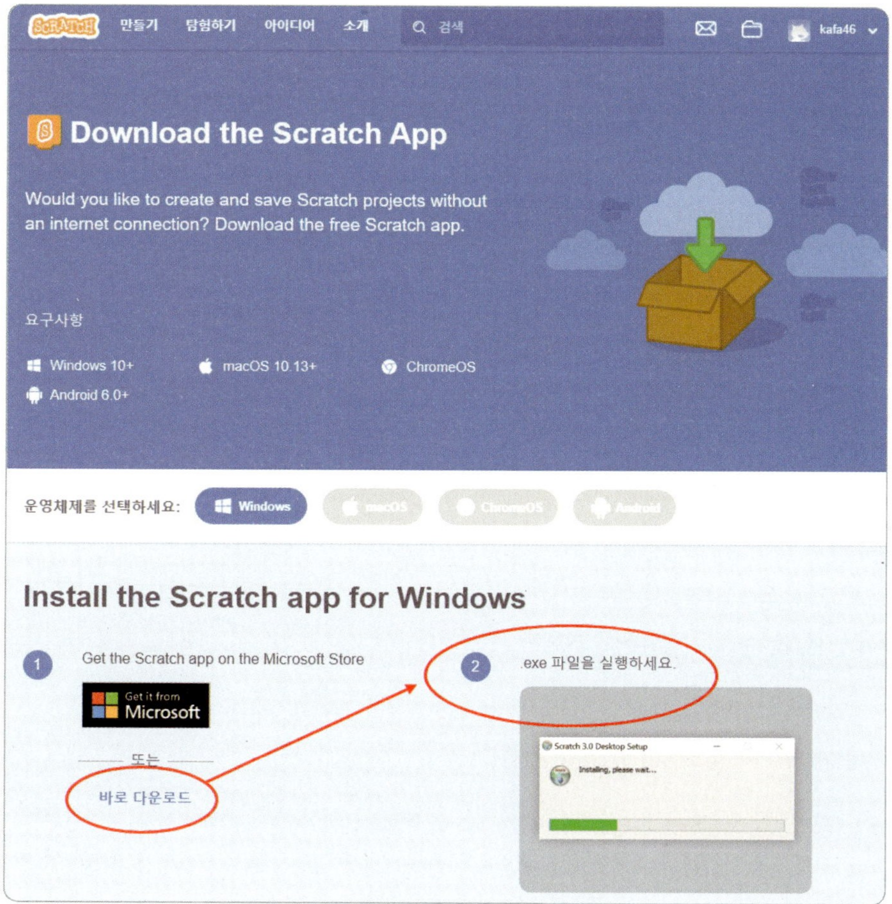

그림 3-7. 데스크톱 스크래치 다운로드

그림 3-7과 같이 다운로드 페이지에 접속하여 '바로 다운로드'를 클릭하여 자신의 컴퓨터에 프로그램을 다운로드 받고 더블클릭하여 설치를 시작한다. 설치를 시작하면 그림 3-8의 우측과 같은 창이 나타나고 설치 버튼을 누르면 설치가 진행되고 완료되면 그림 3-8의 우측과 같이 설치 완료창이 나타난다.

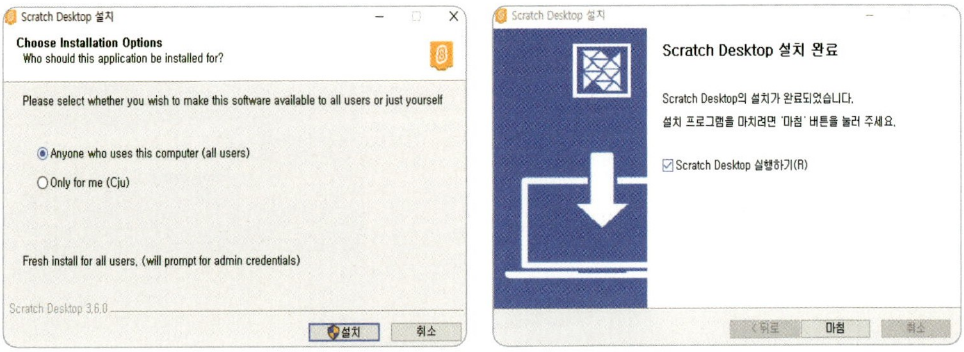

그림 3-8. 데스크톱 스크래치 설치 과정

3.3 스크래치 사용법

3.3.1 스크래치 화면 구성

3.3.1.1 전체적인 화면 인터페이스

스크래치 로그인 직후 화면에서 '만들기' 메뉴를 선택하면 스크래치를 프로그래밍 할 수 있는 편집창(에디터)으로 전환된다. 스크래치 화면 인터페이스는 그림 3-9와 같다.

그림 3-9. 스크래치 화면 구성

인터페이스는 컴퓨터와 사람이 만나는 접촉점을 의미하는데 주로 마우스, 키보드 등과 같은 입력장치를 통해 컴퓨터에게 정보를 건네주는 역할을 한다. 스크래치의 경우 인터페이스를 크게 5가지로 구분하여 프로그래머와 상호작용 할 수 있도록 해준다. 스크래치 인터페이스는 크게 블록 팔레트 영역, 스크립트 영역, 프로그램 실행창, 스프라이트 영역, 무대영역으로 나뉜다.

3.3.1.2 편집창(에디터) 메뉴 구성

스크래치 편집창의 상단에는 여러 가지 메뉴를 제공한다. 메뉴별 기능은 다음과 같다.

- 언어(지구모양 아이콘): 언어 메뉴를 선택하면 스크래치에서 사용할 수 있는 다양한 언어가 나타난다. 사용자가 선호하는 언어를 선택하면 에디터에 나타나는 모든 언어는 선

택된 언어로 자동 변환된다.

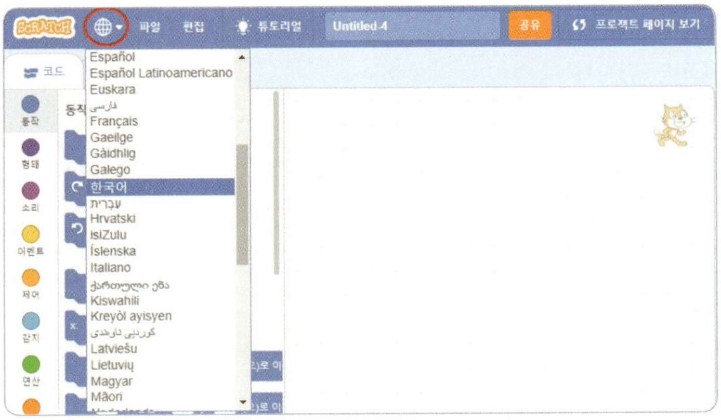

그림 3-10. **편집창 '언어' 메뉴**

- 파일: 스크래치 프로그램 파일을 관리하는 메뉴이다. '새로 만들기'는 프로그램을 새로 작성할 경우, '저장하기'는 작성한 프로그램을 저장하는 경우, '복사본 저장하기'는 동일한 프로그램 파일을 추가로 저장하는 경우에 사용한다. '저장하기'와 '복사본 저장하기'는 서버 기반 스크래치에만 존재하는 메뉴이다. 'Load from your computer'는 사용자의 컴퓨터에 저장된 프로그램 파일을 불러오는 경우, '컴퓨터에 저장하기'는 작성한 프로그램을 본인의 컴퓨터에 저장하는 경우에 사용한다.

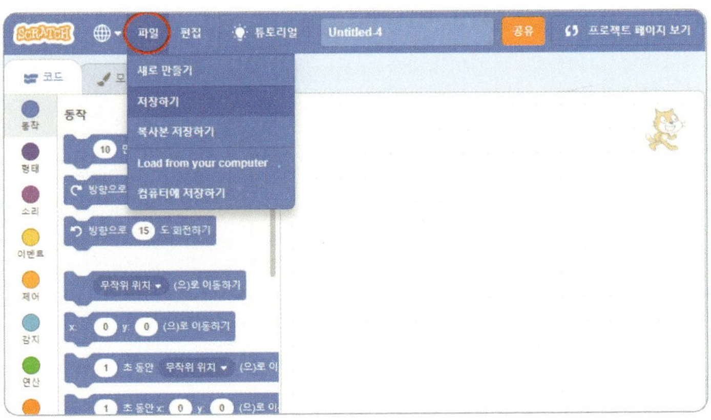

그림 3-11. **편집창 '파일' 메뉴**

- 편집: 직전에 수행한 작업을 되돌리거나 실행속도를 빠르게 하려는 경우에 사용한다.

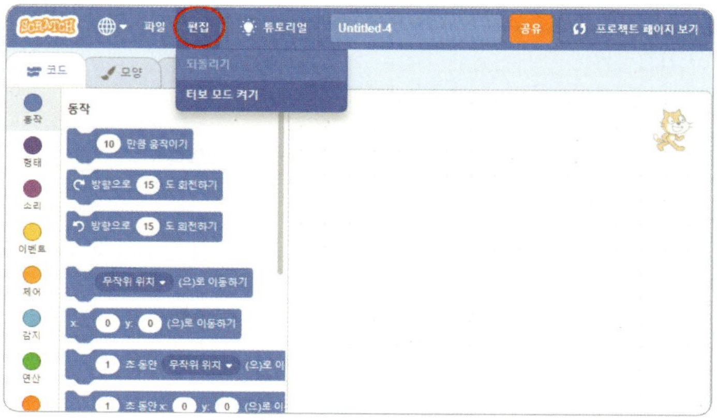

그림 3-12. **편집창 '편집' 메뉴**

- 튜토리얼: 스크래치로 만들 수 있는 다양한 분야의 안내를 받을 수 있다.
- 파일이름 입력: 본인의 프로그램 이름을 지정할 수 있다.
- 공유: 공유 아이콘을 클릭하면 전세계 스크래치 이용자들에게 자신의 프로그램이 공개된다.
- 프로젝트 페이지 보기: 프로그램의 실행화면을 보여주고, 사용법, 만든 사람들을 입력하여 자신이 만든 스크래치 프로그램의 정보를 추가로 입력할 수 있다.

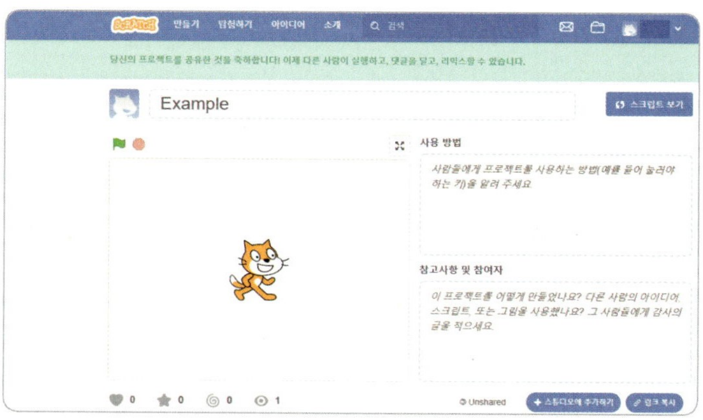

그림 3-13. **프로젝트 페이지 보기 창**

3.3.2 블록 팔레트 영역

3.3.2.1 코드 영역

스크래치에서 9가지 범주(동작, 형태, 소리, 이벤트, 제어, 조건, 연산, 변수, 나만의 블록)를 활용하고 있다. 그림 3-14의 '① 코드 카테고리'는 다양한 범주를 보여주고 있다. '② 확장기능 추가'하기는 기본 카테고리 이외의 추가 기능을 불러올 수 있는 메뉴이다. '③ 영역은 선택된 카테고리에서 사용할 수 있는 블록의 종류를 보여준다. 스크래치 블록은 코드를 만들 때 드래그 앤 드롭을 통해 서로 연결되는 컴퓨터 명령어 이다. 각각의 블록은 서로 다른 모양과 결합될 수 있도록 홈이나 돌출 모양을 가지고 있다. 서로 맞지 않는 홈과 돌출 모양을 연결하려고 하면 아예 결합이 불가능하여 코딩 오류를 사전에 방지할 수 있다. 하지만 스크래치를 이용한 프로그래밍에 사용할 명령어의 수가 많기 때문에 범주(Category)를 나누어 관리하고 있다.

그림 3-14. 코드 블록 구성

또한 확장 기능 추가하기를 통해 9가지 기능을 더할 수 있다. 확장기능은 기본 카테고리 이외의 기능이 필요할 경우 사용하는 것으로 11가지 기능을 추가할 수 있다. 대표적인 기능으로는 악기를 연주하는 '음악' 기능, 스프라이트를 통해 그림을 그릴 수 있는 '펜' 기능 등이 있다. 확장 기능 추가하기를 선택하면 그림 3-15와 같이 사용자가 선택할 수 있는 확장기능이 표시된다.

그림 3-15. 확장기능으로 추가할 수 있는 기능들

3.3.2.2 모양 영역

블록 팔레트에서 모양 영역을 선택하면 스프라이트의 모양을 수정하거나 그려 넣을 수 있으며, 필요에 따라 자신만의 스프라이트를 만들 수도 있다. 블록 팔레트의 모양 영역은 그림 3-16에서 보여주고 있다.

그림 3-16. 블록팔레트의 '모양' 영역 구성

3.3.2.3 소리 영역

소리 영역은 스크래치 프로그램을 동작할 때 나오는 소리를 생성할 수 있다. 또한 음원을 빠르게 하거나 느리게 할 수 있고, 메아리 효과를 넣는 등 음원을 편집할 수 있는 기능도 제공하고 있다. 블록 팔레트의 소리 영역은 그림 3-17에서 보여주고 있다.

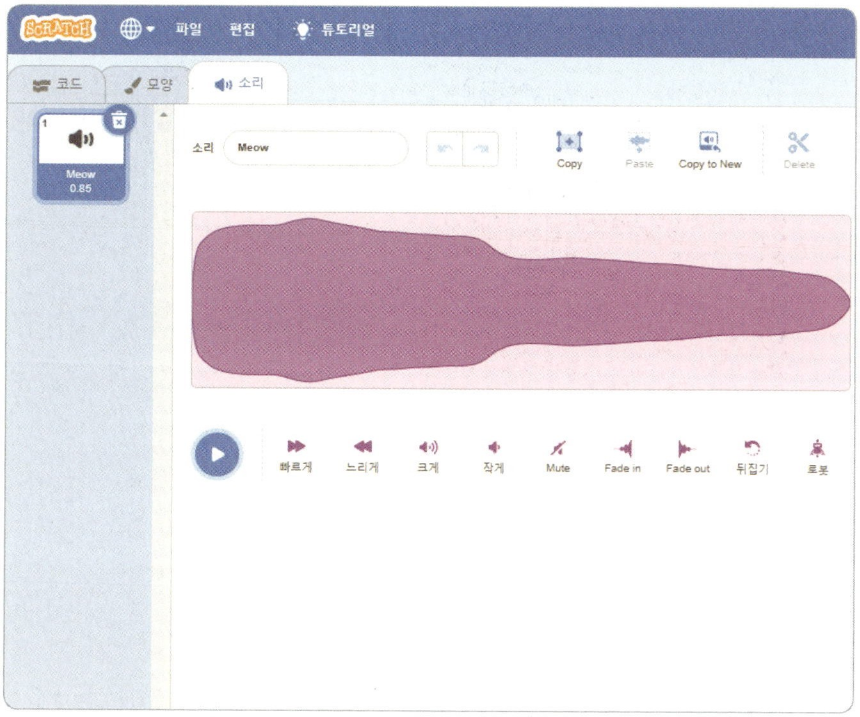

그림 3-17. 블록 팔레트의 '소리' 영역 구성

3.3.3 스크립트 영역

스크립트 영역은 스크래치 프로그래밍을 작성하는 공간이다. 코드 영역에서 필요한 블록을 드래그 앤 드롭(Drag & Drop)하여 프로그램에 필요한 명령어를 정의하는 역할을 한다. 예를 들어 스프라이트를 클릭했을 때 90도 방향을 바라본 이후 10만큼 움직이게 하고 싶다면, 코드 영역의 이벤트에서 '클릭했을 때' 블록을 가져온 이후 동작에서 '( )도 방향보기'와 '( ) 만큼 움직이기' 블록을 가져와서 결합하면 된다. 그림 3-18은 앞서 설명한 스크래치 코드를 작성하는 모습을 보여주고 있다.

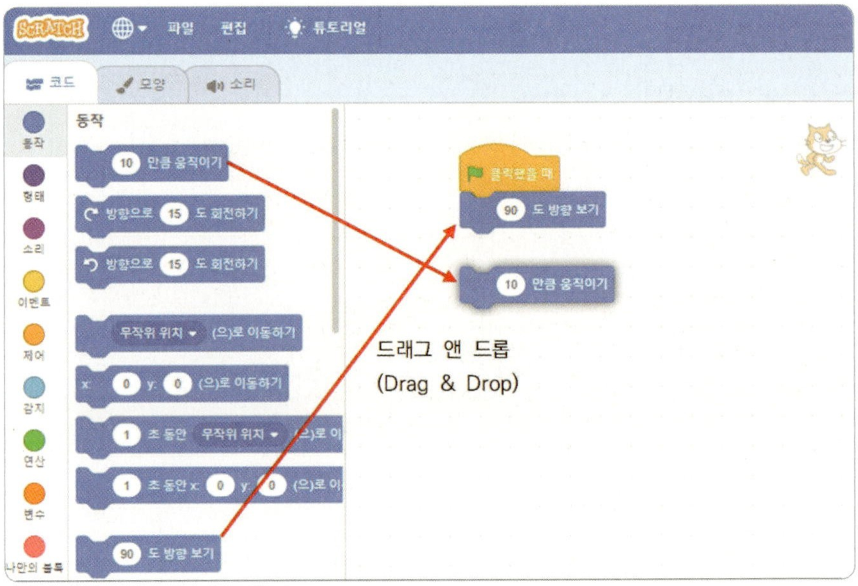

그림 3-18. 스크립트 영역에서 프로그램을 작성하는 방법(예시)

프로그래밍에서 주석(Comment)은 프로그래머가 참고하기 위해 남겨둔 메모를 의미한다. 주석으로 작성된 모든 내용은 컴퓨터가 무시한다. 프로그램의 크기가 작을 경우에는 주석이 별로 필요 없지만, 프로그램의 크기가 커지거나 다양한 기능단위로 작성할 경우 주석의 중요성은 높아진다. 스스로 작성한 프로그램 코드를 쉽게 기억할 수 있고, 다른 프로그래머가 작성한 코드를 이해하는데 도움을 주기도 한다. 스크립트 영역에서 모든 블록에 대하여 주석을 남길 수 있다. 주석을 남기기 위해서는 원하는 블록 위에 마우스 포인터를 위치시키고 마우스 오른쪽 버튼을 누르면 '주석 넣기' 메뉴가 나오는데 이것을 선택하면 주석을 작성할 수 있다. 한글이나 워드 프로그램의 말풍선 기능과 동일하다. 만일 어떤 블록에 주석이 남겨져 있다면 '주석 넣기' 메뉴 대신에 '주석 삭제' 메뉴가 나타난다. 이를 통해 기존의 주석을 삭제할 수도 있다.

스크립트 영역의 블록들을 이동하려면 원하는 블록에 마우스 포인터를 위치시킨 후 드래그 앤 드롭을 통해 자유롭게 이동할 수 있다. 블록을 삭제하고 싶은 경우 스크립트 영역의 코드를 드래그하여 코드 영역에 드롭하거나 마우스 오른쪽 버튼을 눌러 '블록 삭제하기' 버튼을 눌러 삭제할 수도 있다.

그림 3-19. 코드 블록에 주석 추가하기

3.3.4 실행창 영역

실행창 영역은 작성한 프로그램의 결과가 어떻게 나타나는지 보여주는 영역이다. 실행창에는 배경, 스프라이트가 나타나고 변수의 이름 실행창 영역을 제어하기 위한 메뉴는 아이콘 형태로 제공된다. 스크립트에 연결된 프로그램을 시작하고 싶으면 버튼을 누른다. 프로그램의 작동을 중지하고 싶다면 버튼을 누른다. 실행창의 크기를 조정하고 싶을 경우 3가지 설정이 가능하다. 버튼은 실행창을 가장 작게 하는 아이콘이다. 버튼은 표준형태의 크기로 실행창 영역의 기본 크기이다. 실행창만 크게 전체화면처럼 보고 싶다면 아이콘을 누르면 된다. 전체화면 상태에서 아이콘을 클릭하면 실행창 영역의 크기가 원래 상태로 되돌아온다. 실행창 영역의 구성은 그림 3-20와 같다.

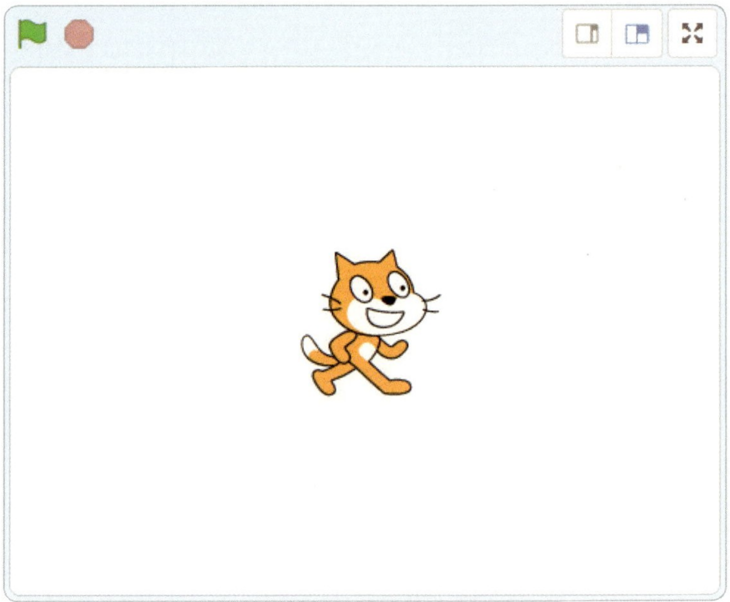

그림 3-20. 실행창 영역의 구성(가운데 고양이는 스프라이트이며, 배경은 없는 상태)

3.3.5 스프라이트 영역

스프라이트는 연극이나 영화에서의 등장인물과 비슷한 개념이다. 연극을 하기 위해서는 대본, 무대, 연기자가 필요하다. 연극은 주인공이 주어진 대본에 따라 무대 위에서 연기를 하게 된다. 스크래치 프로그램의 경우 대본은 스크립트 영역에서 다양하게 조합된 코드 블록들이며, 무대는 프로그램 실행창이다. 스프라이트는 스크립트 영역을 실행하게 되는 객체라고 볼 수 있다. 연기자가 고유의 생김새, 목소리, 말투 등이 있는 것처럼 스크래치의 경우 기본적으로 고양이 모양을 제공한다. 스프라이트는 기본적으로 모양과 소리와 같은 속성을 가지고 있는 객체(Object)이다. 스크래치는 스프라이트 속성을 변경하거나 제어할 수 있는 기능을 스프라이트 영역을 통해 제공한다. 스프라이트 영역은 그림 3-21와 같은 구조를 가진다.

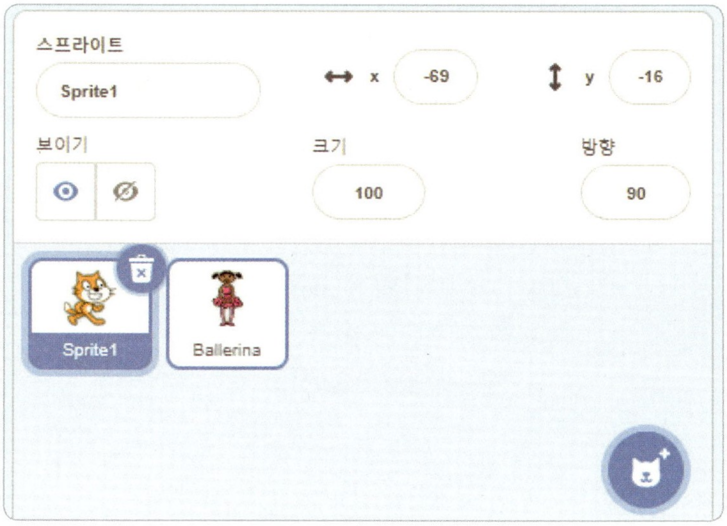

그림 3-21. 스프라이트 영역 구성

스프라이트 영역은 스프라이트의 이름, 크기, 방향, 위치를 설정하거나 변경할 수 있다. 또한 보이기/안보이기 아이콘을 이용해 실행창에 나타나거나 숨겨지도록 설정할 수 있다. 아이콘을 이용하면 자신의 그림파일을 스프라이트로 설정할 수도 있고, 새로운 스프라이트를 그리거나 스크래치에서 제공하는 다양한 스프라이트에서 선택할 수도 있다.

3.3.6 무대 영역

무대 영역은 실행창 영역에서 사용하는 배경을 자신만의 그림파일을 이용하여 설정하거나, 새롭게 만들거나, 스크래치에서 제공하는 배경을 업로드하거나, 블록 팔레트의 배경 영역을 이용하여 새롭게 작성하는 기능을 제공한다. 아이콘을 누르면 무대 배경에 대한 다양한 선택 메뉴를 사용할 수 있다.

스크래치의 경우 무대 크기(Size)에 제한이 있다. 무대 크기에 제한이 있다는 것은 배경 화면이 차지하는 면적이나 스프라이트가 움직일 수 있는 공간에 한계가 있다는 의미이다. 무대를 그림 3-22와 같이 X축과 Y축으로 표현하고 무대 중앙의 좌표는 (0, 0)이다. X축은 최대 +240픽셀, 최소 −240픽셀까지 사용할 수 있다. Y축의 경우 최대 180픽셀, 최소 −180 픽셀까지 사용할 수 있다. 픽셀(Pixel)은 모니터 화면을 구성하는 기본단위 이다. 보통은 모니터의 해상도를 표시할 경우에 사용한다. 하나의 픽셀은 RGB(Red, Green, Blue)의 색깔을 적절히 혼합하여 모니터에 한 점으로 표시한다. 모니터의 화면은 수많은 픽셀이 모여서 만들어내는 것이다. 예를 들어 모니터의 해상도가 '2560×1440'이라면 모니터의 가로에 2560개, 세로에 1440개의 픽셀을 표시할 수 있다는 것을 의미한다.

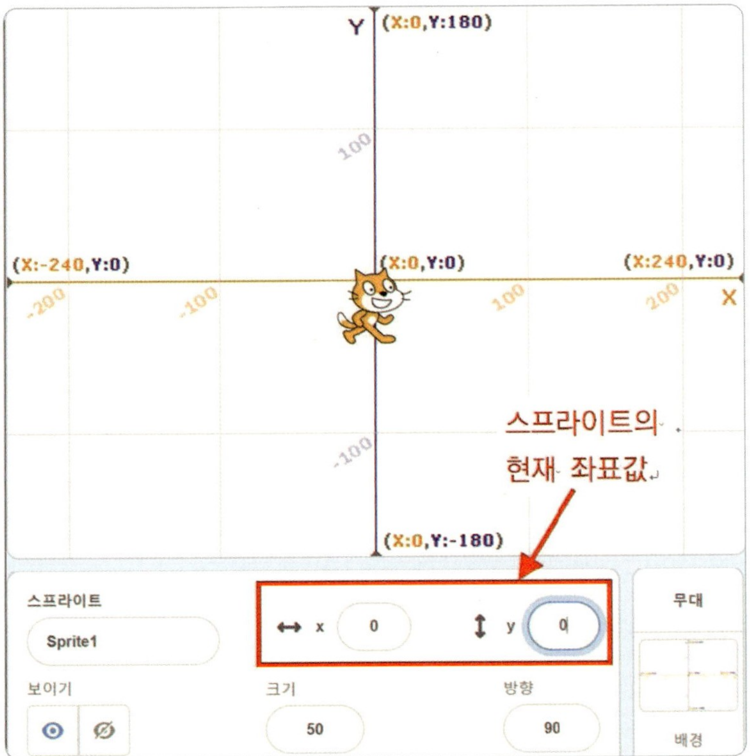

그림 3-22. 스크래치의 무대 크기

그림 3−22는 무대 배경을 'Xy−grid'로 선택하여 화면의 좌표를 표시한 것이다. 무대에서 특정 위치의 좌표값을 알고 싶을 경우에는 스프라이트를 마우스로 드래그하여 이동하면 x, y 좌표값이 해당 위치의 값을 알 수 있다.

4 CHAPTER 자료형과 변수

4.1 컴퓨터가 이해할 수 있는 자료

우리는 스마트폰이나 모니터에 다양한 문자, 숫자, 영상이 표현되기 때문에 컴퓨터는 사람과 비슷하게 자료(Data)를 표현할 수 있다고 생각한다. 또한 컴퓨터에 연결된 마이크를 통해 우리의 음성을 전송하고 스피커를 통해 음악이나 목소리를 듣기 때문에 컴퓨터가 음성이라는 자료를 인식하고 표현할 수 있다고 생각한다. 그러나 현재까지 존재하는 대부분의 컴퓨터가 이해할 수 있는 자료는 0과 1로 표현되어 있으며, 0과 1로 표현하는 방식을 2진법이라고 한다. 사람은 일반적으로 0~9까지의 10개 숫자를 가지고 정보를 표현하는데 이럴 경우에는 10진법이라고 한다. 컴퓨터는 전자 스위치에서 전기를 흐르게 하면 1로 표현하고 전기가 흐르지 않으면 0으로 표현한다.

컴퓨터의 자료를 0과 1로 표현하는 것은 여러 가지 이점이 있다. 만약 컴퓨터가 사람처럼 10진법을 쓴다고 하면 어떨까? 전기의 세기를 10가지로 구분하고 각각의 레벨에 맞는 수치를 정확하게 측정해 내야 한다. 이 세상의 모든 컴퓨터가 동일한 성능과 신뢰도를 갖도록 해야 하는데 이것은 쉬운 일이 아니다. 차라리 0과 1만을 사용하는 것이 자료를 표현할 수 있다면 컴퓨터의 구조를 단순화하고 신뢰성을 높일 수 있는 방법이다.

그렇다면 도대체 사람이 사용하는 모든 정보를 0과 1로 표현할 수 있을까? 먼저 숫자의 경우를 예를 들어보자. 2진법 숫자를 10진수로 변환하기 위해서는 자릿수를 이용하여 변환하는 방법을 사용한다. 먼저 10진법을 사용한 23이라는 숫자는 다음과 같이 표현할 수 있다.

$$23 = 2 \times 10^1 + 3 \times 10^0$$

그렇다면 10진수 23을 2진수로는 어떻게 표현할까? 0과 1 그리고 자릿수를 이용하여 다음과 같이 10111로 표현할 수 있다.

$$\begin{aligned}10111 &= 1 \times 2^4 + 1 \times 2^2 + 1 \times 2^1 + 1 \times 2^0 \\ &= 16 + 4 + 2 + 1 = 23\end{aligned}$$

문자는 어떻게 표현할까? 0과 1을 표현하는 정보 저장단위를 비트(bit)라고 한다. 1비트는 0과 1로 표현할 수 있는 1자리 단위의 정보이다. 비트를 이용해 표현할 수 있는 자료의 범위는 다음과 같이 증가한다.

1비트로 표현할 수 있는 정보: 0, 1
2비트로 표현할 수 있는 정보: 00, 01, 10, 11
3비트로 표현할 수 있는 정보: 000, 001, 010, 011, 100, 101, 110, 111
:
:

만약 n개의 비트가 있다면, 2^n개의 정보를 표현할 수 있다. 반대로 n개의 정보를 표현하기 위해서는 logn개의 비트수가 필요하다. 문자를 표현하기 위해서는 표현해야 할 문자의 개수를 알아내고 필요한 비트수를 계산하면 된다. 수학적인 계산 방식을 이해할 필요는 없다. 다만, 0과 1로 문자를 표현할 수 있다는 것을 이해하는 것이 중요하다. 우리가 대표적으로 사용하는 유니코드, 아스키코드 등은 다양한 문자를 표현하기 위해 사람들이 미리 약속해 놓은 이진수와 문자 자료의 매핑해 놓은 표라고 생각하면 된다. 예를 들어 알파벳 'a'를 표현하기 위해 1100001로 약속해 놓는 것과 같다.

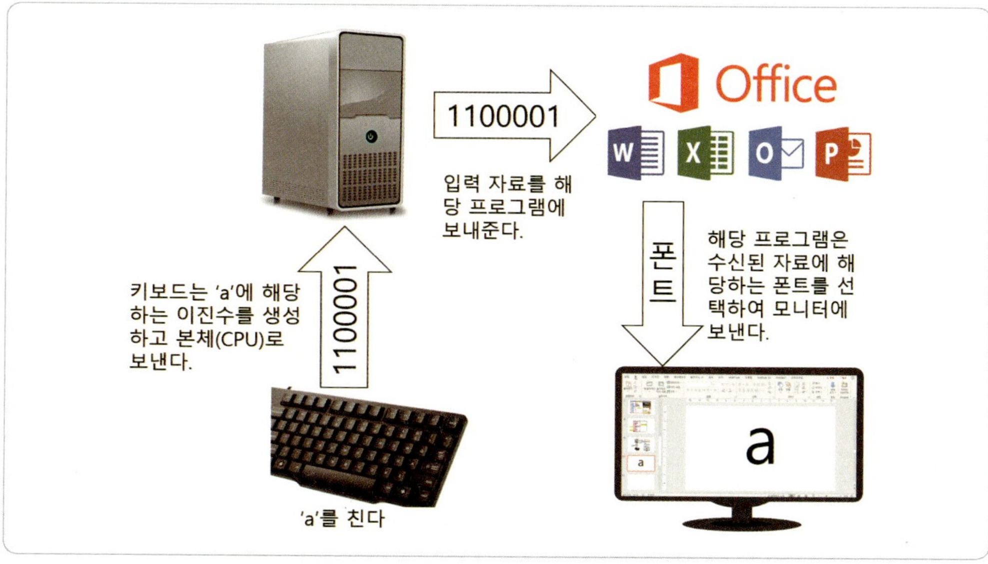

그림 4-1. 컴퓨터가 이진수를 이용하여 문자 자료를 모니터에 출력하는 방법

그림 4-1은 키보드에서 특정 글자를 입력했을 경우 모니터에 해당 글자 자료가 나타나는 과정을 보여주고 있다. 문자수가 아무리 많더라도 필요한 비트수만 확보할 수 있다면 모든 종류의 문자 자료를 컴퓨터로 표현할 수 있다.

사진과 같은 이미지 자료는 픽셀의 집합을 통해 표현할 수 있다. 하나의 픽셀은 RGB 값을 조합하여 표현하면 된다. Red, Green, Blue는 각각 0~255값을 가진다. 256개의 자료를 표현하기 위해서는 8개의 비트가 필요하다. 그러므로 픽셀 하나의 값은 24개 비트로 표현할 수 있다. 예를 들어 검정색은 (0, 0, 0) 값을 갖는데, 이를 이진수로 표현하면 다음과 같다.

00000000 00000000 00000000

만약 주황색을 표현할 경우 RGB값은 (255, 127, 0)이고, 이를 이진수로 표현하면 다음과 같다.

11111111 01111111 00000000

여러분이 '2560×1440' 해상도의 모니터를 가지고 있다면, 하나의 화면에 24비트 × '2560×1440'개의 픽셀이 모여서 하나의 화면을 만들어 낸다. 이를 통해 컴퓨터는 영상 자료를 이진수로 표현할 수 있다. 동영상의 경우 정지한 화면이 연속적으로 지나가는 것이므로 픽셀의 개념에서 확장한 것으로 생각하면 쉽다.

4.2 자료형의 개념과 종류

컴퓨터는 숫자, 문자, 사진, 음성, 영상 등 다양한 형태의 자료를 처리해야 한다. 다양한 자료를 효율적으로 처리하기 위하여 등장한 것이 '자료형(Data Type)' 이라는 것이다. 자료형은 컴퓨터 프로그래밍의 가장 기초가 되기도 하며, 컴퓨팅 사고를 소프트웨어로 표현하기 위하여 가장 먼저 이해해야 한다.

컴퓨터에서 사용하는 자료형은 크게 정수형, 실수형, 문자형, 불린(Boolean)으로 구분한다. 정수와 실수형은 우리가 수학에서 다루는 것과 동일한 개념이다. 쉽게 표현하면 소수점이 없는 숫자는 정수형, 소수점을 가지는 숫자는 실수형이다. 문자형은 한글이나 영어의 알파벳을 표현하기 위한 자료형이다. 불린은 참과 거짓을 표현하는 자료형이다. 자료형은 컴퓨터의 계산 과정에서 메모리 할당, 저장, 연산에서 중요한 역할을 한다.

자료형은 기본적으로 계산을 할 수 있는 연산(Operation)을 포함한다. 자료형끼리 연산이 가능한 것이 있고 불가능한 경우도 존재한다. 예를 들어 정수와 실수를 더하기 연산을 할 수 있지만 문자형 자체로는 덧셈이 불가능한 경우를 들 수 있다(단, 연산자 오버로딩이라는 기능을 적용하면 문자열의 계산도 가능하게 프로그래밍 할 수도 있다). 표 4-2에 자료형과 각 자료형에 해당하는 연산을 제시하였으니 참고하도록 한다.

표 4-2. 컴퓨터에서 사용되는 대표적인 자료형과 그와 관련된 연산자

자료형	자료 예시	대표적인 연산 종류
정수형	..., −3, −2, −1, 0, 1, 2, 3, ...	사칙연산: 덧셈, 뺄셈, 곱셈, 나눗셈 관계연산: 크다(>), 작다(<), 같다(==) 등
실수형	..., −3.1, −1.5, 0.4, 3.14, ...	사칙연산: 덧셈, 뺄셈, 곱셈, 나눗셈 관계연산: 크다(>), 작다(<), 같다(==) 등
문자형	'A', 'B', ..., 'a', 'b', ..., '?', '!' ...	대소문자를 바꾸는 연산
불린형	True(참), False(거짓)	논리연산: and(&), or(|), not(!)

4.3 스크래치에서 자료형 사용하기

스크래치 3.0 버전부터는 자료형을 구분하지 않고 사용할 수 있다. 키보드를 통해 다양한 자료형을 입력한 이후 스크래치에서 제공하는 다양한 연산자를 사용할 수 있다. 그림 4-2는 코드 영역의 연산 카테고리에서 제공하는 사칙 연산을 수행한 결과를 말하도록 하는 코드이다. 먼저 사칙연산에 해당하는 블록을 스크립트 영역으로 드래그 앤 드롭하여 가져오고, 빈 칸에 원하는 자료를 입력한다. 사칙연산 결과를 스프라이트를 통해 확인하기 위해 코드 블록의 형태 카테고리에서 '( )을(를) ( )초 동안 말하기' 블록을 가져오고 연산 블록을 드래그 앤 드롭하여 해당 위치에 놓는다. 연산 결과는 프로그래머가 설정한 시간동안 스프라이트를 통해 표시된다.

그림 4-2. 자료 입력을 통한 사칙연산 프로그램

스크래치 3.0이 자료형을 구분하지 않고 자유롭게 입력할 수 있다고 해서 항상 좋은 것은 아니다. 연산자에 알파벳을 넣으려고 하면 입력이 안되지만 한글은 입력이 가능한 경우도 있다.

그림 4-3. 자료형 입력의 오류 예시

그림 4-3은 자료형 입력에 따른 오류를 보여주는 예시이다. 위쪽의 곱하기 연산에 한글 자료의 입력이 가능하다. 하지만 한글 사이의 곱하기 연산이 불가능하기 때문에 스프라이트가 보여주는 결과값은 이상한 값을 보여준다. 만약 문자형 자료를 연결하고자 한다면 '( )와(과) ( ) 결합하기' 블록을 써야 원하는 결과를 얻을 수 있다. 숫자형 자료와 문자형 자료가 모두 입력 가능할 경우에는 사용 목적과 예상 결과에 맞는 자료형과 블록을 선택해야 한다.

4.4 변수와 변수의 필요성

프로그래밍에서 변수(Variable)는 자료를 저장할 수 있는 공간의 이름을 의미한다. 변수는 원래 '값이 변할 수 있는 수'라는 의미에서 유래되었다. 프로그램이 실행되면서 동일한 변수에 값을 다르게 저장한다면 변수의 값은 새롭게 변한다. 변수를 이용해 프로그램을 작성하기 위해서는 프로그래머가 변수의 이름을 지어 주어야 한다. 변수의 이름을 지어 준다는 것은 컴퓨터가 자료를 저장할 수 있는 메모리 공간을 확보한다는 의미와 같다. 변수의 이름을 지어주는 과정을 '변수의 정의' 또는 '변수의 선언' 이라고 부른다. 스크래치는 그림 4-4와 같이 코드 블록의 변수 카테고리를 이용하여 변수를 선언할 수 있다.

참고

변수의 이름은 프로그래머 마음대로 정할 수 있지만, 가급적이면 의미를 지니는 이름을 지어주는 것이 좋다. 나중에 본인의 코드를 다시 검토하거나 다른 사람과 코드를 공유할 경우 가독성을 높여주기 때문이다. 예를 들어 사람의 나이를 저장할 변수를 선언할 경우에 'x' 라고 이름을 붙여주는 것보다는 'age'라고 이름을 붙여주는 것이 좋다.

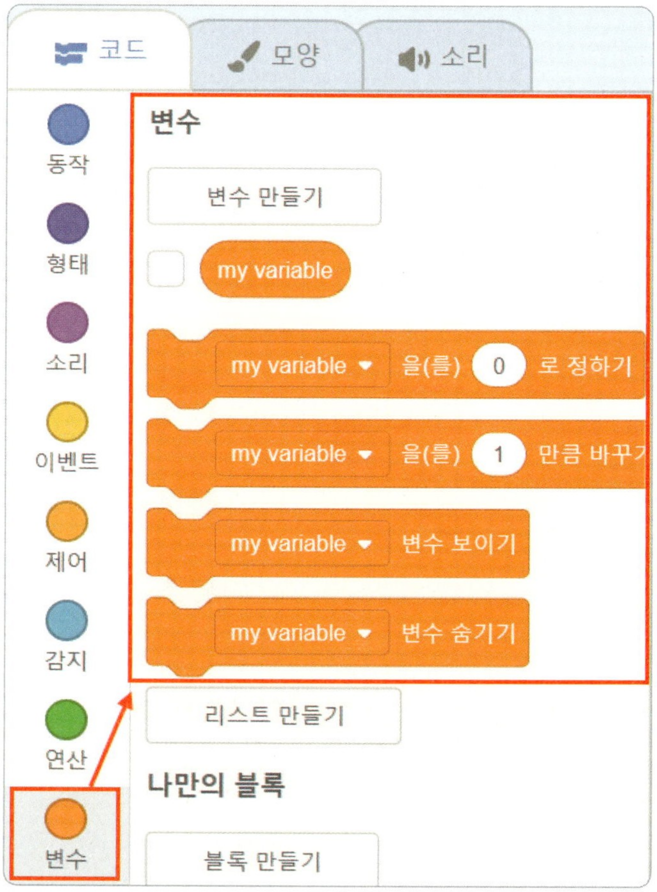

그림 4-4. 코드 영역의 '변수' 카테고리에서 지원하는 블록들

스크래치는 그림 4-4와 같이 변수 카테고리를 선택하면 변수와 관련된 기능을 보여준다. 변수를 새로 만들지 않았다면, 'my variable'이라는 이름을 가진 변수 블록을 기본적으로 제공한다. 새로운 이름의 변수를 만들고 싶다면 '변수 만들기' 버튼을 클릭하면 그림 4-5와 같은 창이 나타난다.

스크래치 프로그램을 작성하게 되면 여러 개의 스프라이트를 만들 경우가 있다. 예를 들어 교통신호 프로그램을 만들 경우, 신호등 색깔을 주기적으로 변경해 주는 '신호등 스프라이트', 자동차가 정지선에 닿았는지를 감지할 수 있는 '정지선' 스프라이트, 그리고 '자동차' 스프라이트 등을 만들 수 있을 것이다. 여러 개의 스프라이트가 존재할 경우 변수의 사용 범위를 지정해 주어야 하는 경우가 있다. 특정 스프라이트에서만 사용할 수 있도록 지정된 변수를 '지역 변수(Local Variable)'라고 한다. 반면에, 모든 스프라이트에서 같이 사용할 수 있도록 설정된 변수를 '전역 변수(Global Variable)'이라고 부른다. 스크래치는 이를 지정할 수 있는 메뉴가 있는데 '모든 스프라이트에서 사용'을 선택하면 전역 변수가 되고, '이 스프라이트에서만 사용'을 선택하면 지역 변수로 설정된다.

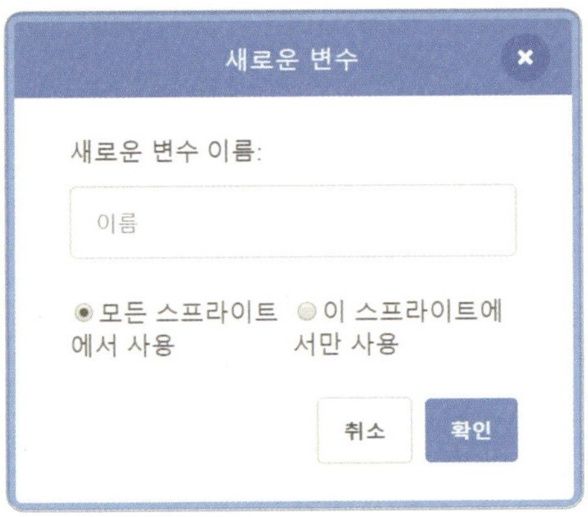

그림 4-5. **새로운 변수 만들기 창**

변수 실습을 위해 학생의 이름, 나이를 저장할 수 있는 변수를 만들고 사용자로부터 데이터를 입력받아 해당 내용을 스프라이트가 말하게 하는 프로그램을 작성해 보자.

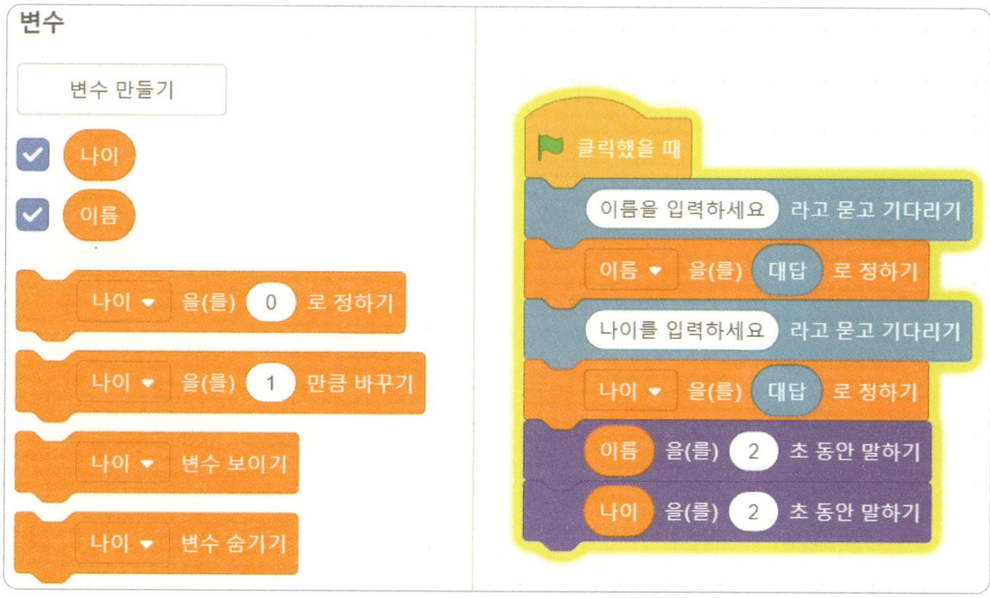

그림 4-6. 변수(이름과 나이)를 이용한 프로그램

그림 4-6에서 '( ) 라고 묻고 기다리기'와 '대답' 블록은 코드 영역의 '감지' 카테고리에 있으며, 사용자로부터 데이터를 입력받고자 할 경우에 사용하는 블록이다. 자세한 내용은 교재 후반부 '컴퓨터와의 대화'에서 자세하게 다룰 것이다.

4.5 리스트와 자료형

'컴퓨터공학과' 50명 학생의 국어와 영어 성적 처리 프로그램을 작성한다고 가정하자. 이 경우 50명의 국어 성적을 저장할 수 있는 변수 50개가 필요하고, 동일하게 영어 성적을 저장할 변수 50개가 필요하다. 이 경우 변수 100개를 새롭게 생성하고 프로그램에 반영하는 것은 매우 비효율적이고 변수 관리 과정에서 실수(error)를 범하게 될 확률이 매우 높다. 이 경우 편리하게 사용할 수 있는 자료형이 '리스트(List)'이다. 리스트는 비슷한 종류의 변수가 여러 개일 경우 편리하게 사용할 수 있는 자료형이다.

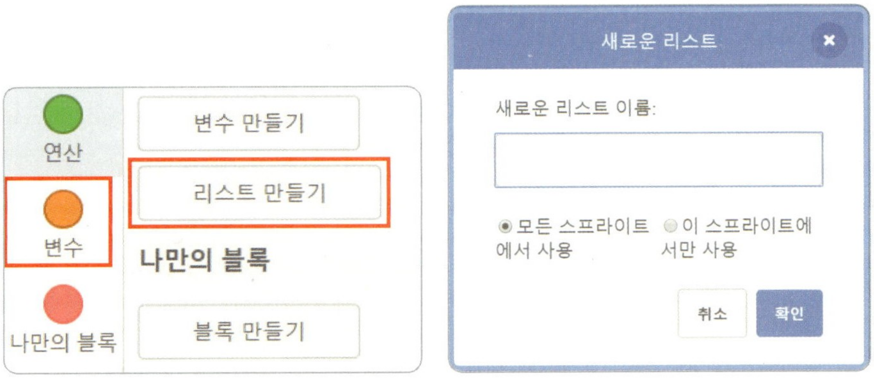

그림 4-7. 리스트 만들기 과정

그림 4-7과 같이 리스트를 만들기 과정을 통해 '영어 성적', '영어 성적'을 생성하면 그림 4-8과 같이 리스트를 이용할 수 있는 다양한 블록이 나타난다.

그림 4-8. 리스트를 이용할 수 있는 블록들

50명의 국어와 영어 성적을 입력받는 프로그램을 작성해 보자. 100개의 변수 대신 2개의 리스트를 활용하여 성적을 입력받도록 한다. 국어와 영어의 리스트 위치는 학생 번호라고 가정한다. 예를 들어 국어와 영어의 성적 리스트 1번 값은 1번 학생의 성적이다. 프로그램은 4-9를 참고한다.

그림 4-9. 사용자로부터의 성적 입력, 그리고 리스트를 이용한 자료 저장 프로그램

5 CHAPTER 순차적 표현을 통한 문제해결

5.1 일상생활에서 만나는 문제들

우리들은 일상생활을 하면서 항상 문제들을 해결하면서 살아간다. 우리가 해결하는 문제들 중에는 무의식적으로 해결하는 문제도 있고, 추가적인 사고를 통해 해결하는 문제도 있다.

무의식적으로 해결하는 문제의 예로 편의점에서 교내 식당에서 점심 식사하는 경우를 들 수 있다. 식사하기 위해서는 다음과 같은 절차가 필요하지만 우리들은 특별한 사고력 없이도 자연스럽게 문제를 해결한다.

[교내 식당에서 점심 식사하는 문제]

- 식권을 산다.
- 식권을 제출한다.
- 배식을 받는다.
- 자리에 앉는다.
- 식사를 한다.
- 식판을 반납하고 식당에서 나온다.

위와 같이 교내 식당에서 식사하는 문제의 경우도 문제해결을 위한 절차가 존재하지만,

기존에 해결해온 경험을 바탕으로 어렵지 않게 해결할 수 있다. 반면에 추가적인 사고를 통해 문제를 해결해야 하는 경우도 많다. 예를 들어 낯선 곳으로 여행을 가고 싶은 경우를 들 수 있다. 부산에 가본 적이 없는 사람이 부산을 처음 방문하려고 한다면 추가적인 사고가 필요하다. 버스를 이용할 것인지 기차를 이용할 것인지를 결정해야 하고, 부산 터미널이나 역에 도착해서 최종 목적지까지 택시를 타야할지 버스를 타야할지 지하철을 타야할지를 결정해야 한다.

우리가 무의식적으로 자연스럽게 해결하는 문제든 추가적 사고력을 이용해 해결하는 문제든 공통점이 존재한다. 문제를 해결하기 위한 순서와 절차가 반드시 존재한다는 점이다. 우리는 머리(뇌)를 이용하여 자연스럽게 해결하는 반면에 컴퓨터는 해결 과정을 논리적으로 서술해 주어야 주어진 문제를 해결할 수 있다. 이렇게 문제 해결 과정을 논리적으로 서술한 것이 '프로그램(Program)'이다. 프로그램을 작성하는 일을 '프로그래밍(Programming)'이라고 하며, 프로그램을 작성하는 사람을 '프로그래머(Programmer)'라고 한다. 현대 사회의 반복적이며 복잡한 문제를 손쉽게 해결하는 방법 중 하나는 컴퓨터를 잘 이용하는 것이다. 우리는 이제부터 컴퓨팅 사고를 이용하여 다양한 방법으로 문제를 해결하는 방법에 대하여 학습할 것이다. 대표적인 문제해결 방법은 '순차적 해결', '반복을 활용한 해결', '나누어서 해결하는 방법' 등이 있다.

5.2 일의 순서 정하기

어떤 문제가 우리에게 주어지든지 상관없이 항상 문제 해결을 위한 순서가 존재한다. 따라서 어떤 문제를 해결하기 위해서는 일의 순서를 정해야 한다. 문제해결을 위해서 일의 순서를 정하는 방법은 유일한 한 가지 방법만 존재하는 경우도 있고 다양한 방법이 존재할 수도 있다.

그림 5-1. 다양한 해결방법이 존재하는 문제(길찾기)

그림 5-1의 경우를 살펴보자. 어느 학생이 정문에서 종합운동장까지 이동하는 경우에 이동할 수 있는 방법은 무한대로 존재한다. 그림 5-1의 좌측 상단 그림처럼 인문대학 뒤편으로 가는 방법도 있고 우측 상단 그림처럼 인문대학을 지나가지 않는 방법도 있다. 하단의 그림들처럼 길을 좀 더 길게 갈 수도 있다. 그림 5-1에 제시된 방법 이외에도 특정 건물 주변을 1바퀴 돌거나 10바퀴를 돈 이후에 종합운동장으로 갈 수도 있다.

다양한 해결방법이 존재하지만 사람들은 시간과 노력을 덜 들이고 문제를 해결하고자 한다. 컴퓨터를 통한 문제해결도 마찬가지이다. 해결 방법은 여러 가지 존재하지만 빠른 시간에 적은 자원을 사용하여 문제를 해결하고 싶어 한다.

또한 어떤 문제는 순서가 바뀌더라도 상관없는 경우도 있지만, 어떤 문제는 일의 순서가 바뀌면 해결이 안 되는 경우도 존재한다. 그림 5-2는 과자 먹는 문제를 해결하는 방법 3가지가 제시되어 있다. 과자먹기 A방법에서 7번, 8번의 순서를 바꾸면 B방법이 된다. 이 경우는 순서를 바꾸더라도 문제 해결이 가능하다. 그러나 B방법에서 3번, 4번의 순서를 바꾼 C방법은 문제를 해결할 수 없다. 과자 봉지를 뜯지 않고서는 과자를 접시에 담을 수 없기 때문이다.

컴퓨터 입장에서 볼 때 A, B, C방법은 각각 서로 다른 문제해결 과정으로 별개의 프로그램으로 볼 수 있다. 프로그램을 작성하는 방법은 다양하다. 그러나 일의 순서를 바꾸는 것이 결과에 영향을 미칠 수도 있다. 그러므로 일을 해결하기 위해서는 일의 선후 관계를 명확히 점검해야 한다. 마찬가지로 프로그램을 작성할 때에도 일의 선후 관계를 점검한 이후 프로그램을 작성해야 한다.

순서	A방법	B방법	C방법
1	마트에서 과자를 고른다.	마트에서 과자를 고른다.	마트에서 과자를 고른다.
2	돈을 지불한다.	돈을 지불한다.	돈을 지불한다.
3	봉지를 뜯는다.	봉지를 뜯는다.	과자를 접시에 담는다.
4	과자를 접시에 담는다.	과자를 접시에 담는다.	봉지를 뜯는다.
5	과자를 먹는다.	과자를 먹는다.	과자를 먹는다.
6	빈 봉지를 버린다.	빈 접시를 치운다.	빈 접시를 치운다.
7	빈 접시를 치운다.	빈 봉지를 버린다.	빈 봉지를 버린다.

그림 5-2. 다양한 형태의 해결 방법(과자먹기 문제)

5.3 순차적 표현을 통한 프로그래밍

컴퓨터를 이용해 문제를 해결하는 방법은 정확한 실행절차를 알려주는 것이다. 우리가 유명 연예인 콘서트에 갔을 경우 미리 콘서트 프로그램을 제공 받는다면 그 콘서트가 언제 시작해서 어떤 행사 순서로 진행되고 어떻게 끝날 것인지를 알 수 있는 것과 마찬가지이다.

방탄소녀단 콘서트 프로그램

시간			주요 내용
부터	까지	시간(분)	
10:30	11:00	30	관람객 입장 및 공연 전 이벤트
11:00	11:05	5	사회자 입장 및 멤버 소개
11:05	12:00	55	방탄 소녀단 1부 공연(5곡)
12:00	12:30	30	휴식 및 펜 사인회
12:30	13:30	60	우정출연 공연(방탄 어른단)
13:30	14:30	60	방탄 소녀단 2부 공연(6곡)
14:30	14:50	20	행운권 추첨 및 마무리 인사

컴퓨터 프로그램

그림 5-3. 일의 순서를 정의하는 다양한 프로그램

음악 콘서트 프로그램은 콘서트의 실행 순서를 나타내고, 컴퓨터 프로그램은 컴퓨터가 해야 할 일의 순서를 명확히 적어놓은 것이다. 필요한 일의 목록을 알아내고, 그 일의 우선순위를 정하고, 우선순위에 따라 명확하게 기술하는 것이다. 이러한 방법은 사람들이 일반적으로 접근하는 직관적인 방식이며, 컴퓨터에서도 가장 우선적으로 적용할 수 있는 접근법이다.

우리는 순차적 사고와 표현을 통해 문제를 해결하는 방법에 대해서 다양한 예제를 통해 학습할 것이다.

5.3.1 길찾기 문제

순차적 표현을 통해 해결하기 위한 문제로 길찾기 문제가 대표적이다. 목적지에 도착하기 위해서는 이동 경로가 있어야 하고, 이동경로를 따라 움직이기 위해서는 순차적인 이동이 있어야 한다.

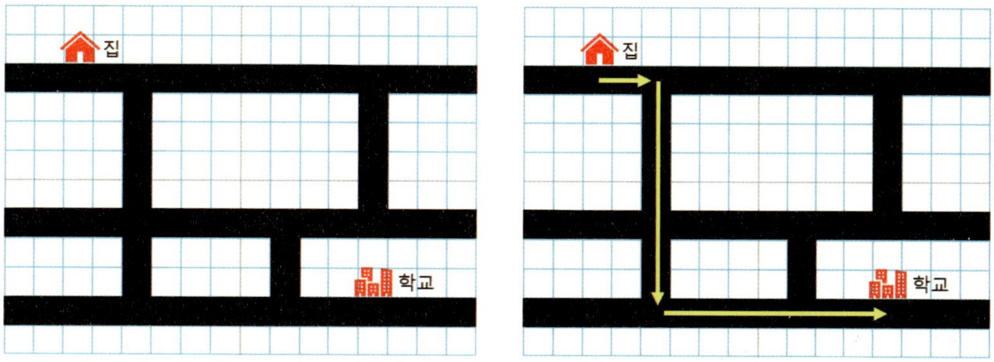

그림 5-4. 집과 학교를 표시한 지도(좌), 집에서 학교까지 가능한 경로 중 하나(우)

집과 학교를 표시한 지도가 그림 5-4의 좌측 그림과 같다고 하자. 집에서 학교에 갈 수 있는 경로는 다양하다. 그림 5-4의 우측과 같이 가능한 하나의 경로를 선택했다고 하면 순차적 표현을 통해 길찾기를 표현하면 다음과 같다.

1 출발점으로 이동한다(집 앞)
2 방향을 오른쪽(90도)로 설정한다.
3 출발한다고 말한다.
4 1칸 이동하고 기다린다.
5 1칸 이동하고 기다린다.
6 방향을 아래쪽(180도)로 설정한다.
7 1칸 이동하고 기다린다.
8 1칸 이동하고 기다린다.
9 1칸 이동하고 기다린다.
10 1칸 이동하고 기다린다.
11 1칸 이동하고 기다린다.
12 1칸 이동하고 기다린다.
13 1칸 이동하고 기다린다.
14 1칸 이동하고 기다린다.

15 방향을 오른쪽(90도)로 설정한다.
16 1칸 이동하고 기다린다.
17 1칸 이동하고 기다린다.
18 1칸 이동하고 기다린다.
19 1칸 이동하고 기다린다.
20 1칸 이동하고 기다린다.
21 1칸 이동하고 기다린다.
22 1칸 이동하고 기다린다.
23 1칸 이동하고 기다린다.
24 학교에 도착했다고 말한다.

위에서 표현한 순차적 문제해결은 일종의 '길찾기 프로그램'으로 볼 수 있다. 길찾기 문제를 순차적으로 표현하였다면 이제는 컴퓨터를 이용하여 문제를 해결할 차례이다. 이제는 사람이 이해할 수 있는 프로그램을 컴퓨터도 이해할 수 있는 프로그램으로 작성하기만 하면 컴퓨팅을 이용한 길찾기 문제 해결이 가능하다. 먼저 스크래치 프로그램 작성을 위해 필요한 목록을 안내하도록 한다.

5.3.1.1 필요한 배경 설정

수업자료에서 배경 그림 파일을 다운로드 받는다.
무대 아래에 있는 배경 아이콘을 클릭하고 '배경 업로드하기'를 선택한다.

그림 5-5. 배경 업로드 하는 절차

5.3.1.2 스프라이트 설정하기

무대 아래의 스프라이트 영역에서 '스프라이트 고르기'를 선택하여 자신이 원하는 스프라이트를 선택한다.

그림 5-6. 배경 고르기 메뉴 선택

스프라이트를 적당한 크기로 조정한다. 스프라이의 크기를 조정하는 방법은 스프라이트 영역에서 값을 입력하는 방법과 블록팔레트 영역의 '모양'을 이용하는 방법 두 가지 모두 가능하다.

첫 번째 방법은 스프라이트 영역에서 크기를 조절하는 방법이다. 그림 5-7과 같이 스프라이트 영역의 크기에 적당한 숫자를 입력하고 엔터키를 누른다. 기본값은 100이고, 입력된 숫자는 스프라이트 크기의 상대 비율이다. 만약 30을 입력한다면 현재 크기에서 30% 크기로 자동 조절된다.

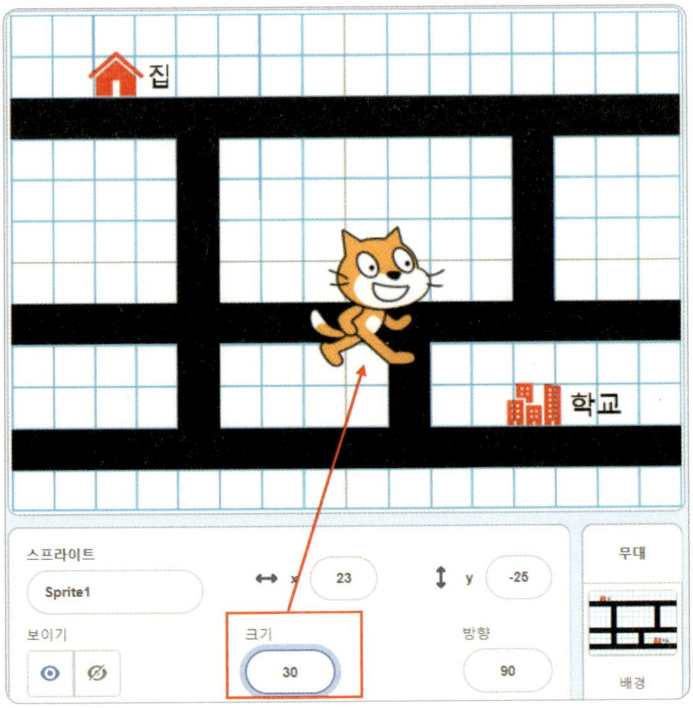

그림 5-7. 스프라이트 영역 기능을 이용한 크기 조정

두 번째 방법은 블록팔레트의 '모양'을 선택하는 방법이다. '모양'을 선택하면 스프라이트를 편집할 수 있는 화면이 제공된다. 그림 5-8먼저 '선택' 메뉴를 선택하고 스프라이트 주변을 마우스로 드래그 하여 스프라이트 전체를 선택한다. 이후 그림 5-9와 같이 모서리 둥근 점을 조절하여 스프라이트의 크기를 각자 원하는 크기로 조절한다.

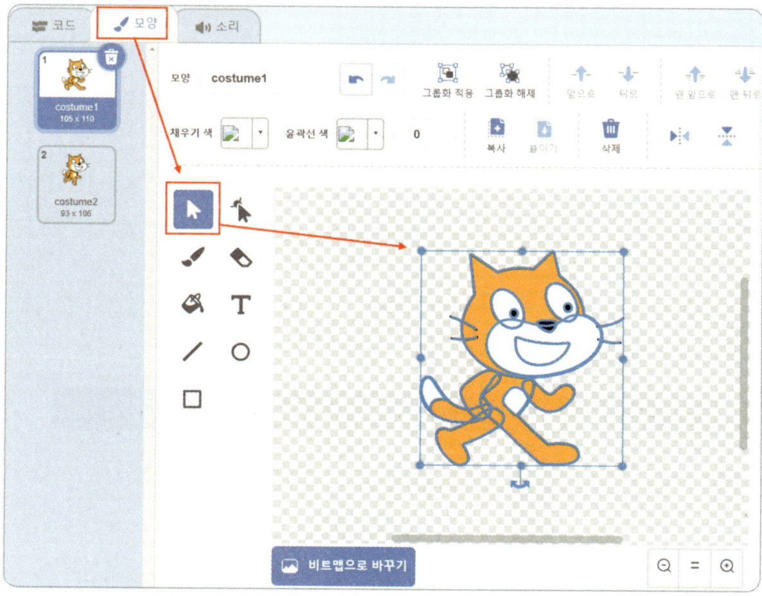

그림 5-8. 블록팔레트 '모양' 기능을 이용한 크기 조절

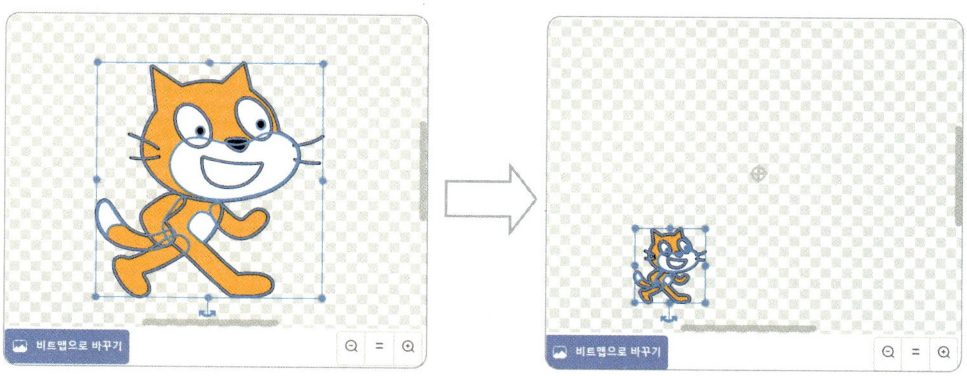

그림 5-9. 스프라이트 객체를 전체 선택하여 크기를 적절히 조절

참고

스프라이트는 중심 설정이 가능하다. 스프라이트 중심은 스프라이트의 회전, 이동, 그리기 등의 중심이 되는 지점이다. 원래 중심은 스프라이트의 중앙에 있다. 그러나 그림 5-10과 같이 스프라이트 전체를 선택하여 크기를 변경하거나 키보드의 방향키(화살표)를 이용하여 위치를 이동시키다 보면 스프라이트 중심이 바뀌는 경우가 있다. 스프라이트의 중심에 따른 그리기 결과(무대영역)를 그림 5-11에 예로 제시하였다. 그림 5-11의 위 그림은 그리기 중심을 펜 스프라이트의 끝에 맞춘 결과이고, 아래 그림은 펜 스프라이트의 중심을 스프라이트 중앙에 맞춘 결과이다. 스프라이트의 회전이나 그리기 기능을 이용할 때 무대 영역에서 이상하게 나타난다면 스프라이트의 중심을 다시 한번 확인하고 수정하면 원하는 결과를 얻을 수 있다.

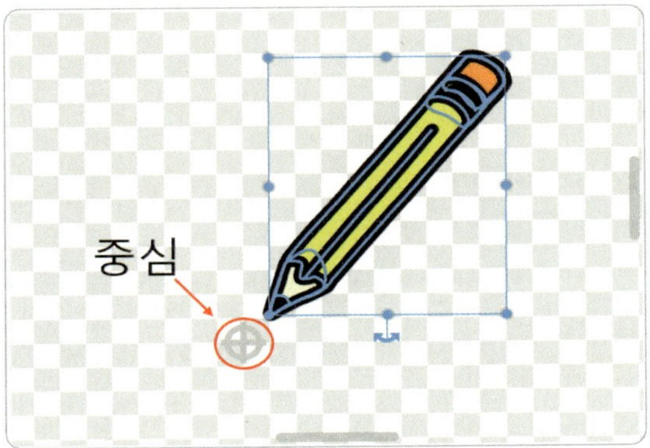

그림 5-10. 스프라이트 중심 설정

그림 5-11. 스프라이트 중심에 따른 그리기 결과

5.3.1.3 필요한 블록들

길찾기 문제를 해결하기 위해서는 몇 가지 카테고리에 속하는 블록들이 필요하다. 표 5-1에 필요한 블록들을 정리하였다.

표 5-1. 길찾기 프로그램에 필요한 블록들

범주	동작블록	기능 설명
동작	x: 0 y: 0 (으)로 이동하기	스프라이트를 입력한 좌표(x, y)로 이동
	10 만큼 움직이기	스프라이트를 입력한 픽셀만큼 이동
	90 도 방향 보기	스프라이트가 바라보는 방향을 변경
제어	1 초 기다리기	스프라이트가 입력한 값만큼 멈춤
이벤트	클릭했을 때	프로그램 시작 아이콘 을 클릭하면 다음 블록들을 실행
형태	안녕! 을(를) 2 초 동안 말하기	입력된 값을 주어진 시간동안 말함
	안녕! 말하기	입력된 값을 계속 말함

5.3.1.4 프로그램(스크립트[1]) 작성

그림 5-4의 우측과 같은 경로를 순차적 표현에 따른 프로그램(스크립트)으로 작성하면 다음과 같다.

1 좌표를 입력하여 출발점으로 이동한다.(집 앞)
2 이동 방향을 오른쪽(90도)로 설정한다.
3 출발한다고 말한다.
4 2칸 이동한다.(1칸 이동값은 30픽셀로 설정)
5 방향을 아래쪽(180도)로 설정한다.
6 8칸 이동한다.(1칸 이동값은 30픽셀로 설정)
7 방향을 오른쪽(90도)로 설정한다.
8 8칸 이동한다.(1칸 이동값은 30픽셀로 설정)
9 학교에 도착했다고 말한다.

주어진 배경을 이동할 경우 한 칸 이동에 필요한 픽셀값은 30이다. 프로그램을 실행하면 (을 클릭하면) 컴퓨터의 실행속도가 너무 빠르기 때문에 사람이 진행 상태를 눈으로 확인할 수 없다(집에서 학교로 순식간에 이동한 것처럼 보임). 프로그램 진행 상태를 확인하기 위해 한 칸 이동할 때마다 정지 시간일 지정하여(프로그램 예제에서는 0.5초 기다리기 설정) 프로그램의 정상적인 진행 상태를 확인한다. 전체 프로그램은 5-12와 같다. 그림 5-12에서 주의할 것은 전체 프로그램은 좌측과 같다. 하지만 상하로 긴 프로그램으로 보기

1) 스크립트(Script): 스크래치는 소스코드를 작성하는 즉시 한줄 단위로 실행결과를 볼 수 있는 '스크립트 프로그래밍 언어'에 속한다. 스크립트 프로그래밍 언어에 속하는 프로그램을 스크립트라고도 부른다. 프로그램을 작성하는 것을 코딩(coding)이라고 부르며, 작성된 프로그램을 코드(code) 또는 소스코드(source code)라고 부른다. 넓은 의미에서 프로그램, 스크립트, 코드는 같은 의미로 생각해도 큰 무리는 없다.

가 어려워 여러 개 구간으로 나누어 표현하였다. 우측의 그림에서 빨간색 화살표로 표시된 부분을 서로 연결해야 전체 프로그램이 완성된다.

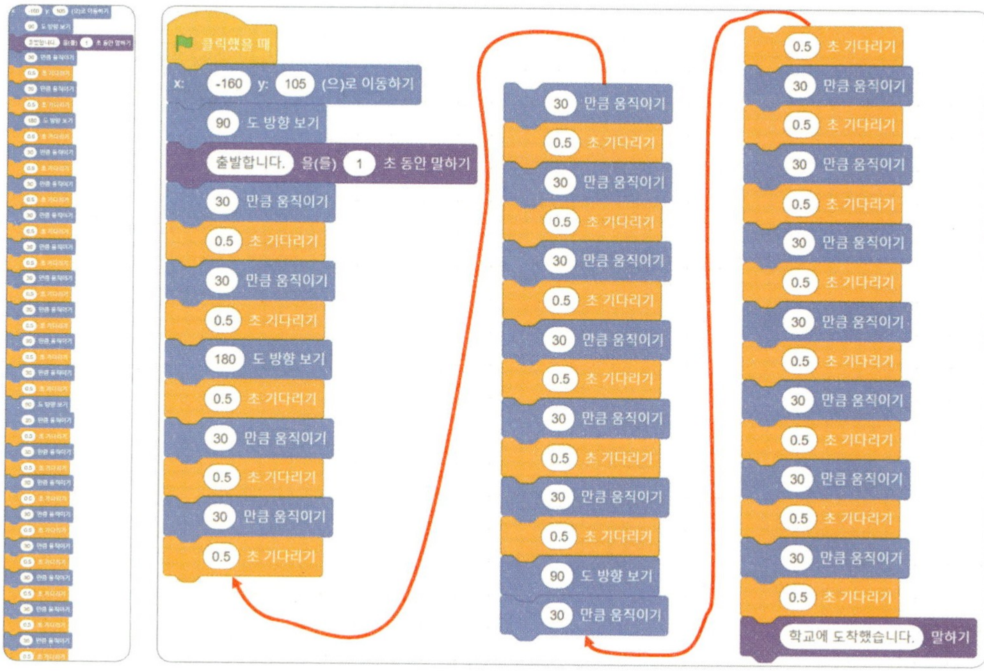

그림 5-12. 길찾기 문제 전체 프로그램(스크립트)

5.3.2. 정사각형 그리기

순차적 표현을 통해 해결하기 위한 문제로 정사각형 그리기 문제가 있다. 정사각형을 그리기 위해서는 순차적으로 선을 그려야 하고, 어느 점에서는 그리는 방향을 90도 전환해야 한다. 대표적인 방법은 한 점에서 시작해서 끊김없이 한 번에 그려내는 방법이 있을 수 있다. 어떤 사람은 아주 짧은 점을 조금씩 그려가는 방법을 선택할 수도 있고, 다른 사람은 윗변을 3개씩 분할하여 차례대로 그리고 아랫변은 4번에 나누어 그리는 방법 등 정사각형을 그리는 방법은 무수히 많은 방법이 존재한다. 따라서 정사각형 그리기를 완성하기 위해서는 그리기와 방향 전환에 대한 순차적 표현을 완성해야 한다.

정사각형 정의는 네 변의 길이가 같고, 네 각의 크기가 모두 같은 사각형이다. 사각형의 네 각의 크기는 90도이므로 사각형을 그리기 위해서는 변의 길이 알면 된다. 그림 5-13과 같이 화면의 좌측 상단에서 시작하여 시계방향으로 변을 연속적으로 그리는 방법을 선택했다고 가정하자.(프로그래머에 따라 방향과 시작점은 얼마든지 변경될 수 있다)

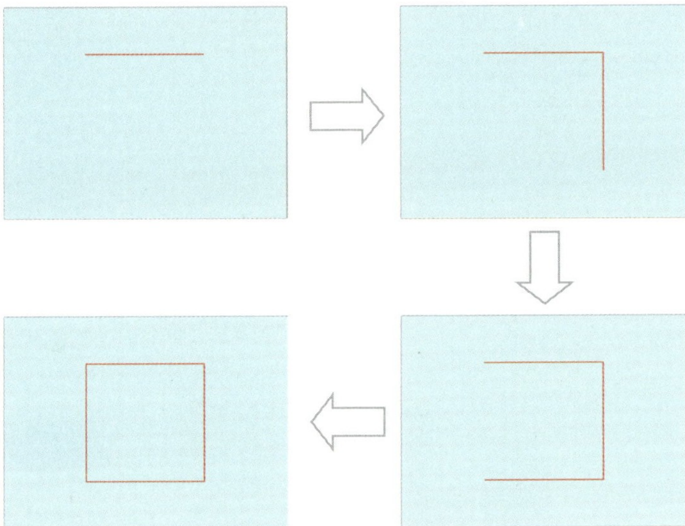

그림 5-13. 정사각형 그리기 순서

정사각형 그리기 문제를 해결하기 위해 순차적 표현에 따른 프로그램을 작성하면 다음과 같다.

1 좌표를 입력하여 출발점으로 이동한다.(시작점)
2 한변의 길이만큼 이동하고 기다린다.
3 시계방향으로 90도 회전한다.
4 한변의 길이만큼 이동하고 기다린다.
5 시계방향으로 90도 회전한다.
6 한변의 길이만큼 이동하고 기다린다.
7 시계방향으로 90도 회전한다.

8 한변의 길이만큼 이동하고 기다린다.

9 '정사각형 그리기 완성'이라고 1초간 말한다.

먼저 스크래치 프로그램 작성을 위해 필요한 목록을 안내하도록 한다.

5.3.2.1 필요한 배경 설정

무대 아래에 있는 배경 아이콘을 클릭하고 '배경 고르기'를 선택한다. 정사각형 그리기 예제에서는 스크래치에서 기본으로 제공하는 'Blue Sky 2'라는 배경을 사용한다. 배경은 편의를 위해 'Blue Sky 2'를 선택 했지만 개인적 취향에 따라 다른 배경을 선택하거나 자신만의 배경을 만들어 사용해도 무방하다. 배경 고르기 및 모양은 그림 5-14를 참고한다.

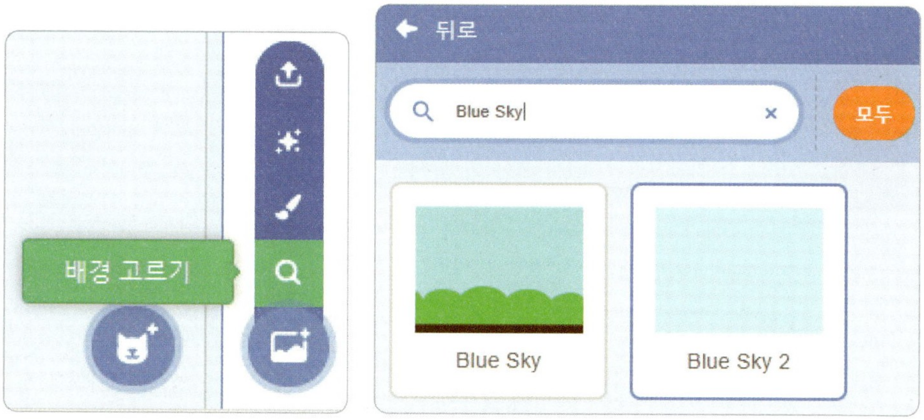

그림 5-14. 정사각형 그리기를 위한 배경 선택

5.3.2.2 스프라이트 설정하기

무대 아래의 스프라이트 영역에서 '스프라이트 고르기'를 선택하여 자신이 원하는 스프라이트를 선택한다. 정사각형 그리기 예제에서는 그림 5-15를 참고하여 스프라이트 검색창에 'Pencil'을 입력하고 해당 스프라이트를 선택한다. 물론 'Pencil' 스프라이트 이외의 다양한 스프라이트 중 하나를 선택해도 무방하다.

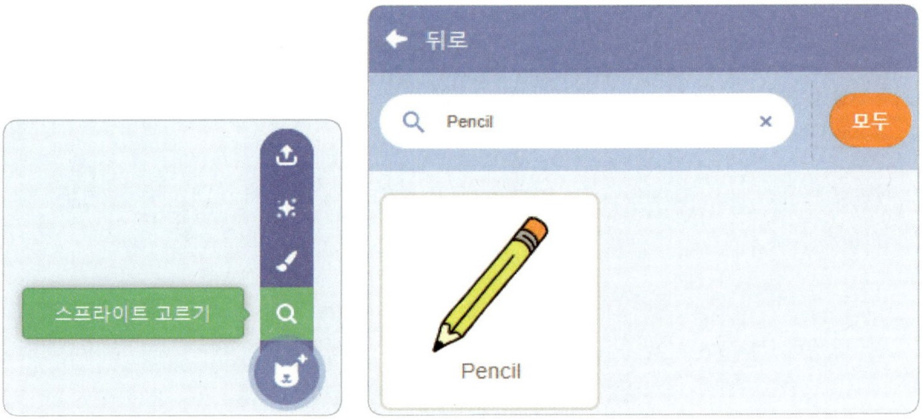

그림 5-15. 스프라이트(Pencil) 선택

Pencil 스프라이트를 선택한 이후 정사각형 그리기 과정에서 연필심에서 그림이 그려지도록 나타내기 위하여 중심을 그림 5-16과 같이 이동시킨다. 스프라이트의 중심 이동은 스프라이트 영역에서 Pencil 스프라이트를 선택한 이후 블록팔레트의 모양 영역을 선택한다. 그리고 모양 영역 아이콘 메뉴 중 '선택'  아이콘을 선택한 이후 마우스를 드래그하여 스프라이트 그림 모두가 선택되도록 한다. Pencil 스프라이트 전체가 선택된 상태에서 키보드 화살표 키를 이용하여 적절히 움직여 펜 중심을 조절한다.

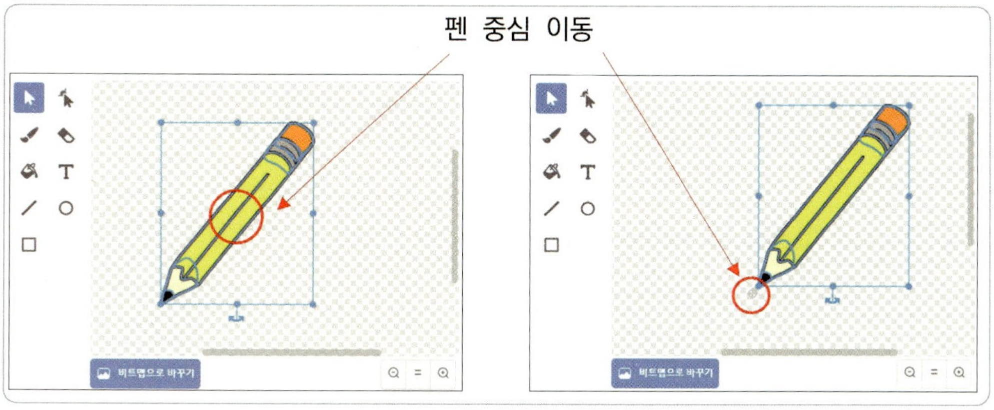

그림 5-16. Pencil (연필) 스프라이트 중심 조절

이번 예제에서는 필요 없는 고양이 스프라이트를 그림 5-17과 같이 삭제 아이콘을 사용하여 삭제한다.

그림 5-17. 불필요한 스프라이트 삭제하기

그림 5-18과 같이 스프라이트 영역의 크기에 적당한 숫자를 입력하여 스프라이트 크기를 적절하게 조절한다. 스크래치에서 제공되는 스프라이트 크기의 기본값은 100이고, 교재에서는 50을 선택하였다. 이전에 설명한 바와 같이 입력된 숫자는 스프라이트 크기의 상대 비

율이며 만약 50을 입력한다면 Pencil의 원래 크기의 50% 크기로 자동 조절된다.

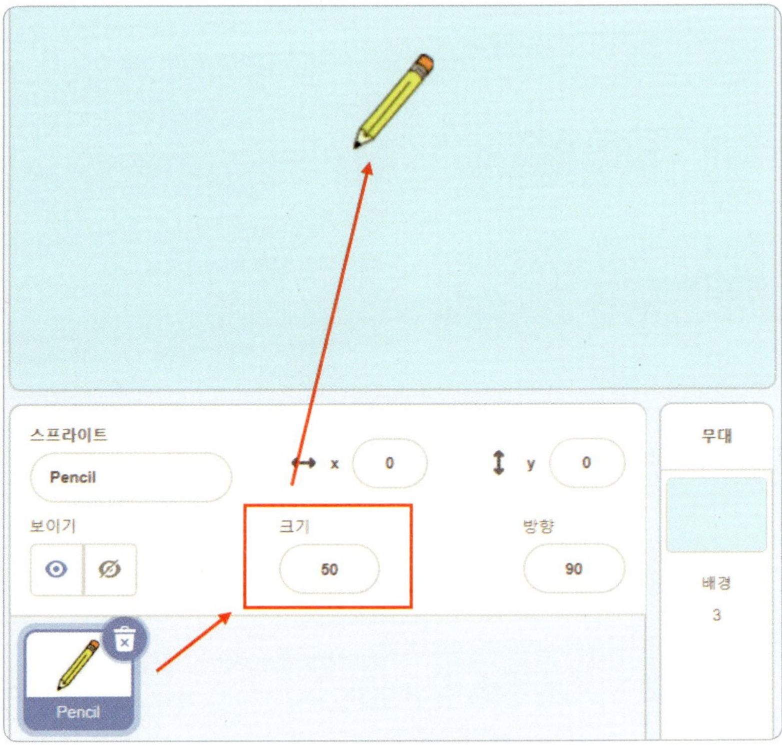

그림 5-18. Pencil 스프라이트 크기 조절

5.3.2.3 필요한 블록들

정사각형 그리기 문제를 해결하기 위해서는 필요한 블록들은 이 필요하다. 표 5-1에 필요한 블록들을 정리하였다.

표 5-1. 정사각형 그리기에 필요한 블록들

범주	동작블록	기능 설명
동작	x: (0) y: (0) (으)로 이동하기	스프라이트를 입력한 좌표(x, y)로 이동
	(10) 만큼 움직이기	스프라이트를 입력한 픽셀 만큼 이동
	(90) 도 방향 보기	스프라이트가 바라보는 방향을 변경
제어	(1) 초 기다리기	스프라이트가 입력한 값만큼 멈춤
이벤트	🏁 클릭했을 때	프로그램 시작 아이콘 🏁을 클릭하면 다음 블록들을 실행
형태	(안녕!) 을(를) (2) 초 동안 말하기	입력된 값을 주어진 시간동안 말함
펜 (확장 기능)	펜 색깔을 (●) (으)로 정하기	펜 확장기능이 적용(코딩)된 스프라이트가 그리는 펜 색깔을 정한다.
	펜 내리기	펜 확장기능이 적용(코딩)된 스프라이트가 선을 그릴 준비를 한다.
	펜 올리기	펜 확장기능이 적용(코딩)된 스프라이트의 선 그리기를 종료한다.
	모두 지우기	펜 확장기능이 적용(코딩)된 스프라이트가 지금까지 그린 것을 모두 지운다 .

확장 기능 중 펜 기능을 선택하기 위해서는 그림 5-19를 참고하여 블록팔레트 코드 영역의 하단부에 있는 '확장기능 추가하기' 아이콘을 누른다. 확장 가능한 기능들이 나타나면 펜 기능을 선택한다.

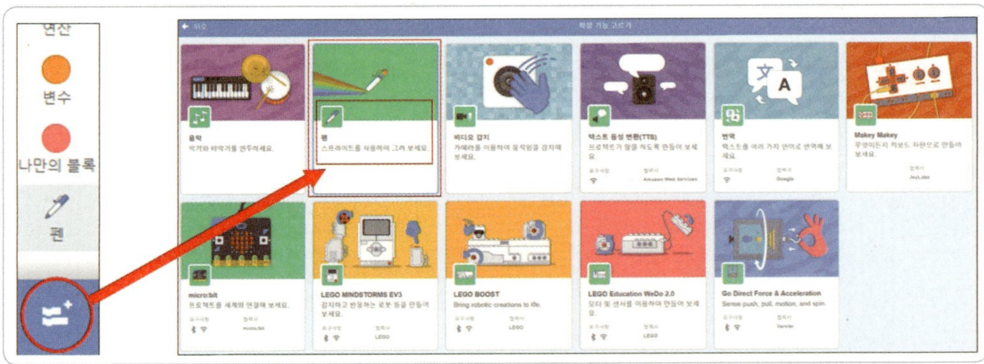

그림 5-19. 펜 확장 기능 선택

스프라이트가 펜 기능을 이용하여 그리는 색깔은 프로그래머가 자유롭게 설정할 수 있다. 펜 확장 범주의 '펜 색깔을 ( )(으)로 정하기' 블록에서 펜 색깔에 해당하는 부분을 클릭하면 그림 5-20와 같은 화면이 제공된다. 마우스를 이용하여 색상, 채도, 명도를 적절히 조절하여 마음에 드는 펜 색깔을 지정한다.

그림 5-20. 펜 색깔 변경하는 방법

만약 무대 영역의 모니터 화면에 나타나는 특정 색깔을 동일하게 사용하고 싶을 경우에는 그림 5-20의 하단에 있는 배경화면 아이콘을 누르면 무대화면에 노랑색 원이 나타나고 노란색 원 내부는 돋보기 기능이 제공된다. 노란색 원이 활성화 된 상태에서 마우스를 클릭하면 노란색 원 중앙의 조그만 네모 모양이 가리키는 지점의 색깔로 펜 색깔이 자동 설정된다. (이 기능은 무대 색상에 따른 스프라이트의 행동을 설정하려는 경우에 종종 사용된다. 이번 장에서는 참고 기능 정도로 알고 넘어가도록 하자.)

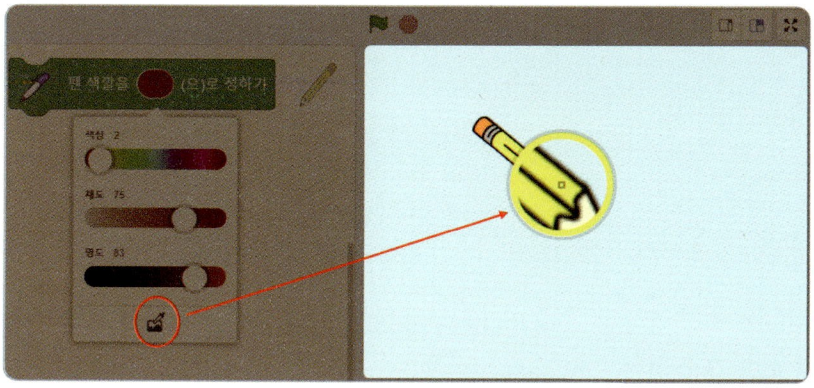

그림 5-21. 무대 영역의 모니터에 나타나는 색깔과 동일한 색깔을 설정하는 방법

프로그램을 실행하면 (을 클릭하면) 컴퓨터의 실행속도가 너무 빠르기 때문에 진행 상태를 사람의 눈으로 확인할 수 없다(실행 버튼을 누르는 순간 사각형이 번쩍 나타나는 것처럼 보임). 한 변의 길이는 200픽셀로 정의한다. 물론 프로그래머가 원하는 길이를 입력할 수도 있다. 다만 너무 큰 값을 입력하면 무대 영역을 벗어나게 되어 정상적으로 프로그램이 실행되지 않을 수 있으므로 무대영역 내에서 작동할 수 있도록 한변의 길이를 지정해 주어야 한다. 프로그램 진행 상태를 확인하기 위해 한 칸 이동할 때마다 정지 시간일 지정하여(이번 프로그램 예제에서는 1초 기다리기 설정) 프로그램의 정상적인 진행 상태를 확인한다. 전체 프로그램은 5-22와 같다. 그림 5-22에서 주의할 점이 있다. 전체 프로그램은 좌측 그림과 같다. 하지만 상하로 긴 프로그램으로 보기가 어려워 여러 개 구간으로 나누어 표현하였다. 우측의 그림에서 빨간색 화살표로 표시된 부분을 서로 연결해야 전체 프로그램이 완성된다.

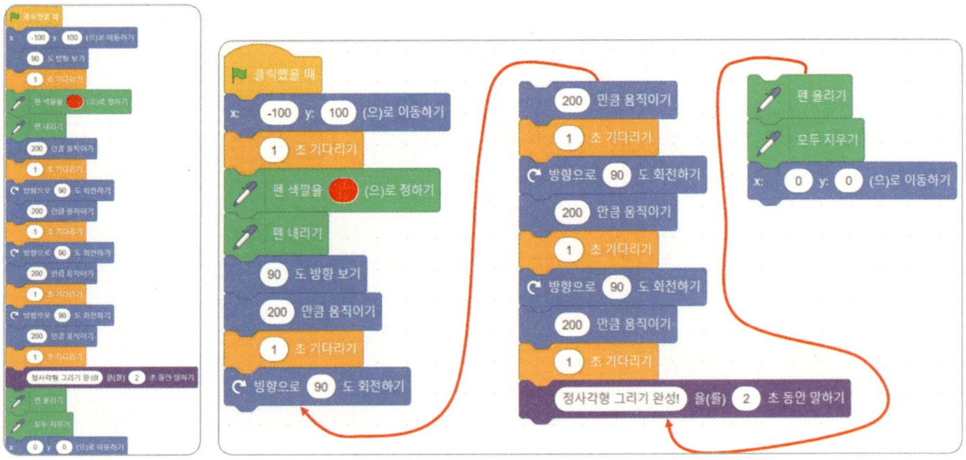

그림 5-22. 정사각형 그리기 전체 프로그램(좌: 전체, 우: 가독성을 위해 분할)

연습문제

순차적 표현을 통한 문제해결

1. 길찾기 문제의 경로를 아래 그림과 같이 변경하여 순차적으로 표현하고 프로그램을 변경한다.

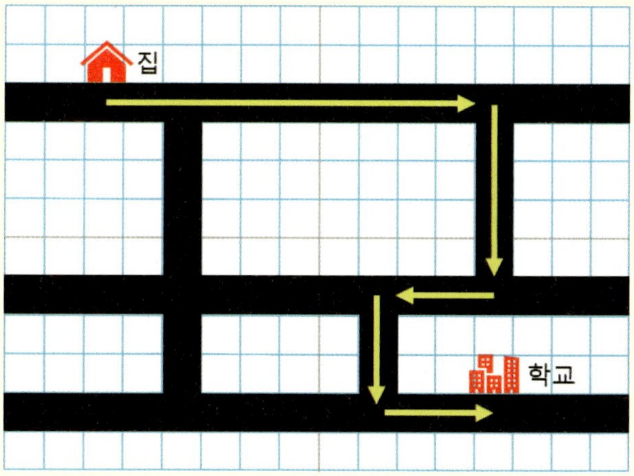

2. 정사각형 그리기 문제를 변경하여 정삼각형을 그리는 프로그램으로 변경한다.

6 CHAPTER 반복적 표현을 통한 문제 해결

우리는 일상생활에서 순차적 표현을 통해 다양한 문제를 의식적 또는 무의식적으로 해결하고 있음을 알게 되었다. 이번 장에서는 순차적 표현에서 한걸음 더 나아가 반복적 표현을 통해 문제를 효율적으로 해결하는 방법에 대하여 배울 것이다.

반복적 표현은 인간의 문제해결 과정을 직관적으로 표현할 수 있는 장점이 있지만, 이것을 컴퓨터로 표현하려면 길이가 긴 프로그램을 작성해야 하는 번거로움이 있다. 예를 들어 5장에서 순차적 표현으로 해결했던 길찾기 문제를 생각해 보자. 전체 프로그램은 그림 5-12와 같이 44줄의 코드로 이루어져 있음을 알 수 있다. 이렇게 긴 프로그램은 코드를 해석하기도 힘들뿐만 아니라 프로그램 작성 과정에서 실수할 확률도 상당히 높다. 특히 사람이 생각하는 것처럼 명료하게 표현되지 못하는 단점이 있다.

다양한 프로그램 언어에서는 이런 단점들을 극복할 수 있도록 '반복문'이라는 방법을 제공하고 있다. 반복문을 효율적으로 사용하기 위해서는 '패턴 인식' - '반복문 적용' - '프로그램 작성'의 단계를 통해야 한다. 이번 장에서는 패턴 인식을 알아본 이후에 스크래치에서 제공하는 반복문을 살펴보고 5장에서 연습한 문제들에 반복적 표현을 추가적으로 적용하여 문제를 해결한다. 마지막으로 대표적인 반복문제인 구구단 프로그램 작성을 통해 반복적 표현을 통한 문제해결 실습을 하도록 한다.

6.1 패턴 인식

패턴 인식이라 함은 주어진 문제에서 반복적인 사건, 작업, 모양 등이 발생하는 것을 찾아내는 것이다. 우리가 일상생활에서 흔히 볼 수 있는 패턴의 예는 그림 6-1과 같이 선물 포장지나 벽지에서 흔히 발견할 수 있다.

그림 6-1. 일상생활에서 패턴을 발견할 수 있는 예(좌: 선물 포장지, 우: 벽지)

먼저 패턴이 있는 그림에서 반복을 표현하지 않고 순차적으로 표현한다면 어떤 현상이 벌어질까? 그림 6-1의 좌측 선물 포장지를 예로 살펴보자. 선물 포장지를 설명할 수 있는 방법은 포장지에 그려진 모양을 설명함으로써 가능할 것이다.

그림 6-2. 순차적 표현을 통한 설명

순차적 표현을 위해서는 그림 6-2에서 표시한 빨간색 점선 화살표 순서대로 첫 번째 눈사람을 설명하고, 두 번째 눈사람을 설명하고, 세 번째 눈사람을 설명하는 방식으로 30개의 눈사람을 일일이 설명하면 된다. 이를 논리적으로 표현하면 다음과 같다.

순차적 표현을 통한 표현 방법

첫 번째 눈사람은 기울어진 눈사람이다.
두 번째 눈사람은 똑바로 서있는 눈사람이다.
:
:
서른 번째 눈사람은 똑바로 서있는 눈사람이다.

} 30번 기술해야 함.

비록 패턴을 찾지 않더라도 문제를 표현하거나 해결할 수 있을지도 모른다. 그러나 순차적 표현 방법은 불필요한 노력을 추가로 해야 한다. 그렇다면 우리가 일상생활에서 발견한 패턴을 논리적으로 설명하려 한다면 어떻게 해야 할까? 정확한 답이 있는 것은 아니지만 일반적으로 가능한 방법을 두 가지 살펴본다면 다음과 같다.

그림 6-1의 좌측 선물 포장지를 예로 살펴보자 가로축에서 발생하는 패턴을 반복을 이용해 설명하고, 가로축 설명이 3번 반복된다고 설명할 수 있을 것이다. 반대로 세로축을 기준으로 설명할 수 있을 것이다. 패턴을 찾아내고 반복을 이용해서 설명할 수 있는 방법은 다음과 같이 정리할 수 있다.

반복적 표현 방법 1

첫 번째 가로줄은 기울어진 눈사람 - 똑바로 서있는 눈사람이 3번 반복된다.
첫 번째 가로줄이 3번 반복된다.

반복적 표현 방법 2

첫 번째 세로줄은 기울어진 눈사람이 3번 반복된다.
두 번째 세로줄은 똑바로 서있는 눈사람이 3번 반복된다.
첫 번째와 두 번째 세로줄이 3번 반복된다.

패턴의 반복은 일상생활에서 빈번하게 나타난다. 또한 이와 같은 패턴의 반복은 우리가 마주치는 다양한 문제에서도 자주 나타나게 된다. 우리가 해결해야 하는 문제들을 순차적으로 나열해 보고 반복되는 패턴을 찾을 수 있다면 주어진 문제를 단순하면서도 명료하게 표현하고 이를 통해 문제해결이 가능하다.

자판기에서 음료수 뽑기 문제를 통해 패턴 인식을 통한 문제해결 접근법을 조금 더 깊이 알아보도록 하자. 다양한 음료수를 파는 자판기가 있다고 가정하자. 우리는 탄산음료 자판기를 하나의 예로 활용할 것이다.

왼쪽과 같은 탄산음료 자판기에서 콜라 3개를 뽑는 문제를 생각해 보자. 콜라 1개 가격이 100원이라고 하면, 우선 300원을 준비해야 한다(문제의 편의를 위해 동전만 사용한다고 가정한다). 콜라를 뽑는 방법은 다양하게 존재할 수 있다. 간단한 3가지 예를 들면 다음과 같다. ① 먼저 동전 100원을 넣고 콜라 1개를 뽑고, 동전 100원을 넣고 다음 콜라를 뽑고, 마지막 동전 100원을 넣은 다음 콜라를 뽑는 방법 ② 동전 300원을 모두 넣은 다음 콜라 버튼을 눌러 콜라를 뽑는 것을 3회 반복하는 방법 ③ 200원을 넣고 콜라 2개를 뽑은 다음, 마지막 100원을 넣고 3번째 콜라를 뽑는 방법이 가능하다.

세 가지 방법을 순차적 표현에 따라 논리적으로 각각 기술하면 다음과 같다.

첫 번째 방법

1 100원을 넣는다.
2 콜라 버튼을 누른다.
3 콜라를 꺼낸다.
4 100원을 넣는다.
5 콜라 버튼을 누른다.
6 콜라를 꺼낸다.
7 100원을 넣는다.
8 콜라 버튼을 누른다.
9 콜라를 꺼낸다.

두 번째 방법

1 300원을 넣는다.
2 콜라 버튼을 누른다.
3 콜라를 꺼낸다.
4 콜라 버튼을 누른다.
5 콜라를 꺼낸다.
6 콜라 버튼을 누른다.
7 콜라를 꺼낸다.

세 번째 방법

1 200원을 넣는다.
2 콜라 버튼을 누른다.
3 콜라를 꺼낸다.
4 콜라 버튼을 누른다.
5 콜라를 꺼낸다.
6 100원을 넣는다.
7 콜라 버튼을 누른다.
8 콜라를 꺼낸다.

각각의 방법은 빨간색 사각형의 내용이 3회 반복된다는 것을 알 수 있다. 이를 통해 각각의 방법에 패턴이 존재하고 그 패턴들은 반복된다는 것을 확인할 수 있다.

[주의] 동일한 문제라도 기술하는 방식에 따라 패턴이 존재하지 않을 수도 있고, 패턴의 반복 횟수가 다를 수도 있다.

순차적 표현을 통해 발견한 패턴을 반복적 표현으로 전환은 다음과 같은 형태로 가능하다. 첫 번째 방법을 활용하여 설명하면 다음과 같이 표현이 가능하다. 학생들은 두 번째와 세 번째 문제도 반복적 표현으로 전환하는 연습을 해보기 바란다.

순차적 표현

1 100원을 넣는다.
2 콜라 버튼을 누른다.
3 콜라를 꺼낸다.

4 100원을 넣는다.
5 콜라 버튼을 누른다.
6 콜라를 꺼낸다.

7 100원을 넣는다.
8 콜라 버튼을 누른다.
9 콜라를 꺼낸다.

반복적 표현

1 아래 행동을 3번 반복한다.
가. 100원을 넣는다.
나. 콜라 버튼을 누른다.
다. 콜라를 꺼낸다.

우리는 지금까지 순차적 표현을 통해 패턴을 찾아내고, 패턴을 반복적 표현으로 변환하는 연습을 해 보았다. 이러한 반복적 표현은 글자를 통한 서술, 수학식, 프로그램 등에서 광범위하게 발생할 수 있다. 컴퓨터를 이용한 문제해결을 위해 다양한 프로그램 언어에서도 반복을 쉽게 사용할 수 있도록 준비해 두었다. 다음 장에서는 스크래치가 제공하는 표준화된 반복적 표현법을 살펴볼 것이다.

6.2 스크래치에서의 반복문

스크래치는 반복적 패턴이 나타나는 문제를 해결하기 위하여 표준화된 반복 기능을 제공한다. 반복을 사용하기 위한 블록은 제어 범주에 속해 있다. 팔레트 영역에서 제어 범주를 선택하면 스크래치에서 사용할 수 있는 반복 기능을 가진 블록이 나타난다. 스크래치는 3개의 반복 블록을 제공한다. 각각에 대한 설명은 표 6-1과 같다.

표 6-1. 반복을 적용하기 위한 블록들

범주	동작블록	기능 설명
제어		블록 내부에 설정한 명령어들이 입력된 횟수만큼 반복한다. (예를 들어 10을 입력하면 블록 내부가 10번 반복된다.)
		블록 내부의 명령어들이 무한 반복된다. 무한 반복하면 프로그램이 종료되지 않는다(무한 루프에 빠진다고 표현하기도 함). 무한 반복하기를 사용할 경우 블록 내부에 프로그램 종료 조건이 포함되어야 한다.
		반복 블록에서 설정한 조건 이 만족한(조건이 참인 경우)다면 계속해서 반복을 수행하고, 만족하지 못하면(조건이 거짓인 경우) 반복을 종료한다.

6.3 반복적 표현을 이용한 길찾기 해결

5장에서 순차적 방법으로 해결한 길찾기 문제를 반복적 표현을 통해 해결해 보도록 한다. 먼저 5장의 문제를 반복적 표현으로 다시 기술하면 그림 6-3과 같다.

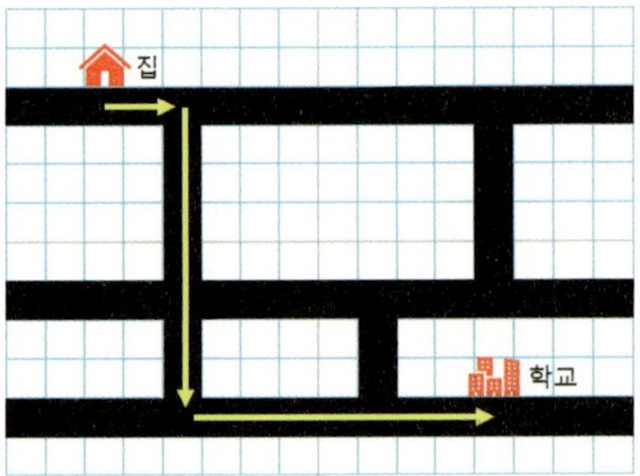

1 출발점으로 이동한다(집 앞)
2 방향을 오른쪽(90도)로 설정한다.
3 출발한다고 말한다.
다음의 행동을 2번 반복한다.
4 가. 1칸 이동하고 기다린다.
5 방향을 아래쪽(180도)로 설정한다.
6 다음의 행동을 8번 반복한다.
가. 1칸 이동하고 기다린다.
8 방향을 오른쪽(90도)로 설정한다.
9 다음의 행동을 8번 반복한다.
가. 1칸 이동하고 기다린다.
10 학교에 도착했다고 말한다.

그림 6-3. 반복적 표현을 이용한 길찾기 전체 프로그램

6.4 반복적 표현을 이용한 정사각형 그리기 해결

반복적 표현을 통해 길찾기 문제를 해결하였으니 이번에는 5장에서 다루었던 정사각형 그리기 문제를 반복적 표현을 통해 해결해 보자. 길찾기 문제와 마찬가지로 정사각형 그리기 문제를 반복적 표현으로 전환하기 위하여 반복되는 패턴을 빨간색 네모로 표시하면 다음과 같다.

1 좌표를 입력하여 출발점으로 이동한다(시작점)
2 한 변의 길이만큼 이동하고 기다린다.
3 시계방향으로 90도 회전한다.
4 한 변의 길이만큼 이동하고 기다린다.
5 시계방향으로 90도 회전한다.
6 한 변의 길이만큼 이동하고 기다린다.
7 시계방향으로 90도 회전한다.
8 한 변의 길이만큼 이동하고 기다린다.
9 '정사각형 그리기 완성'이라고 1초간 말한다.

위에서와 보는 바와 같이 정사각형을 그리기 위해 1개의 패턴이 4회 반복되는 것을 확인할 수 있다. 위에서 기술한 순차적 표현을 반복적 표현으로 바꾸면 다음과 같다.

1 좌표를 입력하여 출발점으로 이동한다(시작점).
2 다음의 행동을 4회 반복한다.
3 가. 한 변의 길이만큼 이동하고 기다린다.
  나. 시계방향으로 90도 회전한다.
4 '정사각형 그리기 완성'이라고 1초간 말한다.

반복적으로 표현을 이용한 전체 프로그램은 그림 6-4와 같다.

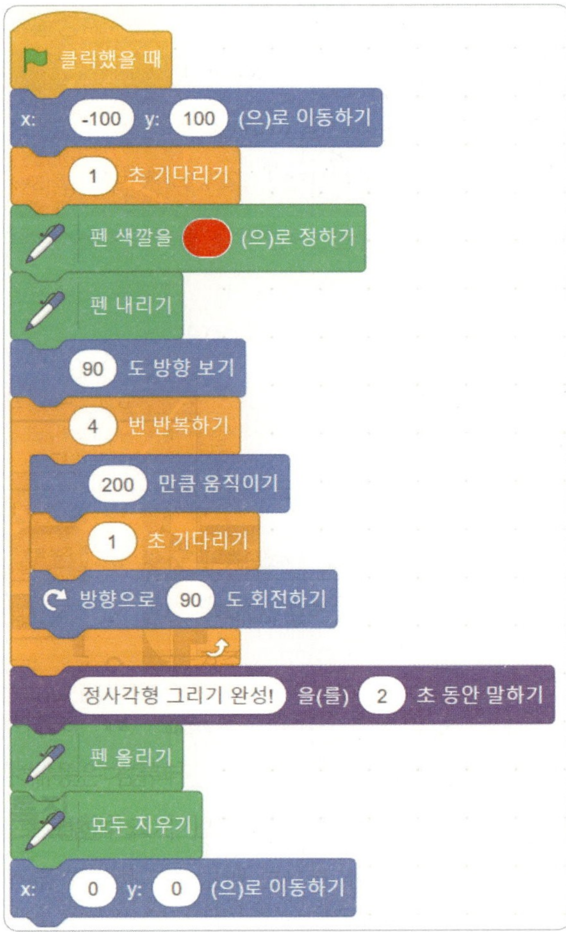

그림 6-4. 반복적 표현을 이용한 정사각형 그리기 전체 프로그램

6.5 구구단 프로그램

반복적 표현으로 가장 대표적인 문제는 구구단 외우기 문제이다. 그림 6-5에서 보는 바와 같이 구구단의 각 단은 2에서 9까지 곱하는 것이 반복되고, 각 단에서는 해당되는 단 수가 9번 반복되는 특징을 가지고 있다.

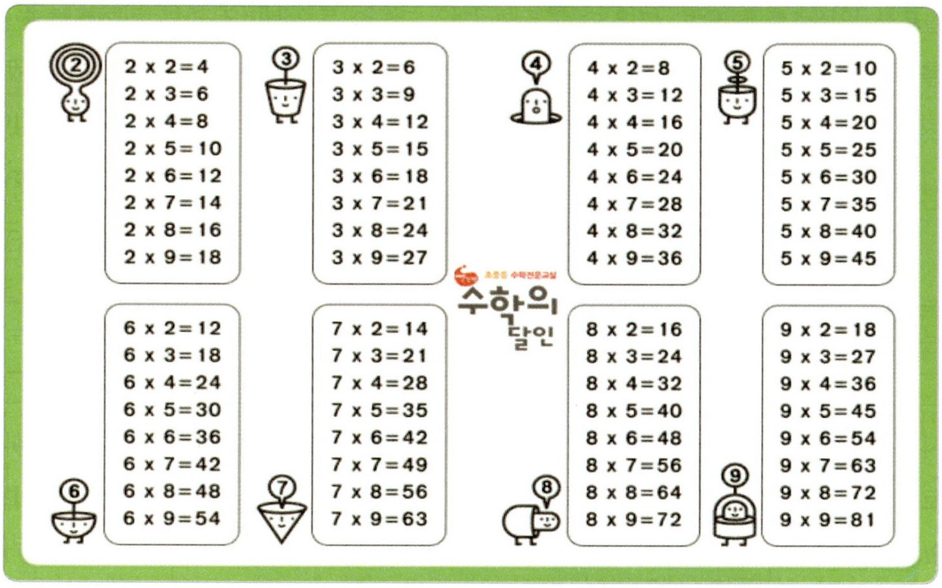

그림 6-5. 대표적인 반복 문제: 구구단 (그림출처: https://bit.ly/39hQ1Os)

구구단을 순차적 표현에 따라 2단부터 9단까지 기술하려면 명령어(문장)를 81번 입력해야 하는 수많은 노력이 필요하다. 그러나 반복적 표현을 적절히 이용하면 1개의 9번씩 9번 반복하면 간결하게 구구단 프로그램을 완성할 수 있다. 이제부터 사용자로부터 단을 입력받아 해당되는 구구단을 외우는 프로그램을 작성해 보자.

구구단 프로그램을 작성하기 위해 먼저 특정 단을 외우는 프로그램을 작성하고, 특정 단을 9번 반복시키는 표현법을 통해 문제를 해결할 수 있다.

먼저 2단을 예로 들어보자. 2단은 다음과 같이 표현할 수 있다.

단		수		결과
2	×	1	=	2
2	×	2	=	4
2	×	3	=	6
2	×	4	=	8

2	×	5	=	10
2	×	6	=	12
2	×	7	=	14
2	×	8	=	16
2	×	9	=	18

2단에서의 반복은 "2 × 수 = "가 9번 반복된다는 점이다. 수는 항상 1에서 시작하여 9에서 끝나는 특징을 가지고 있다. 사용자로부터 숫자를 2부터 9 사이의 숫자를 하나 입력 받아 해당되는 구구단을 구하는 문제를 반복을 이용해서 표현하면 다음과 같다.

구구단 외우기 문제

1 사용자로부터 외울 단을 입력받는다.
2 외울 단을 '0단 외우기 시작!' 이라고 말한다.
3 곱할 수를 1로 설정한다.
  다음의 행동을 9회 반복한다.
  가. 단과 곱할 수의 곱셈 결과를 구구단 형태로 화면에 출력(표시)한다.
  나. 곱할 수를 1만큼 증가시킨다.
4 '0단 외우기 끝!' 이라고 말한다.

특정 단을 외우는 프로그램을 코딩하기에 앞서 사용자로부터 숫자 값을 입력받는 방법에 대해 먼저 살펴본다. 4장의 '라. 변수와 변수의 필요성'을 참고하여 필요한 변수를 만든다. 구구단 프로그램에서는 외울 단을 표시할 변수와 1부터 9까지 변하는 수를 저장할 변수가 각각 필요하다. 그림 6-6과 같이 변수를 생성하고 각각의 이름을 '단', '곱할 수'라고 정하도록 한다. 새로 만든 변수 옆 체크 박스를 표시하여 새로 만든 변수가 무대에 표시되도록 설정한다.

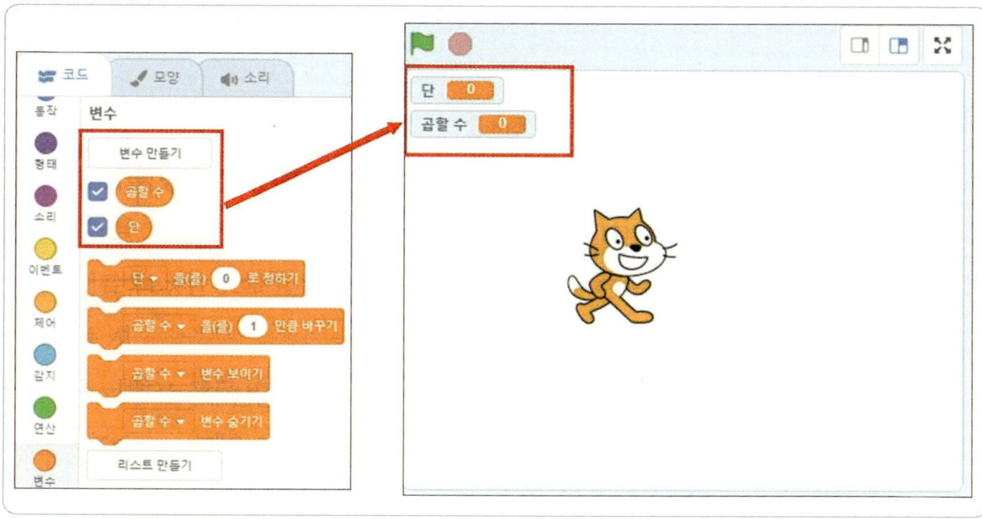

그림 6-6. 구구단 프로그램에 필요한 변수 만들기

우리는 사용자로부터 외울 단을 입력받기 위하여 변수의 속성을 슬라이더 변수로 변경하여 사용할 것이다. 슬라이더 변수는 사용자가 마우스를 움직여 특정 범위의 값을 선택할 수 있도록 하는 변수 속성이다. 일반 변수를 슬라이더 변수로 변경하는 방법은 간단하다.

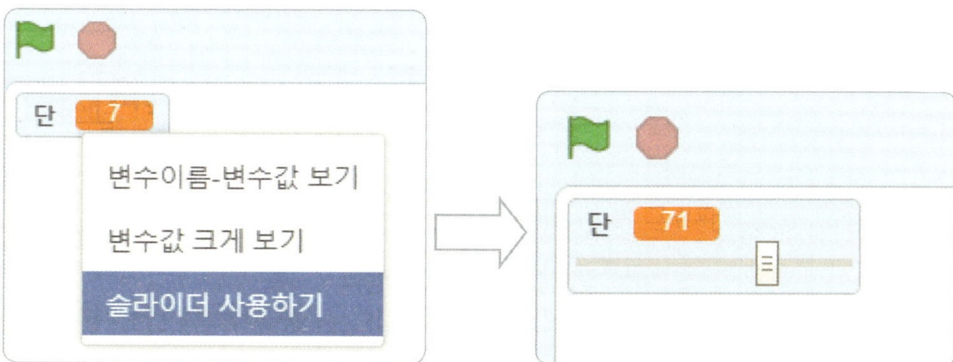

그림 6-7. 변수에 슬라이더 속성 부여하기

그림 6-7과 같이 무대에 표시된 변수 이름에 마우스를 위치시키고 마우스 오른쪽 버튼을 클릭하면 메뉴가 나타난다. '슬라이더 사용하기'를 선택하면 무대에 표시된 변수이름 아래

에 값을 변경시킬 수 있는 슬라이더가 추가된 것을 볼 수 있다. 처음 변수에 슬라이더 속성을 추가하면 스크래치는 슬라이더 값의 범위를 최소 0에서 최대 100으로 자동 설정한다. 우리가 해결할 구구단 외우기 문제는 단의 범위가 2단에서 9단까지 이므로 슬라이더 값의 범위를 변경하여 프로그램의 오작동을 방지하도록 한다.

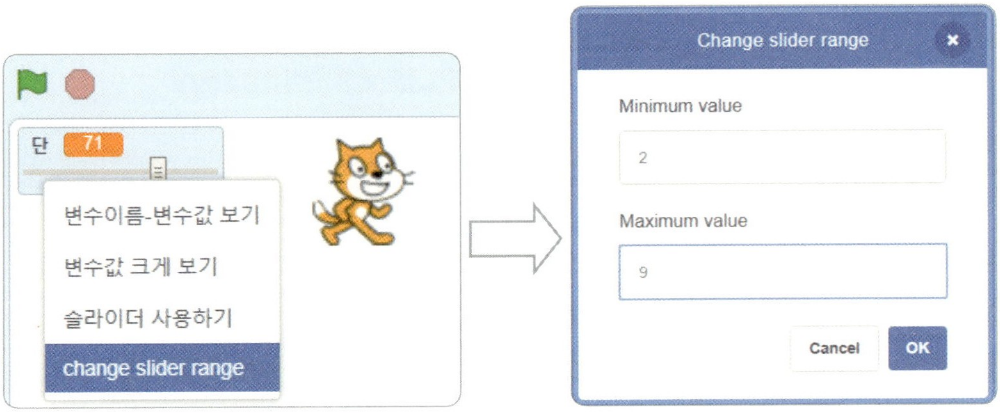

그림 6-8. 슬라이더 변수 값의 범위 설정하기

그림 6-8과 같이 무대에 표시된 슬라이더 변수 이름에 마우스를 위치시키고 마우스 오른쪽 버튼을 클릭한 후 'change slider range'를 클릭하면 최솟값(minimum value)와 최댓값(maximum value)를 입력할 수 있다. 최솟값은 2, 최댓값은 9를 입력한다.

다음으로 필요한 블록은 블록팔레트 코드 영역 중 '연산' 이다. 연산 영역의 블록은 숫자연산, 논리연산(참, 거짓), 글자를 결합해주는 연산, 반올림, 절댓값 등 다양한 연산 블록을 제시한다. 구구단을 출력하기 위해 필요한 연산 블록은 다음과 같다.

표 6-2. 구구단 외우기 문제 해결을 위한 '연산' 블록들

범주	동작블록	기능 설명
연산	( ) × ( )	입력한 2개의 값을 곱한다. (곱하기 연산자)
	(가위) 와(과) (나무) 결합하기	입력한 2개의 값을 연결한다. 글자를 연결하거나 숫자, 연산한 결과값들을 중첩하여 사용할 수 있다.(연결 연산자)

예를 들어 변수 이름과 연결 연산자를 2 × 3 을 표현하려면 연결연산자를 2개 중첩하여 사용한다.

수식 표현	스크래치 코드(연결 연산자)
2 ×	단 와(과) * 결합하기
2 × 3	단 와(과) * 결합하기 와(과) 곱할 수 결합하기
: :	: :

구구단 외우기 프로그램을 작성하면 그림 6-9과 같다. 구구단 프로그램에서 별도의 배경 화면은 설정하지 않아도 된다.

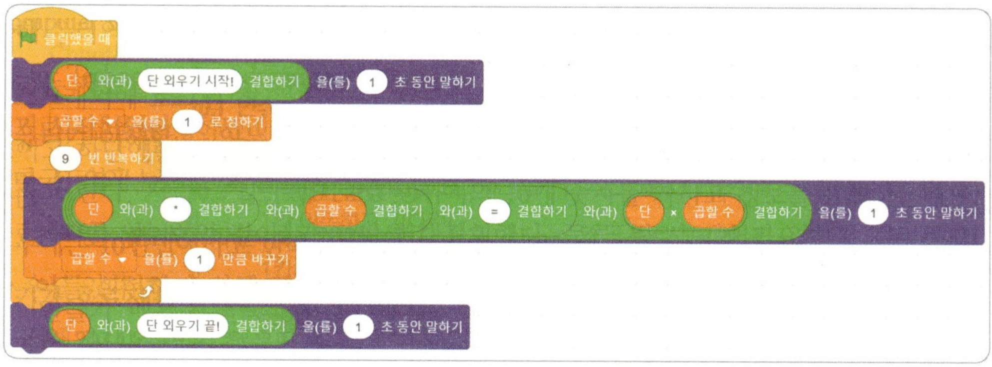

그림 6-9. 구구단의 특정 단 외우기 전체 프로그램

사용자가 슬라이더 변수를 이용해 원하는 단을 입력하면 다음과 같이 해당 구구단을 차례로 무대 화면에 출력하는 프로그램을 작성하였다.

그렇다면, 사용자의 입력 없이 2단부터 9단까지 전체 외우기 문제는 어떻게 풀면 될까? 특정 단을 외우는 프로그램을 9번 반복하면 된다. 단의 초기 값을 2로 설정하고 8번 반복하면서 각 반복에서 단 값을 1만큼 바꿔주면 2단부터 9단까지 전체를 외우는 프로그램을 쉽게 완성할 수 있다. 기존의 특정 단 외우기 코드를 재활용하는 방법은 그림 6-10을 참고한다.

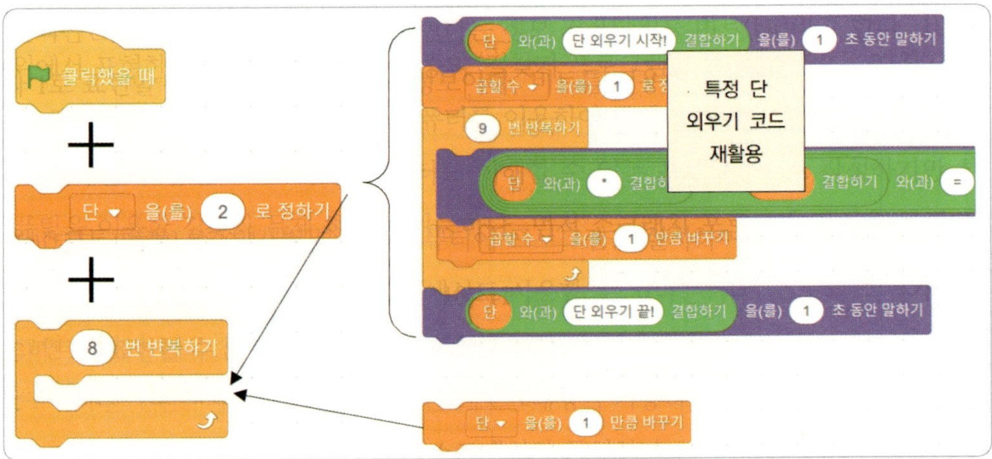

그림 6-10. 특정 단 외우기 반복을 통한 구구단 전체 외우기 프로그램 작성

구구단 전체를 한 번에 외우는 프로그램은 그림 6-11에 제시하였다.

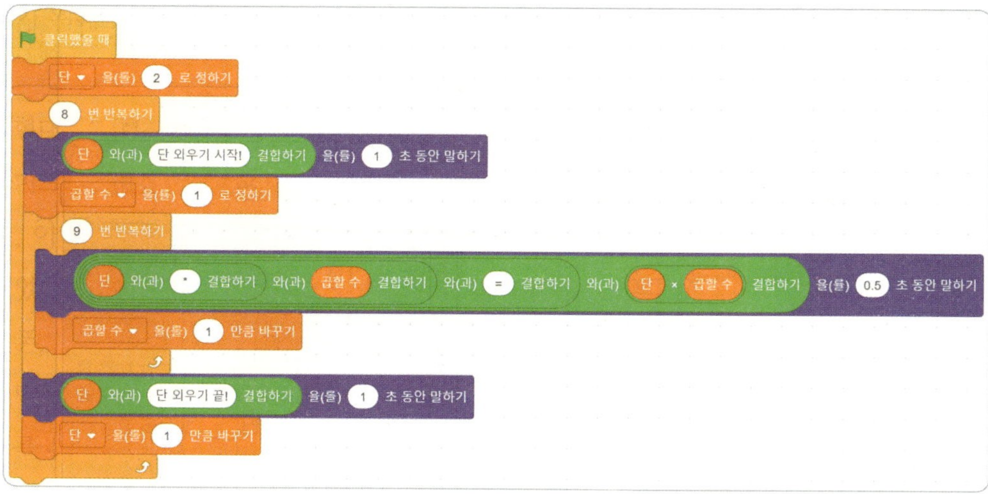

그림 6-11. 구구단 전체를 한 번에 외우기 프로그램

연습문제

반복적 표현을 통한 문제해결

1. 고양이이가 홈 베이스에서 출발하여 1루 → 2루 → 3루를 돌아 홈 베이스로 다시 돌아오는 프로그램을 작성하자. 단 반복적 표현을 통해 코드를 작성해야 한다.

2. 구구단 외우기 프로그램을 업그레이드 한다. 최초 2단부터 19단까지 외우는 프로그램을 작성해 보자.

7 CHAPTER 선택적 표현을 통한 문제 해결

7.1 일상생활에서 만나는 선택적 상황

컴퓨터는 2가지 기능을 통해 강력함과 똑똑함을 갖게 되었다. 우리가 6장에서 배운 반복적 표현에 의한 문제해결은 컴퓨터를 강하게 해주는 요소이다. 컴퓨터가 처음 세상에 나오게 된 이유 중 하나는 반복적으로 처리해야 하는 일을 자동화하기 위해서였다. 사람은 동일한 작업을 백만 번 혹은 천만 번 해야 한다면 쉽게 지치고 실수를 하게 된다. 그러나 컴퓨터는 아무리 반복되는 작업일지라도 정확하고 동일한 결과를 얻을 수 있다. 컴퓨터를 이용하는 또 다른 이유는 상황에 따른 판단을 할 수 있는 능력을 활용하기 위해서이다. 상황에 따른 결과는 컴퓨터의 조건문을 통해 달성할 수 있다. 이번 장에서는 컴퓨터를 보다 스마트하게 해주는 조건문, 즉 선택적 표현을 통한 문제해결에 대하여 공부할 것이다.

우리의 일상생활에서 마주치는 문제들은 순차적 표현과 반복적 표현을 통해 해결할 수 있는 문제도 있지만, 해결할 수 없는 문제들도 많다. 순차와 반복을 통해 해결할 수 없는 대부분의 문제는 인간이 문제 해결의 순간에 선택이란 것을 하기 때문이다. 예를 들어서 길찾기 문제를 해결한다고 하자. 출발지에서 목적지까지 경로가 유일하다면 순차와 반복적 표현을 통해 문제를 해결할 수 있을 것이다. 그러나 목적지까지 가는 중에 교차로가 나온다든지 이동 수단이 여러 가지 있다든지 하는 경우에는 순간의 선택에 따라 결과가 달라진다. 또한 어떤 선택을 하느냐에 따라서 좀 더 빠르고 값싸게 이동할 수 있다.

그림 7-1. 컴퓨터를 강력하게 해주는 것과 똑똑하게 해주는 것들

주어진 환경이나 조건에 따라 다양한 선택을 해야 하는 경우도 종종 발생한다. 평소 집에서 학교까지 버스로 50분이 걸리고 요금은 1,500원이다. 택시를 이용하면 30분이 걸리고 택시 요금은 10,000원이다.

첫 수업이 오전 9시에 시작하는데 전날 밤에 시험공부를 늦게까지 하느라 아침 8시에 일어났다고 한다면 여러분은 버스를 탈 것인가? 아니면 택시를 탈 것인가? 버스를 타면 10분 여유가 있을 것이고 택시를 탄다면 30분 여유를 가지고 학교에 도착할 것이다.

그러나 아침 8시에서 9시까지는 출근시간으로 교통정체의 위험이 있다고 한다면 여러분은 어떤 선택을 할 것인가? 일주일 생활비가 15,000원 남았다면 더욱 생각해야 할 요소가 많아지고 선택은 점점 더 복잡해지게 된다. 선택은 개인의 사정이나 경험, 그리고 선택에 따른 결과의 중요도에 따라 다양하게 나타날 것이다.

우리가 식당에서 음식 메뉴를 선택할 때, 수강신청을 할 때, 여행 장소를 선택할 때 등 다양한 환경에서 항상 선택의 문제에 부딪히게 된다. 이번 장에서는 이러한 선택의 문제를 어떻게 명료하게 기술하여 프로그램을 작성하고, 이를 바탕으로 컴퓨터를 이용하여 문제를 해결할 것인지를 학습하게 될 것이다.

컴퓨터를 이용한 선택적 상황은 대부분 '참'과 '거짓'이라는 2가지 상황을 바탕으로 결정된다. 하지만 사람들은 보다 복잡한 조건 속에서 판단을 할 것이다. 놀랍게도 사람이 생각하는 복잡한 조건들도 참과 거짓으로 분할하여 표현할 수 있다. 어떤 학생이 축구 동아리 활동을 하는데 그날 날씨와 몸 컨디션에 따라서 참석 여부를 결정한다고 하면 다음과 같이 표현할 수 있다.

축구 동아리 참석을 위한 판단 (사람의 표현)
만약 일요일 아침에 일어나서 날씨가 맑고, 몸 컨디션이 좋다면 주말 축구 동아리 활동에 참석하겠다.

위와 같이 인간이 생각하는 복잡한 상황의 표현도 작은 판단 단위로 잘게 쪼개면 참과 거짓을 중첩으로 적용하여 표현할 수 있다.

축구 동아리 참석을 위한 판단 (컴퓨터 표현)

```
if 일요일 is True
: if 좋은 날씨 is True:
: : if 컨디션 좋음 is True:
: : : 축구 동아리 참석
: : else:
: :   축구 동아리 불참
: else:
:   축구 동아리 불참
else:
  축구 동아리 불참
```

우리가 앞 장에서 살펴본 콜라 자판기 문제 역시 선택적 표현이 필요하다. 우리가 순차와 반복을 이용해 해결했던 자판기는 사실 선택의 문제를 생략한 문제로 볼 수 있다.

100원짜리 3개 뽑는 방법

1 100원을 넣는다.
2 콜라 버튼을 누른다.
3 콜라를 꺼낸다.
4 100원을 넣는다.
5 콜라 버튼을 누른다.
6 콜라를 꺼낸다.
7 100원을 넣는다.
8 콜라 버튼을 누른다.
9 콜라를 꺼낸다.

앞서 살펴본 자판기는 사실 1개의 종류의 콜라만 판매하는 자판기와 동일하다. 왜냐하면 정해진 가격도 1가지 종류이며, 자판기에서 나오는 것도 콜라 1가지이기 때문이다. 그러나 현실에서의 자판기는 그렇지 않다. 판매하는 종류도 다양하고 탄산음료의 종류별 가격은 같을 수도 있고 다를 수도 있다. 또한 자판기 안에 남아있는 잔돈의 액수에 따라 탄산음료를 추가로 뽑을 수도 있고 그렇지 않을 수도 있다.

다음과 같은 경우의 자판기를 생각해 보자. 자판기에서 판매하는 탄산음료의 종류는 코카콜라 1,500원, 펩시콜라 1,000원, 스프라이트 800원이라고 하자. 여러분이 5,000원을 가지고 있고 3종류의 탄산음료를 1개 이상 포함하도록 하면서 가급적 많은 탄산음료를 뽑으려 한다면 여러분은 어떻게 탄산음표를 선택할 것인가? 단, 자판기는 5,000원짜리 지폐를 사용할 수 있다.

먼저 5,000원을 자판기에 넣고 가격이 큰 음료를 순서대로 선택한다면 코카콜라, 펩시콜라, 스프라이트 각 1개씩 뽑고 자판기에 잔액은 1,800원이 될 것이다. (5,000원 - 1,5000원 - 1,000원 - 800원). 이후 1,800원을 이용해 남은 음료를 뽑으려면 어떻게 해야 할까?

가능한 방법으로 가장 적은 금액인 스프라이트를 선택하고, 그래도 스프라이트를 추가적으로 살 수 있다면 계속해서 스프라이트를 선택하는 전략을 취할 수도 있다. 다양한 탄산음료를 최대한 손에 넣기 위해 1,800원을 이용해 펩시콜라와 스프라이트를 각각 선택할 수도 있을 것이다. 아니면, 코카콜라를 1개 더 선택하고 잔돈 300원을 가져갈 수도 있다.

여러분의 선택에 따라 탄산음료의 수는 달라질 것이다. 프로그램 언어에서는 이러한 선택적 상황을 해결하기 위한 도구인 '선택문'을 제공하고 있다. 스크래치에서 제공하는 선택문에 대하여 자세히 알아보도록 한다.

7.2 스크래치에의 선택문

스크래치는 선택적 표현이 나타나는 문제를 해결하기 위하여 표준화된 반복 기능을 제공한다. 반복을 사용하기 위한 블록은 제어 범주에 속해 있다. 팔레트 영역에서 제어 범주를 선택하면 스크래치에서 사용할 수 있는 선택 기능을 가진 블록이 나타난다.

스크래치는 2개의 선택 블록을 제공한다. 또한 선택의 조건인 '참'과 '거짓'을 표현할 수 있는 연산 블록들에 대하여 정리하면 표 7-1과 같다.

표 7-1. 선택을 적용하기 위한 블록들

범주	동작블록	기능 설명
제어 범주 중 선택을 표현하는 블록들		블록 내부에 설정한 조건 이 참이면 내부 블록을 실행한다. 거짓이면 내부 블록이 실행되지 않는다.
		블록 내부에 설정한 조건 이 참이면 내부 블록을 실행한다. 거짓이면 내부 블록을 실행하지 않고 '아니면'으로 둘러싸인 부분을 실행한다. 2개 영역 중 한 곳은 반드시 실행된다.

범주	동작블록	기능 설명
연산 범주 중 참과 거짓을 판별하는 블록들	( ) > ( )	왼쪽 피연산자가 오른쪽 피연산자보다 값이 큰가? (결과값은 '참' 또는 '거짓')
	( ) < ( )	왼쪽 피연산자가 오른쪽 피연산자보다 값이 작은가? (결과값은 '참' 또는 '거짓')
	( ) = ( )	왼쪽 피연산자가 오른쪽 피연산자보다 값이 같은가? (결과값은 '참' 또는 '거짓')
	⟨ ⟩ 그리고 ⟨ ⟩	두 개의 피연산자가 모두 참이면 '참', 하나라도 거짓이 있으면 '거짓'
	⟨ ⟩ 또는 ⟨ ⟩	두 개의 피연산자 중 하나라도 참이면 '참', 모두 거짓이면 '거짓'
	⟨ ⟩ 이(가) 아니다	피연산자 값을 부정함. 피연산자가 참이면 '거짓', 거짓이면 '참'
	(홍길동) 이(가) (길) 을(를) 포함하는가?	왼쪽 피연산자(문자열)이 오른쪽 피연산자(문자열)을 포함하면 '참', 그렇지 않으면 '거짓'

참고 | 연산자(Operator)와 피연산자(Operand)의 구분

연산자(Operator)는 계산을 수행하는 기호로써 덧셈 기호(+), 뺄셈기호(-), 곱셈기호(*), 나눗셈기호(/) 등이 있다. 피연산자(Operand)는 연산에 필요한 숫자나 변수를 의미한다. 예를 들어 2 + 3 덧셈을 위해 덧셈기호 왼쪽의 2와 오른쪽의 3은 피연산자이다. 일반적으로 피연산자는 상수나 변수 모두 가능하다.

7.3 교통신호 시스템

선택적 표현을 이용한 대표적 문제는 교통신호 시스템을 들 수 있다. 도로를 달리는 자동차는 신호등 색깔에 따라 선택적으로 행동한다. 도로를 달리다가 빨간색 신호등을 만나면 정지하고 초록색이면 계속 달리게 된다. 신호등이 빨간색일 경우라도 그 자리에서 즉시 멈추는 것이 아니라 일정 부분 달리다가 앞차와의 간격을 유지하며 멈추거나 자신의 차량과 신호등 사이에 차량이 없다면 정지선까지 주행한 다음 멈추게 된다.

먼저 교차로가 없고 자동차가 단 1대인 도로를 가정한다. 이 도로에 횡단보도와 신호등이 설치되어 있고 정지선이 그려져 있다고 가정한다. 이러한 도로를 표현하기 위한 교통신호 시스템에서는 2가지 선택적 행동이 가능하다. 신호등 색깔에 따른 선택적 행동과 정지선에 닿았는지에 따른 선택적 행동이다. 표 7-1의 블록들을 활용하여 교통신호 시스템 문제를 해결해 보도록 한다.

우리가 실습한 교통신호 시스템은 다음과 같다. 그림 7-2와 같은 그림을 교통신호 시스템을 적용할 도로로 사용한다. 횡단보도에는 차량 운전자가 볼 수 있는 신호등이 있으며, 신호등 색깔은 빨간색과 초록색으로 주기적으로 변경된다. 사람들은 횡단보도를 통해 도로를 건너고 횡단보다 앞에는 흰색 정지선이 있다.

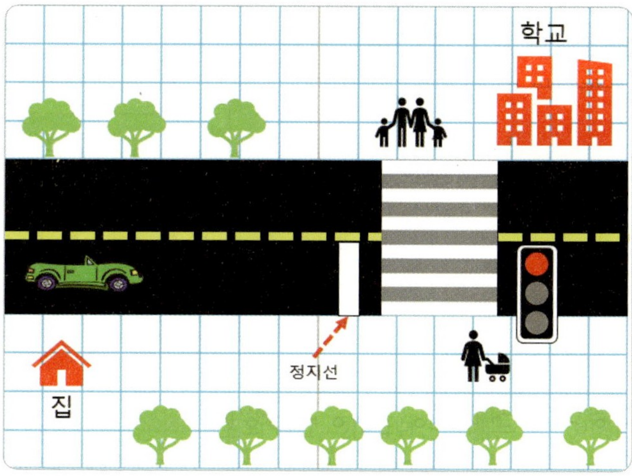

그림 7-2. 신호등이 있는 교통신호 시스템

시스템을 단순화하기 위해 몇 가지를 가정한다.

가정1. 도로상에 자동차는 1대 밖에 없다.
가정2. 신호등 색깔은 빨간색과 초록색밖에 없다 (황색등은 생략한다.)
가정3. 주행하던 자동차가 빨간색 신호등을 만나면 계속 진행하다가 정지선에 닿으면 정지한다.
가정4. 자동차는 일정한 속도(0.5초당 10픽셀)로 이동한다.

먼저 신호등이 없는 경우라면 선택적 표현이 불필요하다. 신호등이 없는 교통 시스템을 기술하면 다음과 같다.

신호등이 없는 교통 시스템

1 자동차 출발 좌표로 이동
2 다음 행동을 목적지에 도착할 때까지 반복한다.
 가. 10픽셀 이동
 나. 0.5초 쉬어가기
3 목적지에 도착

하지만 신호등이 있는 경우라면 신호등 색깔과 정지선에 도착했는지에 따라 선택적 표현이 필요하다. 자동차의 행동을 신호등이 없는 경우와 비교하여 기술하면 다음과 같다.

자동차 행동: 신호등이 없는 경우

1 자동차 출발 좌표로 이동
2 다음 행동을 목적지에 도착할 때까지 반복한다.

 선택적 표현을 이용한 교통 시스템 추가

 가. 10픽셀 이동
 나. 0.5초 쉬어가기
3 목적지에 도착

자동차 행동: 신호등이 있는 경우

1 자동차 출발 좌표로 이동
2 다음 행동을 목적지에 도착할 때까지 반복한다.
 가. 자동차가 정지선에 접촉했는가?
  (참) 신호등이 빨간색인가?
   (참) 신호등이 초록색을 바뀔 때까지 다음 행동을 반복
    (a) 0.5초 기다리기
   (거짓) 아무것도 하지 않는다.
  (거짓) 아무것도 하지 않는다.
 나. 10픽셀 이동하기
 다. 0.5초 쉬어가기
3 목적지에 도착

자동차의 행동을 기술했다면, 신호등의 행동도 정의해야 한다. 신호등은 빨간색과 초록색을 가지고 있으며, 신호등 변경은 프로그래머의 키보드 입력에 따라 수행되도록 한다. (일정

시간이 지나면 자동으로 신호등 색깔이 변경되는 것은 이번 장의 후반부에 추가로 설명한다).

자동차와 신호등의 행동을 정의 했다면, 마지막으로 정지선의 행동을 정의한다. 정지선은 그저 존재 자체만으로 의미를 가지면 된다. 자동차가 정지선에 닿았는지 여부만 알면 되므로 정지선은 아무런 행동을 하지 않도록 한다.

[주의] 아무것도 하지 않는 존재

정지선처럼 아무런 일을 하지 않는다고 해서 필요 없는 것은 아니다. 아무 일도 하지 않는다고 삭제하면 자동차가 정지선에 닿았는지 확인할 방법이 없다. 컴퓨터 프로그래밍에서는 아무것도 하지 않는 일도 하나의 일(Task)로 볼 수 있다. 상대방의 메시지를 기다리는 상태, 입출력 대기 상태, 잠자는(Sleep) 상태와 같은 일도 겉보기에는 아무것도 하지 않는 상태이다. 컴퓨터 관련 분야에서는 이런 상태를 '대기(Wait)' 또는 '아이들(Idle)' 이라고 표현한다.

7.3.1.1 필요한 배경 설정

학습자의 편의를 위해 필요한 배경은 교재에서 제공하는 그림 파일을 활용하도록 한다. 자신의 컴퓨터에 다운받는다. 자신이 원하는 경우 그림판, 파워포인트, 스크래치 편집 기능 등을 활용하여 자신만의 배경을 만들어 사용해도 무방하다. 교재에서 제공하는 교통 시스템 배경화면 파일명은 '7-1. 교통시스템_배경.png' 이다. 배경파일 업로드 및 업로드 이후 무대 화면은 그림 7-3과 같다.

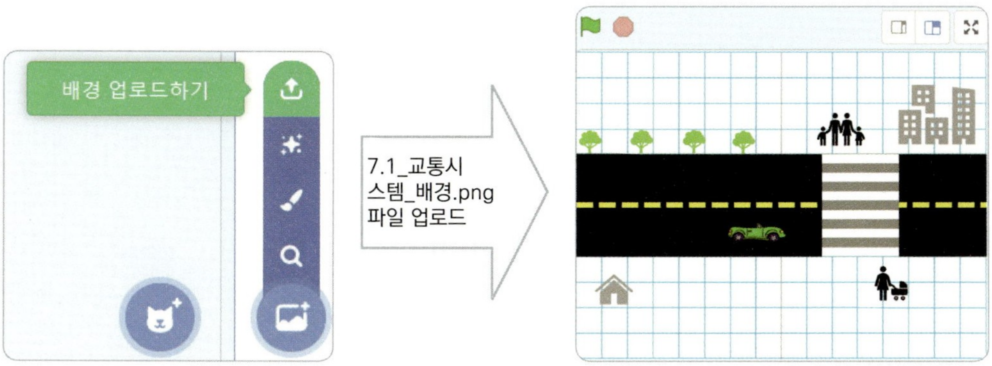

그림 7-3. 교통시스템 배경 업로드 하기

7.3.1.2 스프라이트 설정하기

교통 시스템에서 필요한 스프라이트는 3개(자동차, 신호등, 정지선) 이다. 신호등은 교재에서 제공하는 스프라이트 파일을 다운로드 받도록 한다. 교재에서 제공하는 신호등 스프라이트 파일명은 '7-1. 신호등.sprite3' 이다. 신호등 스프라이트 업로드는 그림 7-4를 참고한다. 신호등 스프라이트를 업로드하면 무대에 스프라이트가 표시된다. 스프라이트의 크기를 적절히 조절(교재 그림에서 적용한 그림 크기 비율은 40%)하여 그림 7-4와 같이 신호등 스프라이트를 마우스로 드래그 하여 적당한 위치로 이동시킨다.

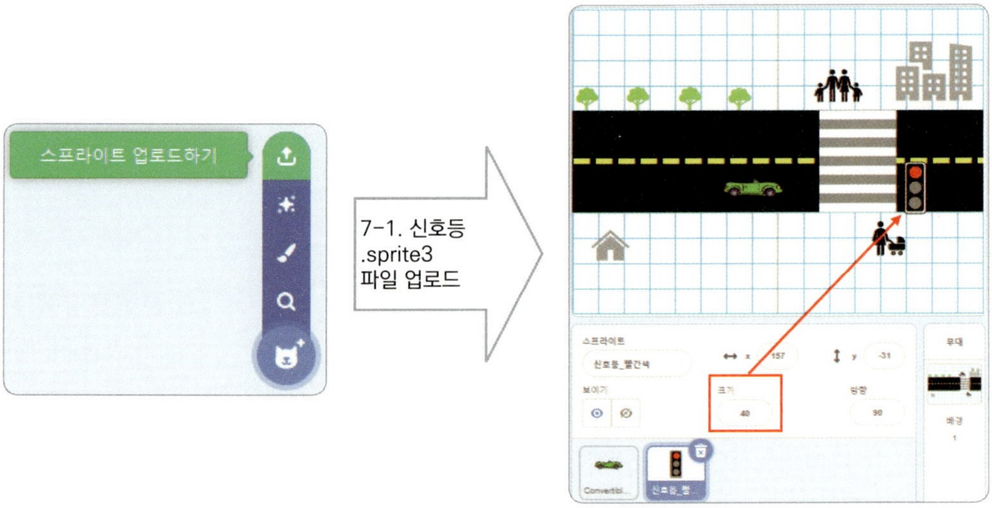

그림 7-4. 신호등 스프라이트 업로드 하기

정지선 스프라이트는 그림 7-6를 참고하여 직접 작성해 보도록 한다. 정지선 스프라이트는 블록 팔레트의 모양 영역에서 '사각형' 모양을 클릭하고 편집 영역에서 마우스를 드래그하여 적절한 크기의 정지선을 스프라이트를 만든다. 이후 '채우기 색'과 '윤곽선 색'을 각각 선택하여 정지선 스프라이트의 색을 지정해 준다. 교재 예제에서는 채우기는 흰색, 윤곽선 색은 검정색으로 설정하였다.

그림 7-5. 신호등 스프라이트의 모양 구성

신호등 스프라이트는 2개의 그림으로 설정되어 있다. 스크래치 프로그램을 작성할 때 스프라이트의 모양을 지속적으로 바꾸고자 하는 경우에 사용할 수 있다. 신호등 스프라이트를 선택하고 블록팔레트의 모양 영역에 들어가면 그림 파일이 2개 있고 각각의 그림 좌측 상단(그림 7-5의 빨간색 둥근 원)에 숫자가 표시되어 있다. 표시된 숫자는 스프라이트의 '모양 번호'이다. 스크래치는 프로그램 작동 중에 모양 번호를 이용해 스프라이트의 형태를 변경할 수 있다.

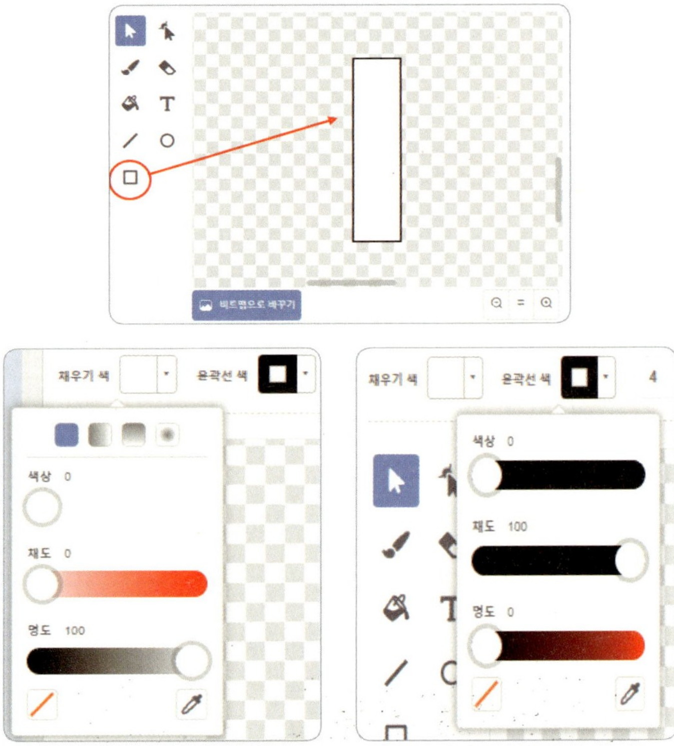

그림 7-6. 정지선 스프라이트 만들기

정지선 스프라이는 편집하는 과정에서 화면 영역에 나타나게 된다. 필요하다면 크기 비율을 적절하게 조절한다.

자동차 스프라이트는 스크래치에서 기본으로 제공하는 스프라이트를 불러와서 활용한다. 스프라이트 영역의 고양이 아이콘을 클릭하여 '스프라이트 고르기' 메뉴를 선택하면 스프라이트 검색창이 나타난다. 검색창에 'car'를 입력하면 선택 가능한 자동차 모양의 스프라이트 여러 종류가 나타난다. 'Convertible 2'라는 스프라이트를 선택한다. 프로그래머의 취향에 따라 다른 종류의 스프라이트를 선택해도 무방하다.

화면에 나타난 자동차 스프라이트가 너무 크다면 적절하게 크기를 조절한다. 교재에서는 스프라이트 크기를 50%로 설정 하였다. 자동차 스프라이트 불러오기는 그림 7-7을 참고한다.

그림 7-7. 자동차 스프라이트 불러오기

3개(자동차, 신호등, 정지선) 스프라이트가 모두 준비된 화면은 그림 7-8과 같다.

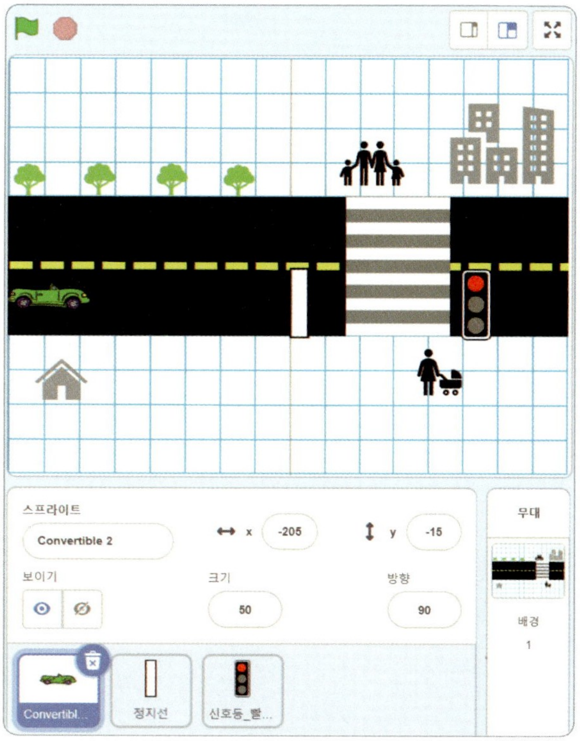

그림 7-8. 3개의 스프라이트가 준비된 상태

7.3.1.3 프로그램(스크립트) 작성하기

배경과 스프라이트가 모두 준비되었다면 프로그램을 작성한다. 자동차 스프라이트의 시작 위치(좌표)는 (−240, −20)으로 설정하도록 한다. 만약 자동차가 계속 직진해서 화면의 끝에 도달하면(벽에 닿으면) 목적지에 도착한 것으로 가정하고 '도착' 이라고 말한다. 화면의 끝(벽)에 도착했는지 여부는 아래 그림과 같이 '감지' 범주의 '( )에 닿았는가?' 블록을 사용한다.

신호등 색깔에 따른 자동차 스프라이트의 행동을 정의하기 위해 아래 그림과 같이 연산 영역의 비교 연산자와 감지 영역의 '( )의 모양번호'를 결합하여 사용한다.

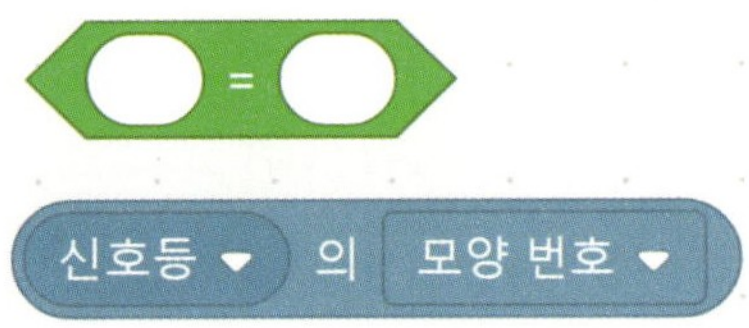

스프라이트 영역에서 자동차 스프라이트를 선택하고 코드 편집창에 자동차가 행동할 것을 선택한다. 자동차 스프라이트의 전체 프로그램은 그림 7-9과 같다.

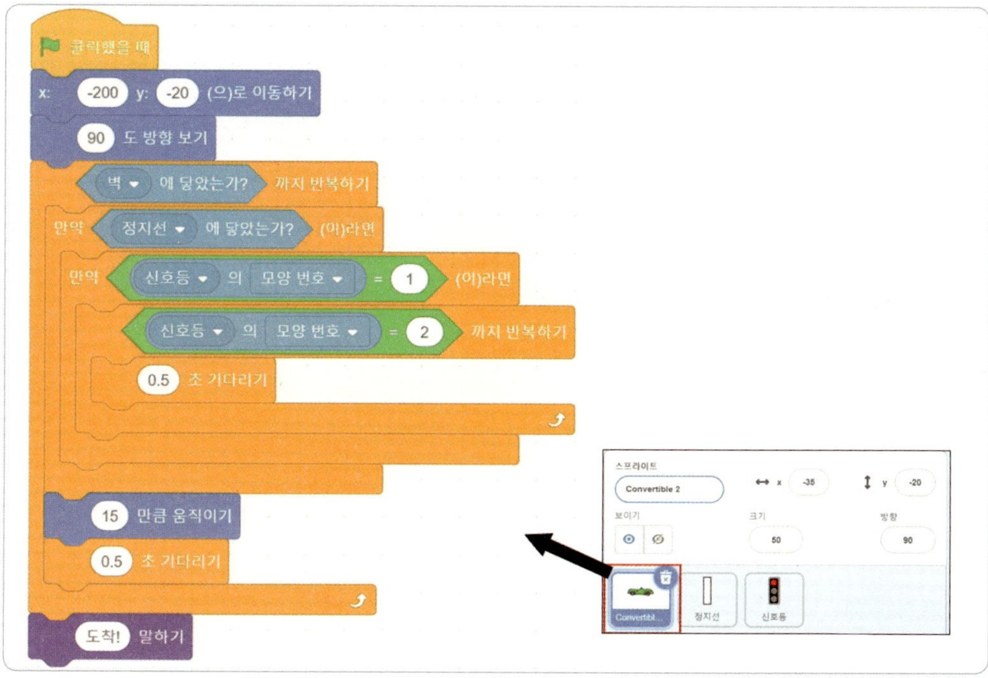

그림 7-9. 자동차 스프라이트에 작성된 프로그램

자동차 스프라이트에 해당하는 프로그램(스크립트)이 완성되었다면, 이번에는 신호등 스프라이트의 프로그램을 작성한다. 먼저 스프라이트 영역에서 신호등을 선택하고 코드 영역에 신호등의 행동과 관련된 프로그램을 작성한다. 신호등은 사용자가 키보드의 스페이스바(Space Bar)를 누르면 다음 모양으로 바뀌도록 설정해 준다. 만약 현재 모양이 '빨간색 신호등'일 경우 스페이스바를 누르면 다음 모양인 '초록색 신호등' 모양으로 바뀌게 된다.

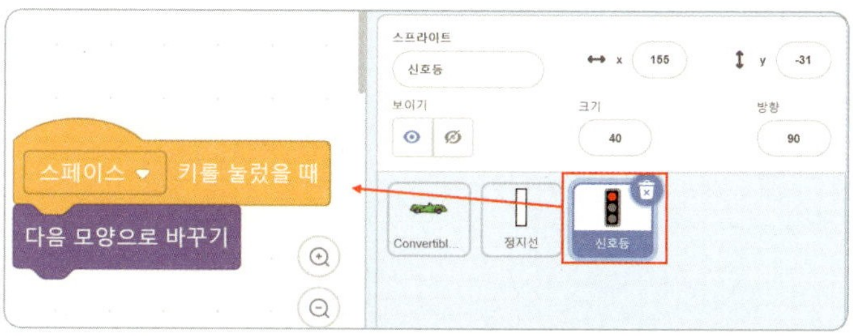

그림 7-10. 신호등 스크립트에 작성된 프로그램

이제 모든 프로그램이 작성되었다. 프로그램 실행 버튼 을 누르면 자동차가 초기 설정 위치에서 출발하고 정지선에 닿게 되면 멈춰서 기다린다. 사용자가 키보드의 스페이스바를 누르면 신호등이 초록색으로 바뀌고 자동차는 끝까지 진행한 이후 벽에 닿으면 '도착!'이라고 말하는지 확인하기 바란다.

7.4 로봇 청소기 프로그램

선택적 표현으로 문제를 해결하는 또 다른 예로써 로봇 청소기 문제를 풀어 보도록 한다. 융복합수업을 듣던 중 교수님께서 우리에게 '로봇 청소기를 만들기'라는 팀 프로젝트를 다음과 같이 주었다고 가정한다.

컴퓨팅 사고 | 로봇 청소기 프로젝트

당신은 대학교에서 배운 '컴퓨팅사고' 수업을 통해 소프트웨어의 작동 원리와 스크래치를 활용한 코딩이 가능한 인력이다. 당신은 'CJU전자' 회사에서 로봇 청소기를 만드는 프로젝트 팀에 속해 있습니다. 당신은 소프트웨어 인력으로 참여 중입니다.
프로젝트 팀은 전자전공, 기계전공, 디자인전공, 소프트웨어전공 인력으로 구성되어 있습니다. 디자인전공 팀원은 로봇 청소기 외관의 디자인을 마쳤다. 전자전기전공과 기계전공 팀원은 디자인을 기반으로 로봇 청소기 케이스, 모터, 먼지 흡입기 등 로봇 청소기 시제품을 완성하였다.
프로젝트 팀장님은 하드웨어가 완성되었으니, 이제 로봇 청소기의 두뇌에 해당하는 소프트웨어를 구현하여 로봇 청소기에 심어 달라고 요청하였다. 팀장님은 "시제품의 첫 번째 단계는 아무것도 없는 직사각형 방에서 청소를 할 수 있음을 입증해야한다"라고 말씀하셨다. 이어서 팀장님은 "시제품의 두 번째 단계는 장애물을 만나면 회피하면서 청소할 수 있어야 한다고 말하였다.
당신은 로봇 청소기의 두뇌에 해당하는 소프트웨어를 스크래치로 구현하고 다음 주에 그 결과를 팀장님과 다른 팀원들 앞에서 시현하고 개발 현황을 프레젠테이션 해야 한다. 당신에게 주어진 기간은 일주일(7일)이다.

위 문제는 일반 회사에서 흔하게 벌어지는 일이기도 하지만, 여러분이 어떤 일을 하려고 할 때 쉽게 만날 수 있는 형태의 문제이다. 자, 이제 여러분은 로봇 청소기 문제를 어떻게 해결할 것입니까? 문제분석, 순차적 표현, 패턴인식, 반복적 표현, 그리고 마지막으로 최근에 공부한 선택적 표현을 활용해 로봇 청소기 문제를 차근차근 같이 풀어보도록 한다.

첫 번째 단계는 무엇이 문제인지 정확히 파악하는 것이다. 학생들이나 직장인들이 가장 실수를 많이 하는 것이 문제를 제대로 파악하지 않은 채 문제해결을 시도하려는 것이다. 팀장님은 곱하기를 하라고 했는데, 여러분은 열심히 더하기를 하고 있다면, 아무리 열심히 문제를 해결하더라도 성과는 없다. 오히려 여러분의 능력을 의심 받게 될지도 모른다. 로봇 청소기 문제를 간략히 정리하면 다음과 같다.

로봇 청소기 소프트웨어를 구현하라.

하지만 로봇 청소기 문제를 자세히 들여다보면 2가지 세부 문제로 분리되어 있다는 것을 알 수 있다. 우리는 2개의 문제를 순차적으로 해결할 것이다.

로봇 청소기 소프트웨어를 구현하라.

① 장애물 없는 직사각형 방에서 청소
② 장애물이 있는 직사각형 방에서 청소
- 장애물을 피하면서 청소 가능할 것

먼저 장애물 없는 직사각형 방에서 청소할 수 있다면, 그 소프트웨어의 성능을 향상 시켜 장애물이 있더라고 작동하는 로봇 청소기 소프트웨어를 만들 수 있다.

7.4.1 장애물 없는 직사각형 방에서 청소

장애물이 없는 방에서 로봇 청소기가 청소할 수 있는 방법은 어떤 것이 있을까? 대표적인 방법으로 방의 중앙을 찾아간 이후에 거기부터 가까운 주변부터 청소해 나가는 방법이 가능하다(나선형 원을 그릴수도 있고 점점 커지는 정사각형, 마름모, 삼각형 등 형태로 그릴 수도 있다).

또 다른 방법으로 방의 모퉁이를 찾아간 이후 직선으로 왕복을 하며 청소하는 방법도 가능하다(어떤 사람은 45도 대각선으로 다른 사람은 30도 대각선으로 할 수도 있다). 필요에 따라 방을 2개의 구간으로 나누고 구간별로 청소를 해나가는 방법도 가능하다(어떤 사람은 구역을 3개로 다른 사람은 4개로 나눌 수 있다). 그림 7-11에서 제시한 방법 이외에도 수많은 청소 방법이 존재한다.

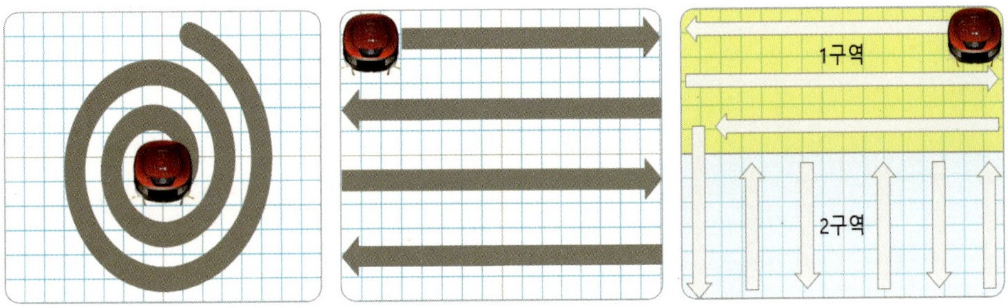

그림 7-11. 장애물이 없는 방에서 청소하는 방법들

모든 가능한 방법을 프로그래밍 하는 것은 힘든 일이다. 우선 가장 단순한 1가지 방법을 선정하여 일주일 후 팀장님께 보여주는 전략을 취한다. 가장 단순한 방법이 성공한다면 그 방법을 응용하거나 약간 변형하는 방식을 통해 다른 방법들도 가능하기 때문이다. 우리는 그림 7-11의 가운데 그림과 같은 청소 전략을 선택한다.

청소 전략을 선택했다면 문제를 기술한다. 사람이 쉽게 직관적으로 쓰는 방법은 순차적 표현을 이용하는 것이다. 순차적으로 문제를 기술하면,

> "청소기를 왼쪽 상단 모퉁이를 이동시킨다. 일정거리를 좌측 방향으로 계속 이동시키다가 벽을 만나면 멈춘다. 방향을 180도로 바꾼다. 일정거리를 좌측 방향으로 계속 이동시키다가 벽을 만나면 멈춘다. 방향을 180도로 바꾼다. ⋯ ⋯ ⋯
>
> ⋮
>
> 오른쪽 하단 모퉁이를 만나면 멈춘다. '청소 끝' 이라고 말한다."

위에서 설명한 순차적 표현 방법은 설명이 길고 반복되는 표현이 등장한다. 반복되는 표현에 집중하여 패턴을 찾아보자. 패턴은 기술하는 방법에 따라 여러 가지가 나타날 수 있다. 심지어 기술 방식에 따라 패턴이 전혀 나타나지 않을 수도 있다. 우리 예제의 순차적 표

현 방법에서 찾을 수 있는 패턴은 다음과 같다.

순차적 표현에서 찾은 패턴

① 벽을 만날 때까지 일정거리를 이동함
② 벽을 만나면 아래로 이동하고 방향을 180도 전환함
③ 위 행동을 목적지에 도착할 때까지 반복함

순차적 표현방법을 통해 패턴을 찾았다면 문제는 거의 해결한 것이다. 패턴을 반복적 표현을 통해 다시 서술해 주면 된다. 다음 그림을 통해 순차적 표현을 반복적 표현으로 전환하는 과정을 이해하도록 한다. 가능하다면 그림 7-11에서 제시하는 다양한 방법을 순차적 표현방법과 반복적 표현 방법을 통해 문제를 기술해 보기 바란다.

순차적 표현 방법

1 청소기 출발 좌표로 이동
2 90도 방향을 본다.
3 일정거리 이동 후 1초 기다림
4 일정거리 이동 후 1초 기다림
⋮ ⋮
⋮ 벽을 만나면 멈춤
아래로 이동
⋮ 진행방향을 바꾼다.
⋮ 일정거리 이동 후 0.1초 기다림
⋮ 일정거리 이동 후 0.11초 기다림
⋮ ⋮
⋮ 벽을 만나면 멈추고 아래로 이동
⋮ 진행방향을 바꾼다.
⋮ ⋮
목적지 좌표에 이동하면 멈춘다.
⋮ "청소 끝!" 이라고 말한다.

반복적 표현 방법

1 청소기 출발 좌표로 이동
2 90도 방향을 본다.
가. 다음 행동을 목적지에
도착할 때까지 반복
(1) 다음 행동을 벽에 닿을 때까지
반복
(가) 일정거리 이동 후 0.11초
기다림
(나) 벽을 만나면 멈추고
아래로 이동
(다) 진행방향을 바꾼다.
3 목적지 좌표에 이동하면 멈춘다.
4 "청소 끝!" 이라고 말한다.

반복적 표현을 통한 문제 해결 방법을 찾았다면 이제는 로봇 청소기가 일할 수 있도록 소프트웨어 즉 프로그램을 작성해야 한다. 준비물은 무대 배경화면, 청소기 스프라이트, 그리기 확장도구이다.

무대 배경화면은 스크래치에서 제공하는 'Xy-grid-30px'를 불러온다. 청소기 스프라이트는 교재에서 제공하는 파일 '7-2. 로봇 청소기2.png'를 다운로드 받는다. 스프라이트 영역의 '업로드하기 기능을 이용해 불러온다. 청소기 스프라이트를 불러온 이후 크기를 적절하게 조절한다(자신의 사진이나 스크래치에서 제공하는 다른 스프라이트를 선택해도 무방하다). 교재에서는 스프라이트 크기 20%를 적용하였다. 무대와 스프라이트가 준비된 무대의 구성은 그림 7-12과 같다.

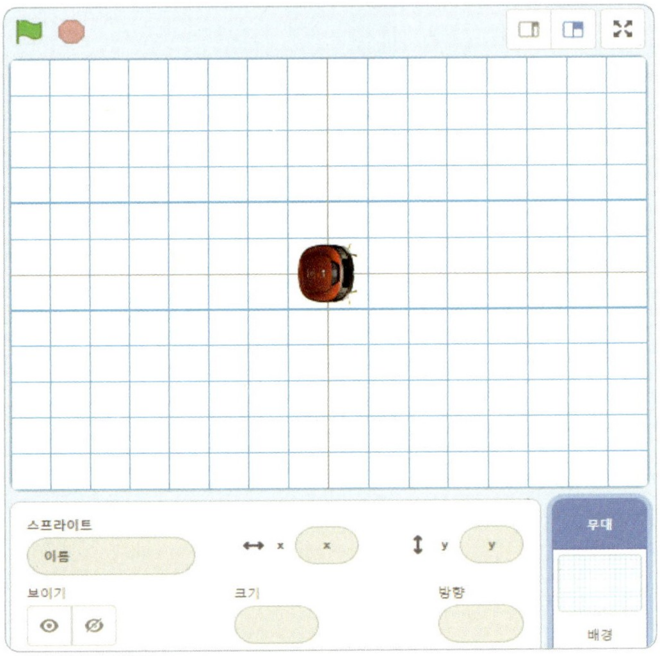

그림 7-12. 배경과 스프라이트가 준비된 무대 화면

로봇 청소기가 청소한 영역을 표시하기 위하여 펜 도구를 활용한다. 확장기능의 펜 기능을 불러오고 '펜 굵기를 ( ) 만큼 바꾸기'를 활용하도록 한다. 배경화면의 격자 간격이 30픽셀 이므로 로봇 청소기 1회 진행 시 2칸을 청소하는 효과를 적용하기 위해 굵기를 아래 그림과 같이 60으로 설정한다.

초기 시작 지점을 정의하기 위해 마우스로 스프라이트를 이동하여 좌측 상단의 좌표를 확인한다. 교재에서는 시작 좌표를 x: −230, y: 150으로 설정한다. 청소를 마치기 위해서는 총 6회에 걸쳐 좌우 왕복을 수행한다.

벽을 만나면 그동안 진행했던 방향의 반대 방행으로 진행하기 위하여 변수와 조건문을 추가로 적용한다. '변수 만들기' 기능을 이용하여 '진행했던 방향'이라는 이름의 변수를 만든다. 변수 관련 블록 중 '을 저장하도록 한다.

새로운 변수 만들기:

변수의 값을 지정하기:

조건문을 이용한 방향전환: 로봇 청소기가 90도 방향으로(좌측→우측) 진행하였다면 방향을 −90도 방향으로(우측→좌측) 변경한다.

그렇지 않다면(−90도 방향이라면) 로봇 청소기 진향방향을 90도 방향으로(좌측→우측) 설정한다.

벽을 만나는 부분은 선택적 표현에 해당되는 부분이다. 선택적 표현을 통해 컴퓨터가 보다 영리하게 작동할 수 있도록 할 수 있다. 전체 프로그램은 그림 7-13와 같다.

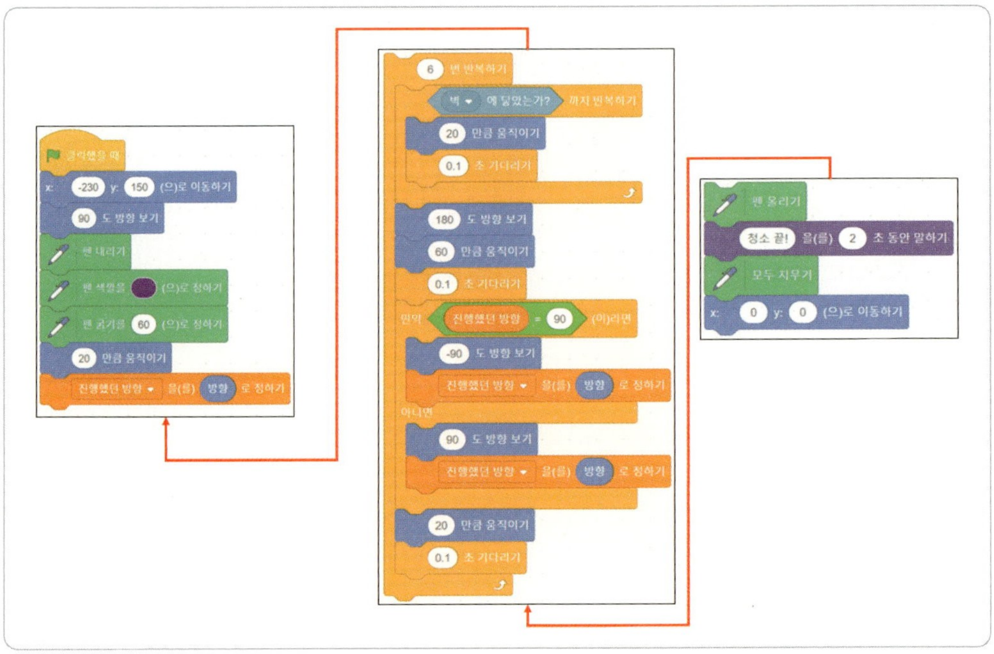

그림 7-13. 장애물 없는 직사각형 방에서의 로봇 청소기 전체 프로그램

참고 | 스프라이트의 방향 설정

스크래치의 스프라이트는 진행 방향을 프로그래머가 설정하고 변경할 수 있다.

1. 스프라이트가 북쪽을 바라보면 0도, 동쪽을 바라보면 90도, 남쪽을 바라보면 180도, 서쪽을 바라보면 -90도이다. 그 외 방향값은 북쪽에서 시계방향으로 각도가 계속 증가하여 남쪽에 도착하면 180도에 이른다. 반대로 북쪽에서 반시계방향으로 회전하면 방향값은 -180까지 감소한다(-1, -2, ..., -180)

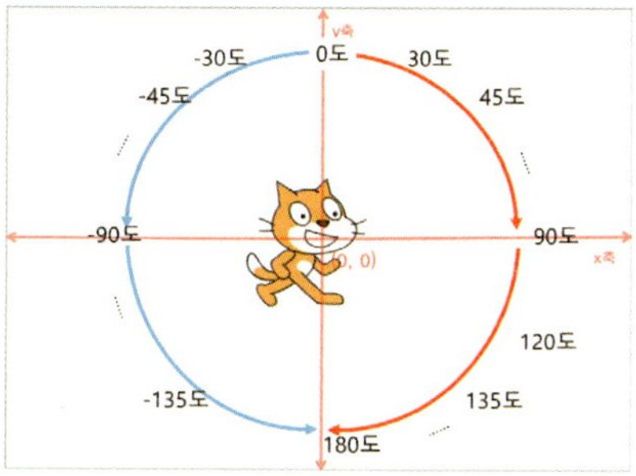

2. 상대적 방향전환

   블록팔레트 코드 영역의 동작에서 '방향으로 (   )도 회전하기' 블록을 이용하면 현재 스프라이트가 바라보는 방향에서 설정한 방향과 각도만큼 상대적으로 회전할 수 있다. 시계방향 회전과 반시계방향 회전 2가지 블록을 제공한다.

3. 절대적 방향전환

   프로그래머가 원하는 각도를 절대적으로 입력할 수 있다. 동작 영역에서 '( )도 방향보기 블록의 입력 부분을 클릭하면 나침반 모양의 방향 설정 도구가 나타난다. 마우스로 방향을 조절하여 설정할 수 있다.

7.4.2 장애물 있는 직사각형 방에서 청소

우리는 앞에서 장애물이 없는 경우에 작동하는 로봇 청소기 소프트웨어(프로그램)을 완성하였다. 방향전환을 제외하고 대부분의 작동은 반복적 표현을 통해 해결 가능하였다. 하지만 로봇 청소기가 작동하는 환경은 장애물이 존재하기 마련이다. 방 안에 가구가 있을 수도 있고 옷이나 책들이 바닥에 있는 것처럼 다양한 작동환경이 존재한다.

이번에는 직사각형 방에 장애물이 있는 경우를 해결해 보도록 하자. 장애물은 이동용 책상 하나가 있다고 가정한다. 로봇 청소기 스프라이트가 장애물을 만날 경우 진행하던 반대 방향으로 진행하도록 한다. 다만, 장애물 뒤편은 청소하지 못하는 것으로 가정하자. 이전에 해결한 장애물 없는 직사각형 방에서의 로봇 청소기 프로그램을 재활용하여 문제를 해결한다. 전에 작성한 코드를 불러와 다른 이름으로 저장한다.

장애물이 있는 경우 장애물을 회피해야하기 때문에 선택적 표현을 적용하여야 한다. 장애물을 만난 경우는 벽을 만난 경우와 마찬가지로 아래 방향으로 이동한 이후 청소를 진행해 오던 반대 방향으로 전환하면 된다. 장애물을 만난 경우의 선택적 표현은 오른쪽 그림과 같이 프로그램 할 수 있다.

장애물의 위치를 다양하게 변경하더라도 그림 7-14와 같이 프로그램이 작동할 수 있어야 한다. 프로그램을 완성한 이후 장애물 스프라이트(이동용 책상)의 위치를 마우스로 이리저리 옮겨보면서 제대로 작동하는지 확인해 보기 바란다.

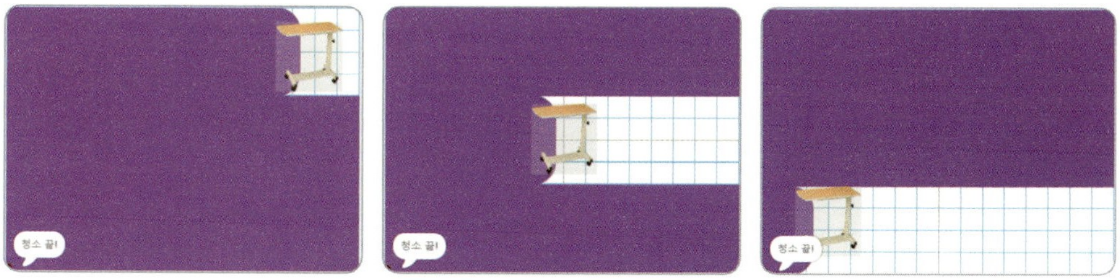

그림 7-14. 장애물의 위치에 따른 로봇 청소기 프로그램 실행 결과

장애물의 위치에 따른 선택적 표현을 적용한 전체 로봇 청소기 프로그램은 그림 7-15와 같다.

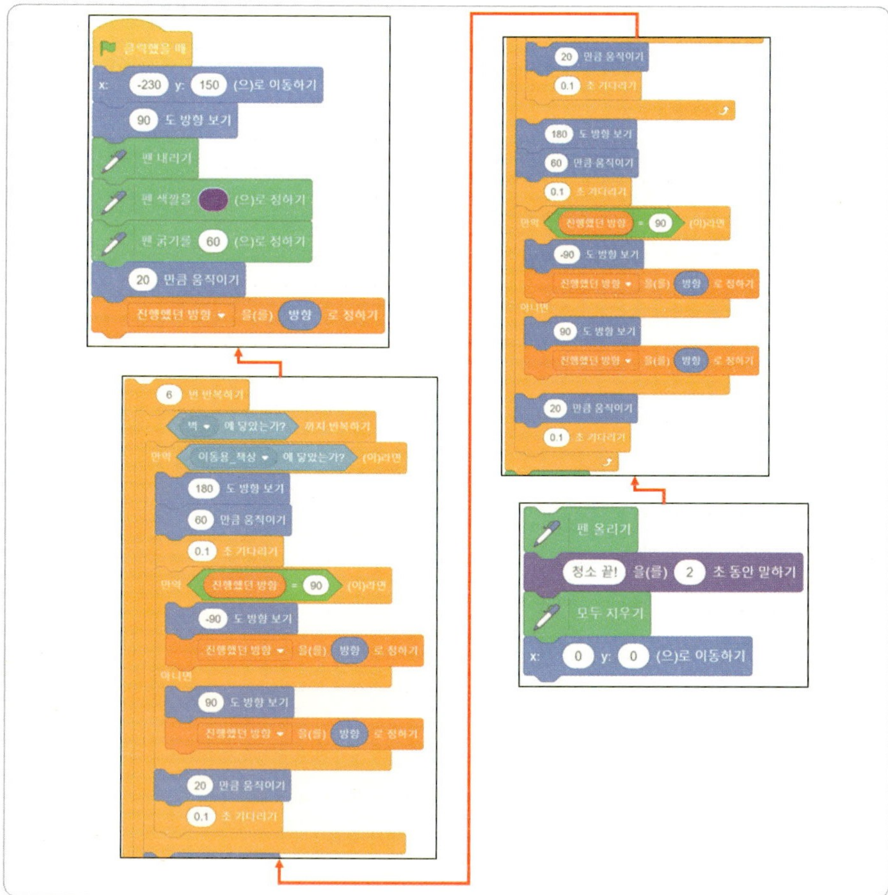

그림 7-15. 장애물이 있는 직사각형 방에서의 로봇 청소기 전체 프로그램

연습문제

선택적 표현을 통한 문제해결

1. 다음에 주어진 상황을 반복적 표현을 추가하여 우리가 만든 교통신호 시스템을 업그레이드 한다.

조건1. 자동차가 화면의 좌측에서 출발하여 오른쪽 화면 끝에 도달하면 프로그램이 정지한다. 오른쪽 화면에 도착한 자동차는 처음 출발지점으로 이동하여 새롭게 주행을 시작한다.

조건2. 현재 신호등은 프로그램 이용자가 키보드의 스페이스바를 치면 색깔이 바뀐다. 일정한 시간 간격(예: 3초 간격으로 신호 변경 등)으로 신호등 색깔이 변경되도록 업그레이드 한다.

2. 1번 문제를 선택적 표현을 통해 보다 현실적으로 구현하도록 한다.

조건1. 현재 신호등은 빨간색과 초록색 2가지이다. 신호등 스프라이트를 편집하여 노란색이 표현되도록 한다.

조건2. 빨강, 초록, 노랑 색깔의 신호등이 일정한 시간 간격으로 변경되도록 한다.

조건3. 만약 자동차가 정지선에 닿은 상태에서 신호등이 빨강 또는 노란색이면 멈춘다. 그렇지 않으면 계속 진행한다.

8 CHAPTER 나누어 처리(함수)

8.1 나누어 처리하기의 개념 이해

어린이들이 좋아하는 놀이 중 하나는 레고 블록을 이용한 블록 쌓기 놀이이다. 처음에 한 두 개의 블록을 조립할 경우는 크게 생각할 것이 없다. 문제가 단순하기 때문이다. 그러나 그림 8-1과 같이 레고 블록을 이용해 도시를 만드는 경우라면 어떨까?

그림 8-1. 레고 블록을 이용한 도시 만들기(그림 출처: https://bit.ly/2HgFRBP)

블록을 조합해서 '도시'라는 복잡한 구조물을 만드는 문제는 어떻게 해결하는 것이 가장 효과적일까? 현재가지 우리는 순차적, 반복적, 선택적 표현을 통해 다양한 문제를 해결해

왔다. 그러나 도시 조립 이라는 문제를 지금까지 배운 해결 방법을 적용해서 해결할 수 있을까? 해결을 할 수 있다고 하더라도 매우 복잡하고 어려운 일이 될 것이다. 이러한 경우 문제 해결 방법으로 적용하는 것이 나누어 처리하기 방법이다.

레고 블록에 익숙한 사람이라면 도시 건설을 위해 만들어야 할 대상을 가능한 작은 단위로 나눌 것이다. 예를 들면, 건물, 자동차, 사람, 도로 등으로 먼저 나눈다. 건물도 여러 종류에 따라 조립할 대상을 나눈다. 작은 단위로 분할한 객체들을 개별적으로 만든 이후에 전체적으로 조립하면 도시 건설이라는 문제를 보다 쉽게 해결할 수 있다.

그림 8-2. 담당업무를 가진 팀워크(그림 출처: https://bit.ly/2Si3RLi)

대학을 졸업하고 직장을 갖게 되면 여러 사람들과 함께 일을 하게 된다. 대표적인 예로써 그림 8-2와 같이 여러 사람이 팀을 이루어 하나의 일을 처리하게 되는 경우를 들 수 있다. 팀을 구성하는 이유는 우리가 해결해야 할 문제를 나누어 처리하기 위해서이다. 어떤 팀원은 디자인을 담당하고, 다른 팀원은 마케팅 업무를 하고, 또 다른 팀원은 설계를 담당하는 형태로 일을 처리할 수 있다. 팀장은 개인별로 일을 나누어 지시하고 최종적으로 개별 팀원들이 낸 성과를 통합하여 프로젝트 팀의 최종 목표를 달성하게 된다.

이와 같이 나누어 처리하는 방식은 일상생활뿐만 아니라 컴퓨팅 사고에서도 중요한 문제 해결 방법이다. 문제를 나누면 필요한 부분만 가져다 쓸 수 있으며, 특정 부분을 변경하기도 쉽다. 또한 기존 기능에 추가적인 기능을 덧붙이기도 매우 편리하다. 컴퓨팅에서 널리 이용되고 있는 나누어 처리하기에 대하여 좀 더 깊이 살펴보고 2가지 예제를 통해 나누어 처리하기 문제를 해결해 보도록 한다.

8.2 프로그래밍에서의 나누어 처리하기

일상생활에서 일을 처리하는 방법을 컴퓨터가 처리하도록 기술한 것이 프로그램이다. 일상생활의 문제가 복잡해지면 처리 절차가 복잡해지는 것처럼 컴퓨터를 이용해 해결해야 할 문제가 복잡해지면 프로그램의 길이도 늘어난다. 프로그램 길이가 늘어나면 이해하기도 어렵다. 프로그래머는 자신이 만든 코드가 길어지면 자신이 왜 그렇게 코딩했는지 헷갈리는 경우도 종종 있다. 또한 프로그램을 업그레이드 하려고 할 때 길이가 길면 어디서부터 손봐야 할지 난감한 경우도 종종 발생한다. 컴퓨팅 사고에서는 이런 일들을 효율적으로 처리하기 위한 접근법으로 '나누어 정복하기(Divide and Conquer)'을 사용한다.

프로그래머는 해결해야 할 문제를 작고 독립적인 문제들로 분할한다. 그 이후 분할된 작은 문제들을 각각 프로그램 한다. 프로그래머는 분할한 각각의 작은 프로그램이 모두 완성되면 전체 프로그램으로 합치기만 하면 된다. 프로그래밍에서 작은 일로 나뉜 단위를 함수(Function), 모듈(Module), 서브루틴(Sub Routine), 부프로그램(Sub Program) 등 프로그래밍 언어에 따라 다양한 형태로 부르고 있다. 본 교재에서는 전체의 일을 '주프로그램(Main Program)'이라 부르고 작은 단위 일을 '부프로그램'이라 부르기로 한다.

그림 8-3에서 보는 바와 같이 주프로그램이 시작되면 부프로그램 실행 코드를 만나게 되면 부프로그램 영역이 작동한다. 부프로그램의 결과가 있다면 그 결과를 주프로그램으로 알려준다. 부프로그램의 내부는 개별 작업들로 구성되어 있을 수도 있고 부프로그램 내부에 또 다른 부 프로그램이 있을 수도 있다. 레고 블록으로 설명하면 부프로그램이 작은 레고 블록이 되고 작은 블록들이 모여 전체 블록을 구성하는 개념과 동일하다.

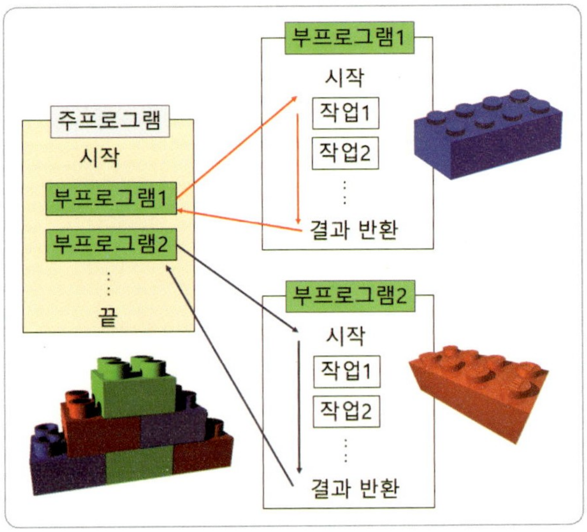

그림 8-3. **주프로그램과 부프로그램의 관계**

컴퓨터가 작업을 잘게 나누어 처리하는 방법은 수많은 장점이 존재한다. 작은 모듈은 프로그램이 명료하여 코딩 과정에서 실수를 방지할 수 있다. 혹시라도 실수(에러)가 있다고 하더라도 해당 부프로그램을 빠르게 찾아 수정할 수 있다. 부프로그램을 만들면 다른 프로그램에서 쉽게 가져다 쓸 수 있어 코딩 작업의 노력을 줄일 수 있다.

새로운 기능을 추가하고 싶을 때 기존의 프로그램은 유지한 상태로 새로운 부프로그램만 코딩하면 되기 때문에 확장성이 뛰어나다. CPU가 여러 개 달린 멀티코어 컴퓨터인일 경우 다중처리 및 병렬작업이 용이하기 때문에 프로그램의 성능을 향상 시킬 수 있다.

8.3 정사각형을 그리고 넓이와 둘레 구하기

정사각형을 무대에 그리고 난 이후 면적과 둘레를 구하는 문제가 있다고 가정하자. 전체를 하나의 프로그램으로 작성하는 방법이 있고, 문제를 작게 분할하여 해결하는 방법이 있다. 우리는 문제를 분할하는 방법으로 문제를 해결하도록 한다.

다음과 같이 문제를 분할할 수 있다.

정사각형 문제

① 사용자로부터 한 변의 길이를 입력 받는다.
② 정사각형을 무대에 그린다.
③ 정사각형의 면적을 구한다.
④ 정사각형의 둘레를 구한다.

스크래치에서 부프로그램을 작성하기 위해서는 그림 8-4와 같이 블록팔레트의 코드 영역에서 '나만의 블록' 기능을 이용하면 된다.

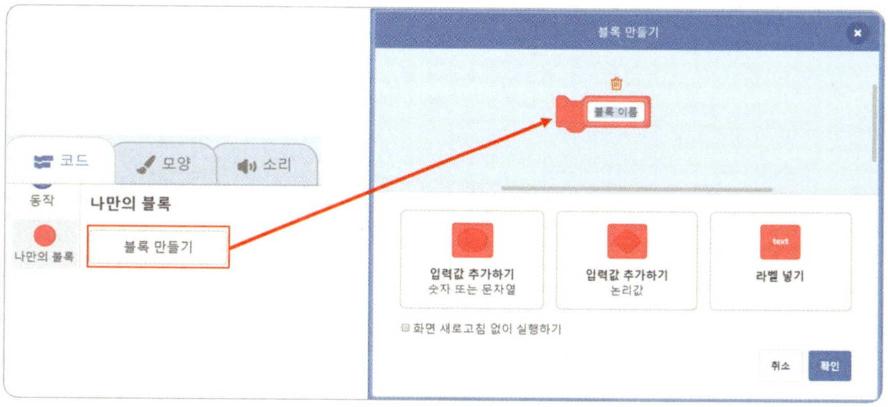

그림 8-4. 나만의 블록 만드는 방법

나만의 블록에 사용할 생성할 때 블록 이름을 입력한다. 예를 들면 '정사각형 그리기'를 입력하면 새롭게 만든 블록의 이름이 '정사각형 그리기'로 설정된다. 나만의 블록을 만들면 코드 영역에 해당 이름을 가진 정의하기 블록이 자동으로 생성된다.

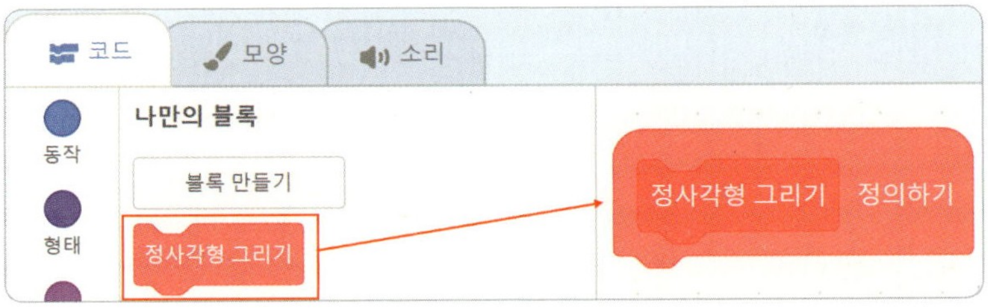

만약 나만의 블록 '정사각형 그리기'를 만들면 '정사각형 그리기 정의하기' 블록이 자동으로 생성되는 것이다. 정사각형을 그리기 위해서는 한 길이를 알아야 한다. 주프로그램으로부터 한 변의 길이를 전달 받고 싶다면 나만의 블록을 생성하는 과정에서 '입력값 추가하기(숫자 또는 문자열)' 아이콘을 클릭하면 주프로그램으로부터 값을 전달받아 부프로그램을 실행하는데 사용할 수 있게 된다.

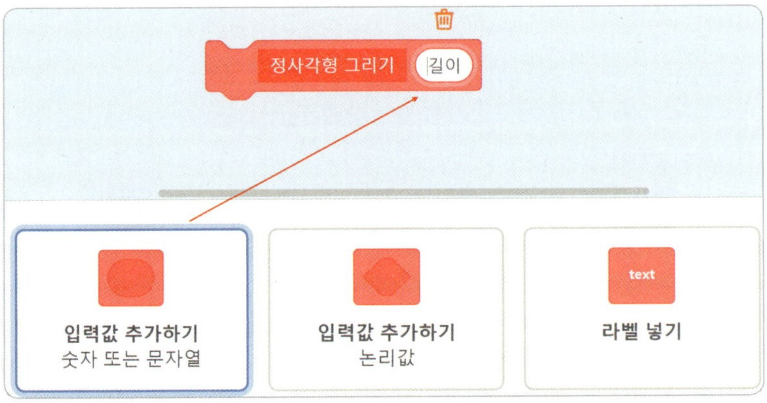

정사각형 문제는 4개의 작은 문제로 분할하였으므로 그림 8-4를 참고하여 나만의 블록 4개를 차례로 생성한다.

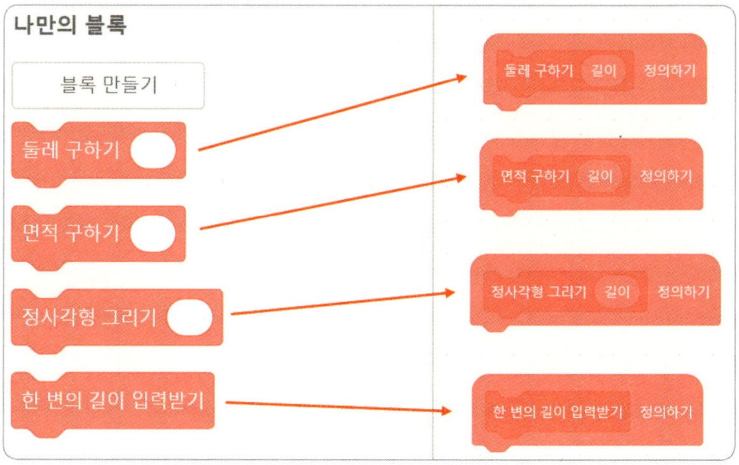

이제 5장과 6장에서 해결한 '정사각형 그리기' 프로그램을 참고하여 정사각형 문제를 해결하도록 한다. 이전 프로그램을 불러와 새로운 이름으로 저장한 이후에 위에서 설명한 대로 나만의 블록을 생성하도록 한다. 사용자로부터 한 변의 길이를 입력받기 위하여 블록팔레트 감지 영역의 '( )라고 묻고 기다리기' 블록을 사용한다.

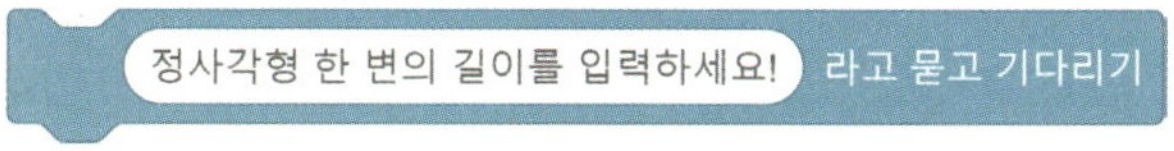

⇨ 사용자 입력값은 '대답' 블록에 자동 저장된다. 

프로그램 실행될 때 '(   )라고 묻고 기다리기' 블록을 만나면 무대 영역 아래쪽에 사용자가 값을 입력할 수 있는 창이 나타난다. 사용자가 값을 입력하고 엔터키를 치거나 체크 박스를 클릭하면 입력값은 감지 영역의 '대답'이라는 블록에 저장하고 입력창은 사라진다.

사용자 입력값과 면적, 둘레를 저장할 수 있는 변수를 각각 만들고 변수 옆 체크박스를 선택하여 무대에 변수값이 보이도록 설정한다. 무대의 변수들의 위치를 마우스로 드래그하여 적절한 위치로 배치한다.

변수를 초기화하고 부프로그램으로 결합된 주프로그램의 기본 골격은 다음과 같다.

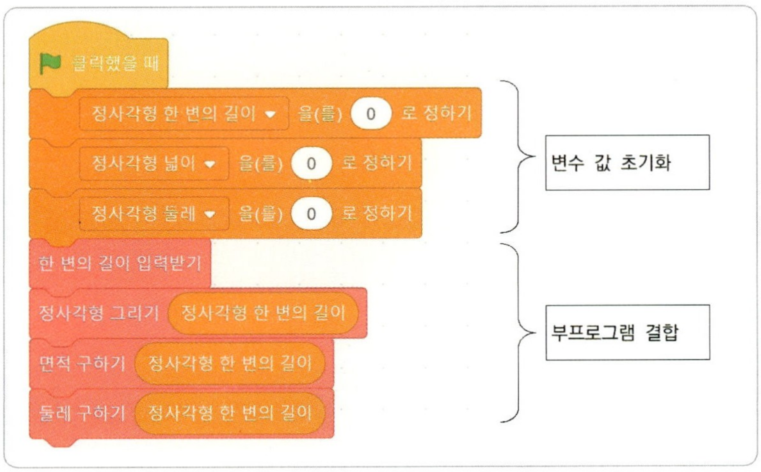

4개의 부프로그램은 나만의 블록 정의하기 블록을 이용해 프로그래밍 해준다. 한 변의 길이 입력받기 부프로그램은 다음과 같다.

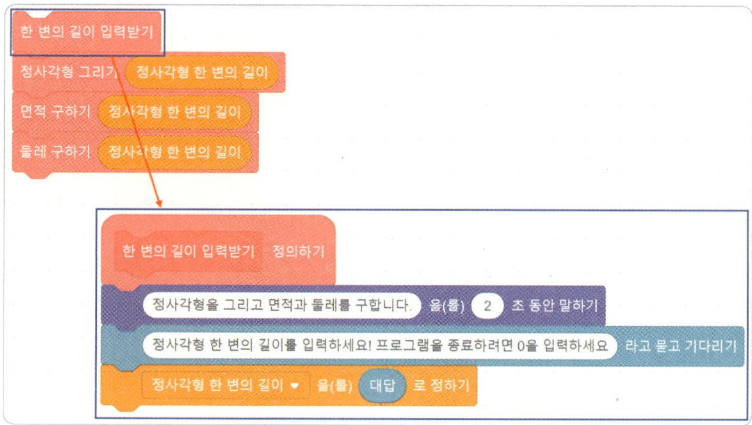

정사각형 그리기 부프로그램은 다음과 같다.

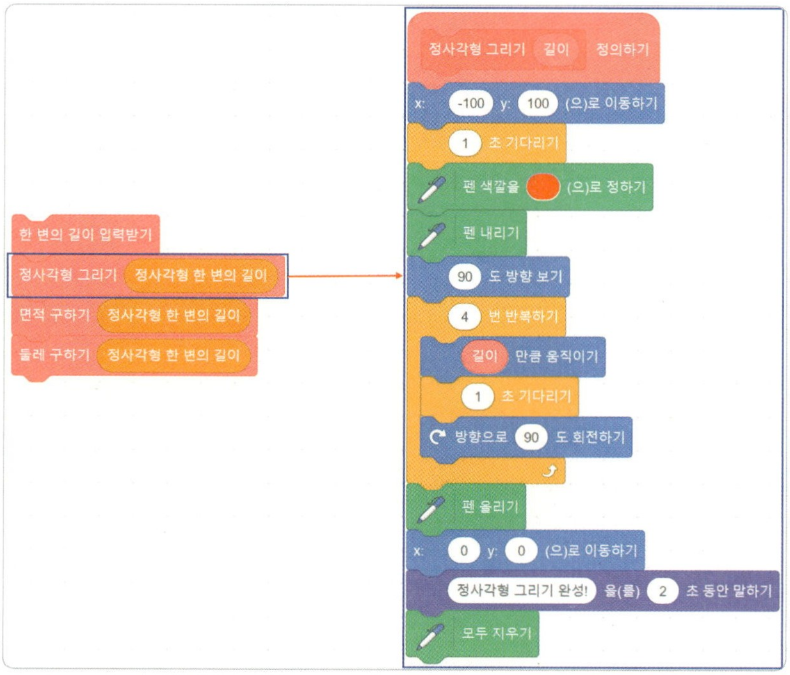

면적 구하기 부프로그램은 다음과 같다.

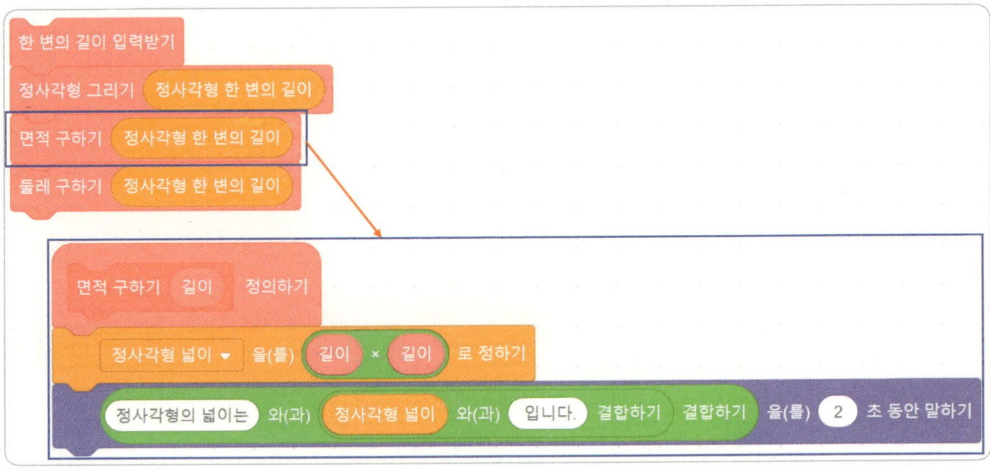

둘레 구하기 부프로그램은 다음과 같다.

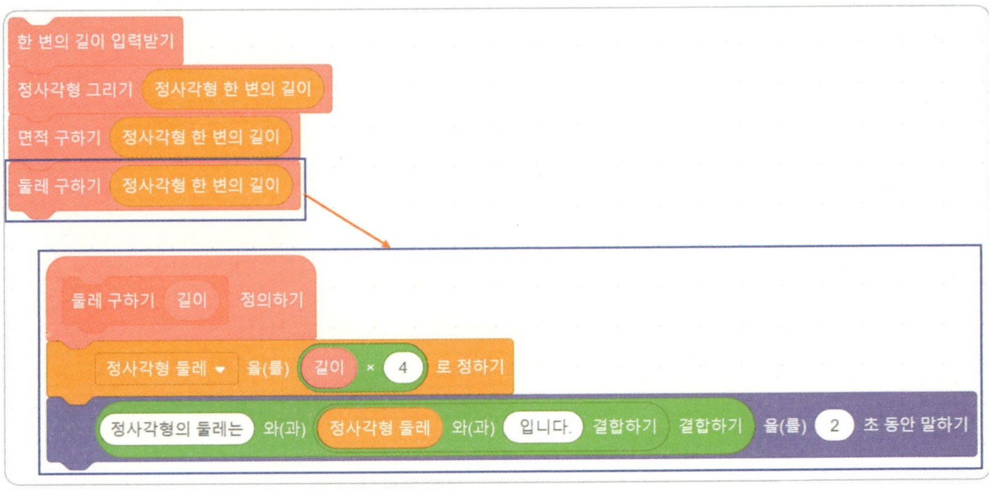

8.4 행운권 추첨 프로그램

각종 행사, 웹사이트에서 다양한 이벤트 행사가 있는 경우를 종종 보게 된다. 정부에서 진행하는 로또 추첨도 매주 진행된다. 우리는 간단한 행운권 추첨 프로그램을 통해 나누어 처리하기를 한차례 더 학습하도록 할 것이다. 먼저 로또 추첨 과정을 살펴보고 우리만의 행운권 추첨 프로그램을 설계해 나가도록 한다.

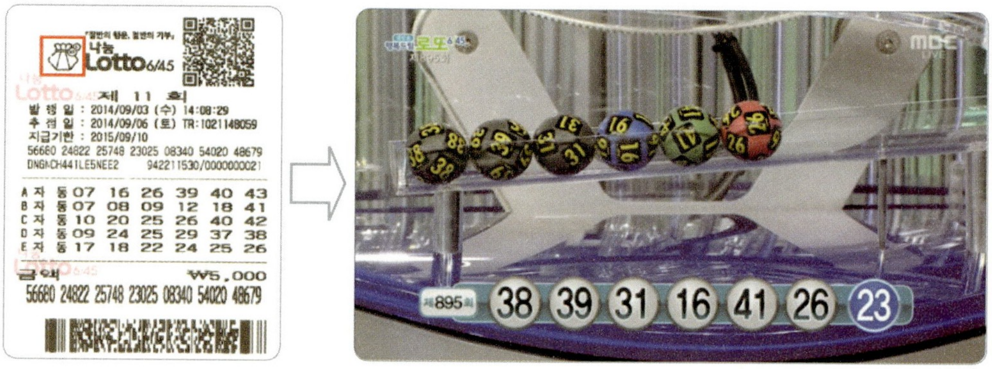

그림 8-5. 로또 용지와 추첨 시스템

로또 추첨에 응모하려는 사람은 로또 판매점에서 자신이 원하는 숫자를 입력하거나 랜덤 숫자 6개를 받아 로또 용지를 개인적으로 갖게 된다. 로또 운영회사는 매주 6개의 숫자를 무작위로 추출하고 당첨번호를 공지한다. 로또 응모자는 자신의 숫자와 비교하여 일치하는 숫자의 개수에 따라 상금을 받게 된다.

응모자의 입장에서 자신이 가지고 있는 숫자 6개를 오름차순으로 정렬하여 연결하면 개인별로 자신만의 12자리 일련번호를 갖게 됨을 의미한다(1자리 숫자는 앞에 0을 채워 2자리 숫자로 만든다). 로또 운영회사의 입장에서 당첨번호 6개를 오름차순으로 정렬하여 제시한다면 12자리 일련번호가 생성되는 것과 동일하다. 컴퓨터의 입장에서 당첨여부를 판단한다고 생각한다면 당첨번호와 개인 일련번호 중 2개의 숫자가 연속으로 일치하는 회수를 찾으면 된다.

이제 로또와 유사한 행운권 추첨 프로그램을 만들고자 한다. 우선 사용자는 자신만의 고유한 일련번호를 갖는다. 행운권 일련번호는 3자리로 구성된다고 가정한다. 예를 들어 '홍길동'이라는 학생의 행운권 번호는 123, 789 등의 형태가 될 것이다.

먼저 이벤트 담당자는 현장에서 추첨할 인원수를 정할 수 있다. 우리가 구현할 프로그램은 최소 1명에서 최대 5명까지 가능한 것으로 가정한다. 이벤트 담당자는 현장에서 원하는 인원수만큼 행운권 번호를 생성하여 가장 먼저 선정된 번호에게 1등, 그 다음 선정된 번호에게 2등, 그 다음 선정된 사람에게 3등, ... (원하는 인원수만큼 선발될 때까지 계속 추첨하고 종료) 이런 식으로 추첨을 완료하고 추첨 결과를 화면에 보여주고자 한다. 행운권 추첨 시스템의 주요 화면 구성은 그림 8-6과 같다.

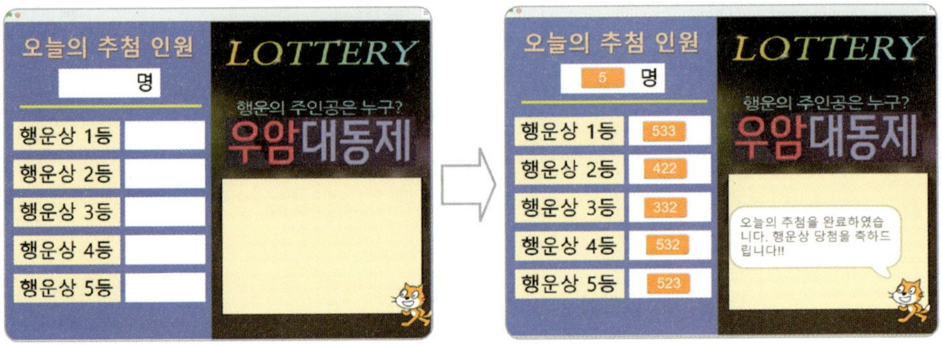

그림 8-6. 행운권 추첨 프로그램 화면 구성(좌: 실행전, 우: 실행후)

행운권 추첨 프로그램 문제를 나누어 처리하기 방법을 적용해 해결하도록 한다. 프로그램의 주요 기능을 나누어 처리하면 다음과 같이 3가지 영역으로 분할할 수 있다.

① 당일 행운권 추첨 인원 입력받기(최소 1명에서 최대 5명까지 선택 가능)
② 입력받은 추첨인원 수만큼 행운권 번호 생성하기
③ 행운권 번호 발표하기

행운권 프로그램을 작성하다 보면 다양한 변수가 필요하게 된다. 변수는 프로그램이 진행

됨에 따라 변할 수 있기 때문에 프로그램의 시작 부분에서 값을 초기화 해준다. 스크래치는 변수 생성과 동시에 값을 초기화 하지만, 동일한 프로그램이 반복적으로 실행(시작과 정지를 반복)할 경우 이전 변수값이 채워져 있을 수 있으므로 프로그램 오작동 방지를 위해 초기화 해준다. 변수 초기화를 포함한 주요 기능을 분할하여 처리하는 방법은 4가지로 최종 정리할 수 있다.

① 변수 초기화하기
② 당일 행운권 추첨 인원 입력받기(최소 1명에서 최대 5명까지 선택 가능)
③ 입력받은 추첨인원 수만큼 당첨 번호 생성하기
④ 행운권 번호 발표하기(화면에 보여주기)

프로그램 작성을 위한 사전작업으로 배경 불러오기와 스프라이트 설정을 수행한다. 배경화면은 교재에서 제공하는 이미지 파일을 활용한다. 스크래치 프로젝트로 '8-2. 행운권 추첨 프로그램_배경.png' 파일을 불러온다. 배경을 업로드 한 이후 무대는 그림 8-7과 같다.

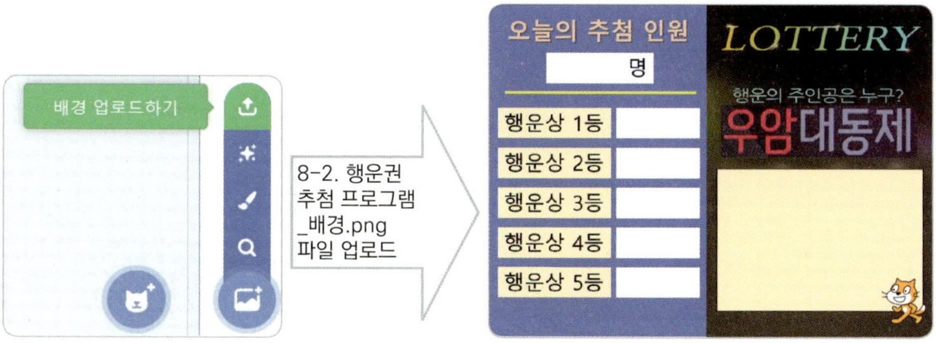

그림 8-7. 행운권 추첨 프로그램 배경 업로드

스프라이트는 스크래치에서 기본으로 제공하는 고양이를 사용하도록 한다. 무대 배경과 어울리게 적절하게 크기를 조절한다. 교재의 그림 8-7 예제는 크기는 50%를, 방향은 왼쪽/오른쪽 설정 후 −90, 시작좌표는 x: 210, y: −140을 설정하였다. (프로그래머의 취향에 따라 스프라이트의 크기와 시작 위치는 자유롭게 변경하여도 무방하다.)

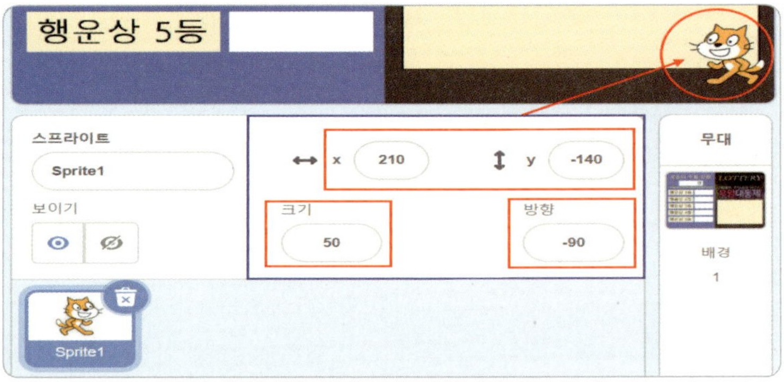

참고 | 스프라이트의 회전 설정(옵션)

스크래치의 스프라이트의 회전 특징(속성)을 프로그래머가 설정하고 변경할 수 있다. 아래 그림과 같이 스프라이트 영역에서 방향값을 입력하는 칸에 마우스를 클릭하면 방향을 설정할 수 있는 창이 추가로 뜬다. 그림과 같이 3개의 회전 옵션을 선택하여 설정할 수 있다.

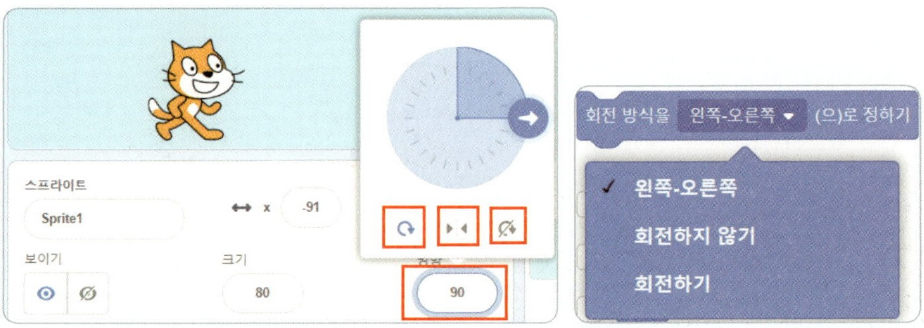

또한 블록 팔레트의 동작 영역의 블록을 통해 프로그램 진행 과정에서 스프라이트의 회전 특징(속성)을 조작할 수도 있다.

3가지 옵션에 대하여 알아봅시다.

1. 회전하기

회전 각도에 따라 스프라이트 중심(점)을 기준으로 회전한다.

(90도 방향 회전)

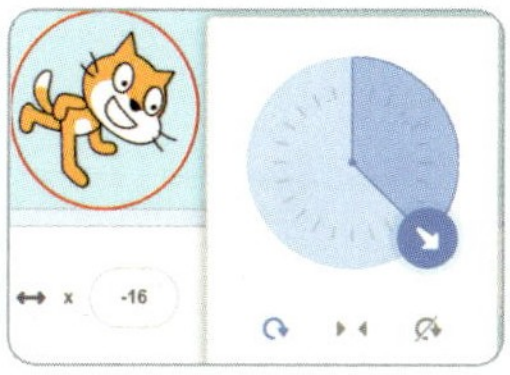

(135도 방향 회전)

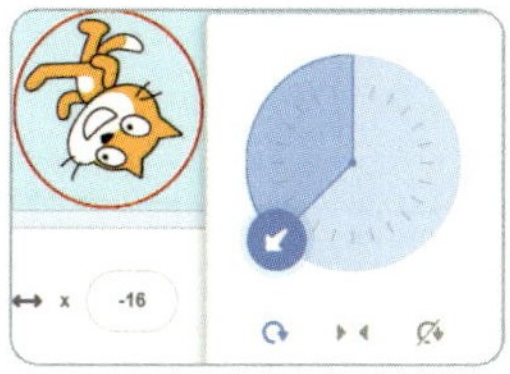

(-135도 방향 회전)

2. 왼쪽/오른쪽

스프라이트의 중심을 기준으로 0도에서 180도 사이의 값을 가지면 오른쪽을 바라보고, -1도에서 -179도 사이의 값을 가지면 왼쪽을 바라본다. 다시 말하면 Y축을 기준으로 오른쪽(양의 값)을 가리키면 오른쪽, 왼쪽(음의 값)을 가리키면 왼쪽을 바라본다.

(-135도 방향 회전)

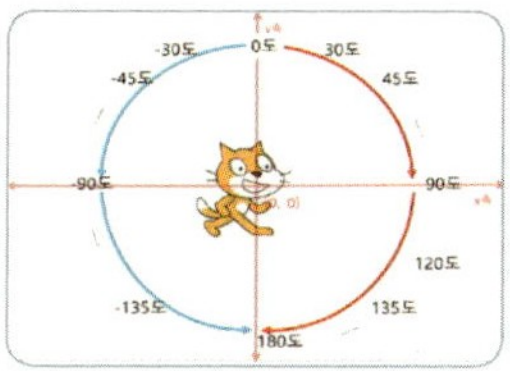

(방향값 참조)

(135도 방향 회전)

3. 회전하지 않기

어떤 경우라도 회전하지 않는다.

앞서 살펴본 나만의 블록 만들기를 활용하여 다음과 같이 4개의 추가 블록을 생성한다(행운권 추첨 프로그램에서 입력값 추가하기는 불필요하다). 나만의 블록을 생성하였으면 그림 8-8과 같이 코드 영역으로 이동하여 앞서 설정한 '분할하여 처리하기 단계별'로 블록을 코딩한다.

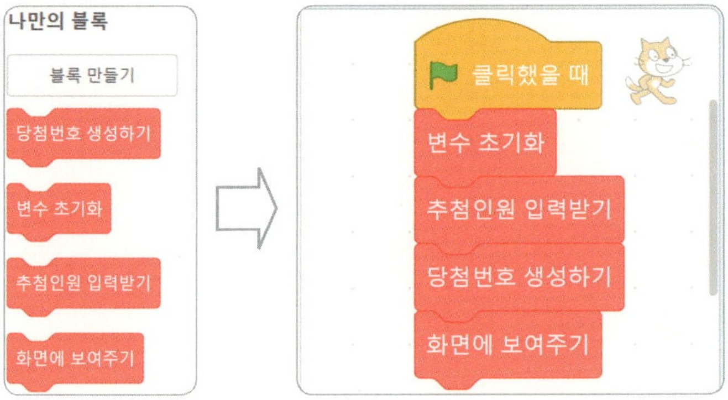

그림 8-8. 필요한 블록 만들기와 나누어 처리하기 순서에 따른 코딩

이제는 나누어 처리하기 단계의 내부 실행 과정을 코딩하도록 한다. 먼저 할 일은 '① 변수 초기화하기'를 정의하는 것이다. 먼저 필요한 변수를 선언(생성)해야 한다. 그림 8-6을 참고하여 필요한 변수들을 정리하면 다음과 같다.

- 오늘 추첨할 추첨인원 수를 저장할 변수
- 행운상 1등~5등까지 저장할 변수 5개
- 생성할 행운번호의 각 자리수를 저장할 변수 3개
- 자릿수 3개를 결합한 추첨번호를 저장할 변수 1개
- 오늘의 추천인원에 따른 각각의 추첨번호를 저장할 리스트 1개
- 반복문 수행 시 회수를 기록할 변수 1개

필요한 변수들을 생성하면 다음과 같다.

변수들을 생성하였다면 1등~5등, 추첨인원에 관련된 각각의 변수 이름 옆 체크박스를 선택하여 변수가 무대 화면에 나타나도록 설정한다. 무대에 나타나는 변수는 아래 그림과 같이 3가지 형태 중 하나로 나타날 수 있다.

(변수이름-변수값 보기)

(변수값 크게 보기)

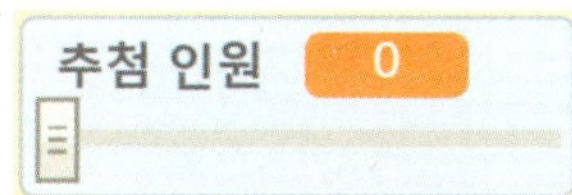

(슬라이더 사용하기)

변수값 크게 보기 상태가 아니라면 화면에 나타난 변수에 마우스 오른쪽 버튼을 클릭하여 아래 그림과 같이 '변수값 크게 보기' 상태로 설정한다.

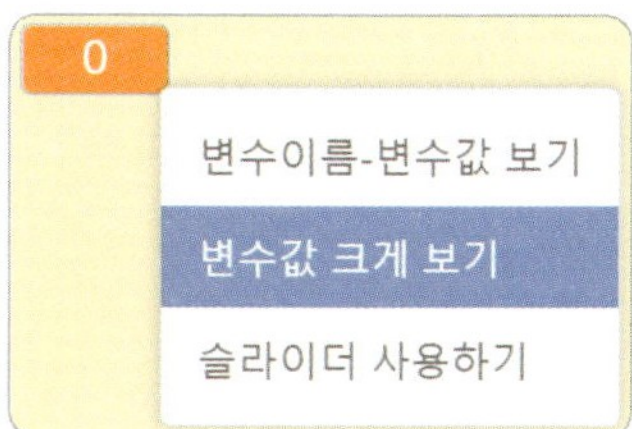

변수를 화면에 나타나도록 했다면 화면에 나타난 변수를 마우스로 드래그 하여 적절한 위치로 옮긴다. 변수 이름에 따른 해당 위치는 그림 8-9를 참고한다.

그림 8-9. 무대 화면에 나타나게 할 변수 모양 및 위치

무대 배경화면 불러오기, 스프라이트 설정, 변수 생성 및 화면 배치가 끝났다면 본격적으로 나누어 처리하기 방식을 적용한 스크래치 프로그램을 만들 차례이다. 이제부터는 나누어 처리하기를 순서대로 코딩하도록 한다.

8.4.1 부프로그램 1. 변수 초기화 프로그램

가장 먼저 작성할 부프로그램은 프로그램에 사용하기 위하여 생성한 변수들을 초기화 해 주어야 한다. 변수 초기화는 반드시 해야 하는 것은 아니지만 프로그램의 정확한 작동을 위해 초기화 절차를 거치는 것이 좋다. 변수 초기화는 부프로그램은 다음과 같이 정한다. 각 변수의 값은 0으로 초기화 하도록 한다. 각 변수는 필요한 시기에 무대 화면에 나타날 수 있도록 초기화 이후 '변수 숨기기'가 작동되도록 코딩해 준다.

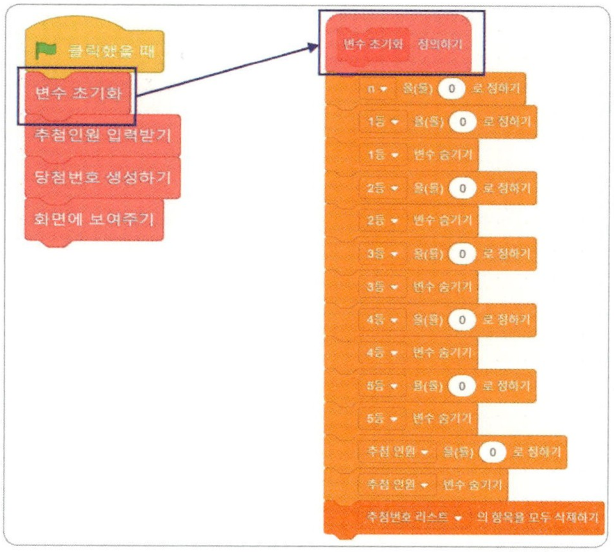

그림 8-10. 부프로그램1(변수 초기화) 전체 코드

8.4.2 부프로그램 2. 추첨인원 입력받기

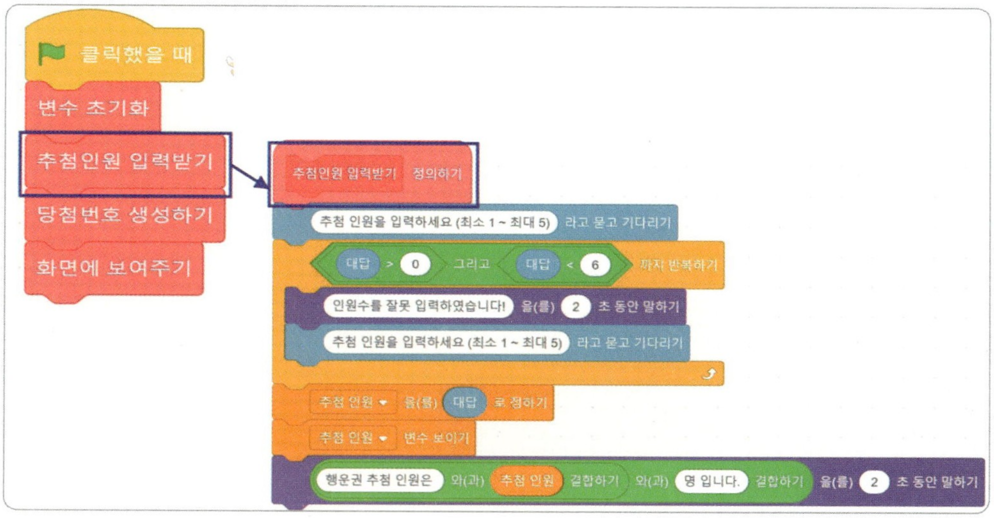

추첨인원은 최소 1명에서 최대 5명을 입력 받는다. 따라서 프로그램 사용자(User)가 입력

범위 이외의 값을 입력하면 잘못 입력하였다고 안내하고 새로운 값을 입력하도록 안내해야 한다.

이를 구현하기 위해서는 우선 사용자로부터 추첨인원을 입력받고, 입력된 값이 저장되는 감지 영역의 '대답'을 이용해 값을 검사한다. 반복적 표현 방법 중 하나인 '(　)까지 반복하기'를 제어 영역에서 선택하여 활용한다. 아래 그림은 사용자가 올바른 범위값을 입력할 때까지 반복하며 지속적으로 사용자 입력값을 확인하는 코드이다.(물론 다른 방법으로 코딩할 수도 있다. 학생들은 다양한 처리 방법을 도전해 보길 바란다.)

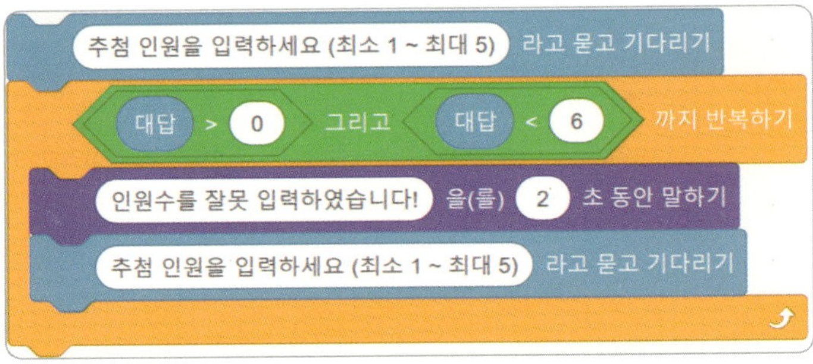

만약 사용자가 처음부터 올바른 범위의 값을 입력하였다면 '(　)까지 반복하기' 영역은 실행되지 않을 것이다.

사용자로부터 올바른 값을 입력 받았다면 감지 영역의 '대답' 블록에 있는 값을 '추첨인원' 변수에 저장한다. 이후 화면에 추첨인원을 표시하고, 스프라이트를 통해 몇 명을 추첨할 것인지 말하도록 설정한다.

부프로그램2(추첨인원 입력받기) 전체 프로그램은 그림 8-11과 같다.

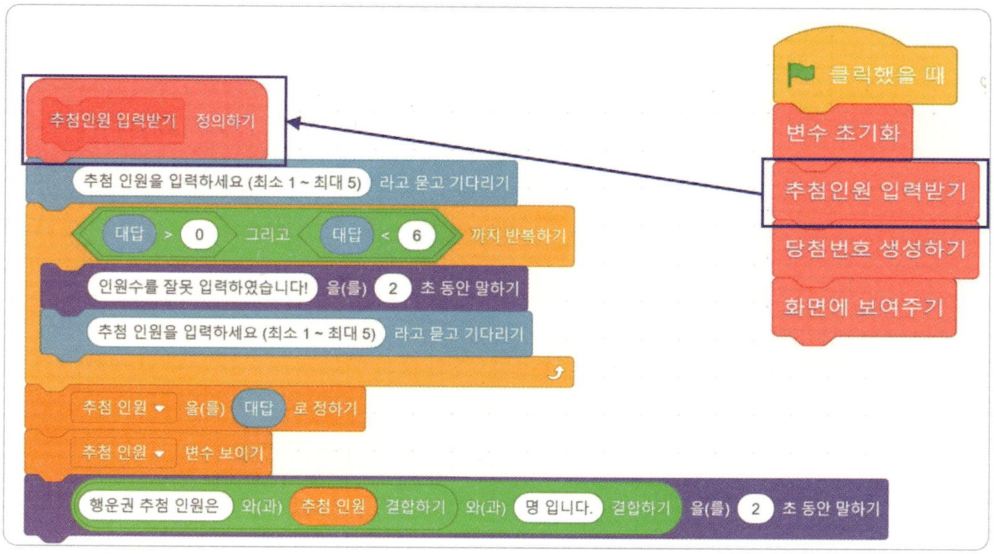

그림 8-11. 부프로그램2(추첨인원 입력받기) 전체 코드

8.4.3 부프로그램3. 당첨번호 생성하기

당첨번호는 3자리 숫자이다. 3자리 숫자의 범위는 000부터 999까지 가능할 것이다. 스크래치는 연산 영역에서 랜덤 번호(난수)를 생성할 수 있는 기능을 제공한다. 아래의 '( )부터 ( ) 사이의 난수' 블록을 활용하면 된다.

난수 블록을 사용하면 랜덤 번호로 세 자리 숫자가 나올 수도 있지만, 한 자리 또는 두 자리 숫자도 나올 수 있다. 우리는 화면상에 세 자리 숫자를 모두 표현하고자 한다. 예를 들어 랜덤 번호가 '3'이 나왔다고 가정하면 무대 화면에 '003'이라고 표현하는 방식이다. 우리는 표현을 명료하기 위해 난수를 3개를 먼저 생성하고 연산 영역에서 제공하는 '( )와 ( ) 결합하기' 블록을 활용해 항상 3자리 숫자가 표현되도록 구현한다. 먼저 1부터 9 사이의 난수

3개는 차례로 생성하고 세 개의 숫자를 결합한다. 다음 코드를 참고하도록 한다.

추첨번호는 초기에 만들었던 '추첨번호 리스트'에 추가하고, 무대 화면에 번호 생성이 끝났다고 알려준다. 이때 시각효과를 주기 위하여 스프라이트의 좌표를 조정하는 코드를 추가하면 다음 코드와 같다.

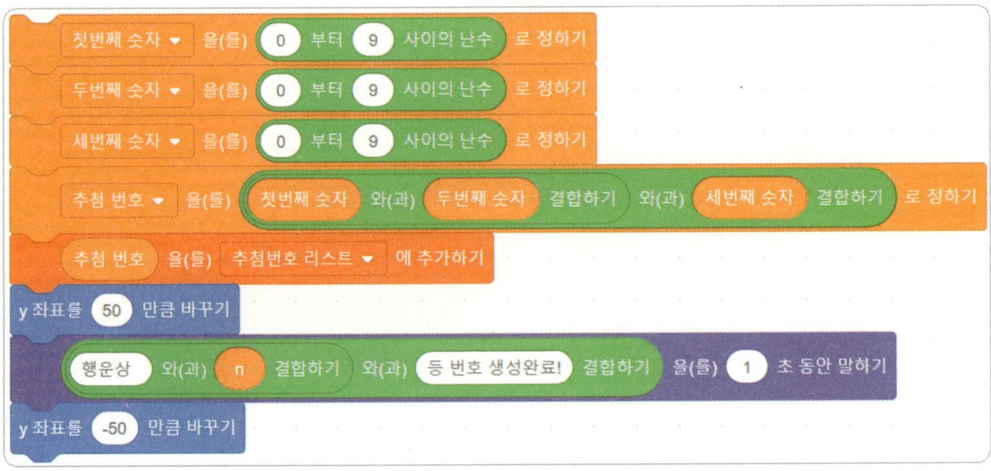

행운번호는 '부프로그램2 추첨인원 입력받기'에서 사용자로부터 입력받은 수만큼 반복적으로 생성해야 한다. 이를 위해 반복적 표현과 이전에 값을 저장한 '추첨인원' 변수를 활용한다. 위에서 작성된 코드를 반복문으로 단순히 감싸 주기만 하면 된다. 추가적으로 등수에 따른 번호 생성 상태를 화면에 알려주기 위해 변수 'n'을 추가하여 반복에 따라 숫자를 증가시킨다. 다음 코드를 참고하여 작성해 보자.

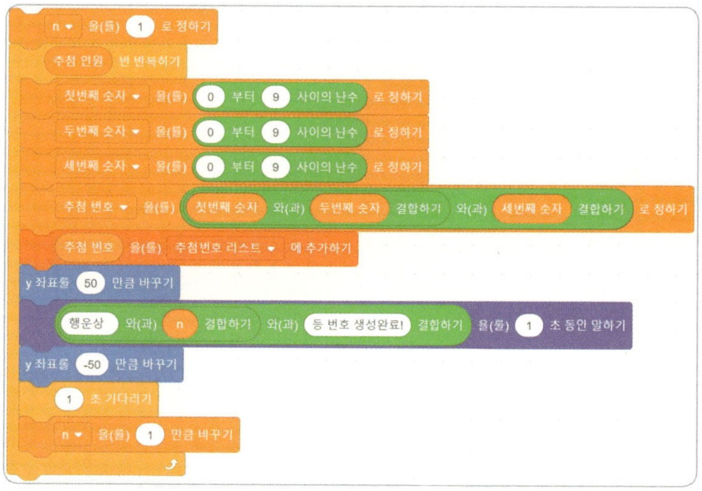

부프로그램3(당첨번호 생성하기) 전체 프로그램은 그림 8-12와 같다.

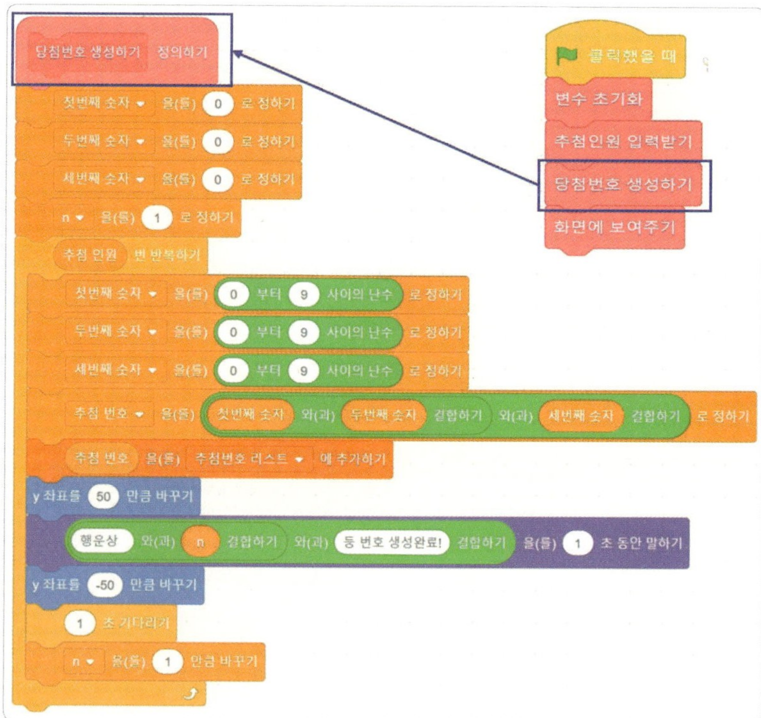

그림 8-12. 부프로그램3(당첨번호 생성하기) 전체 코드

8.4.4 부프로그램 4. 화면에 보여주기

이제 필요한 작업은 거의 끝났다. 지금까지 프로그램이 작동한 결과를 화면에 깔끔하게 보여주기만 하면 모든 프로그램을 완성할 수 있다. 리스트 '당첨번호 리스트'에 들어있는 값을 차례대로 읽은 다음 스프라이트를 통해 '( )등은 (행운번호)입니다.'라고 이야기 하면서 화면에 변수값이 같이 나타나도록 코딩해 준다. 이 때 스프라이트의 위치를 변경해가며 시각효과를 더해준다. 리스트에서 값을 불러올 때 변수 'n'의 값에 따라 등수에 해당하는 변수에 넣어준다.

예를 들어 '당첨번호 리스트'의 1번째 값이 456이라면 변수 '1등'에 456을 넣어주고, 2번째 값이 789라면 변수 '2등'에 789 값을 넣어주는 방식이다. 다음에 부분적으로 제시된 코드를 참고하도록 한다.

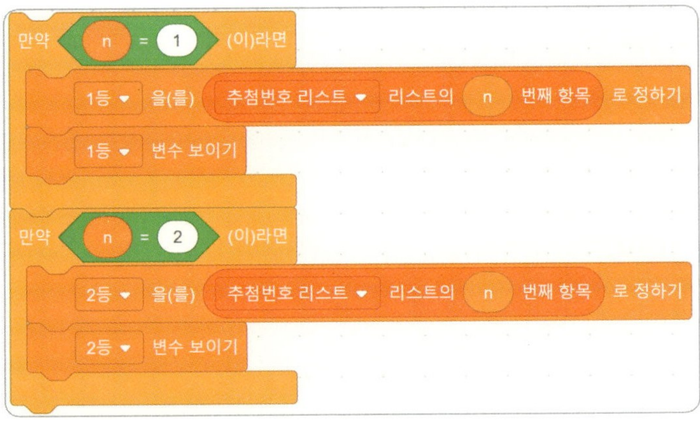

'당첨번호 리스트'에 저장된 값을 순서대로 불러내기 위해서는 리스트 위치값을 순차적으로 변경해 가며 리스트 값에 접근해야 한다. 이전에 만들어 놓은 'n'이라는 변수를 이용하도록 한다. 리스트 값을 순차적으로 읽으면서 화면에 해당 등수의 당첨번호(행운번호)를 스프라이트가 말하도록 코딩하고 마지막에 추첨을 완료하였다고 말한다. 부프로그램4(화면에 보여주기) 전체 코드는 그림 8-13과 같다.

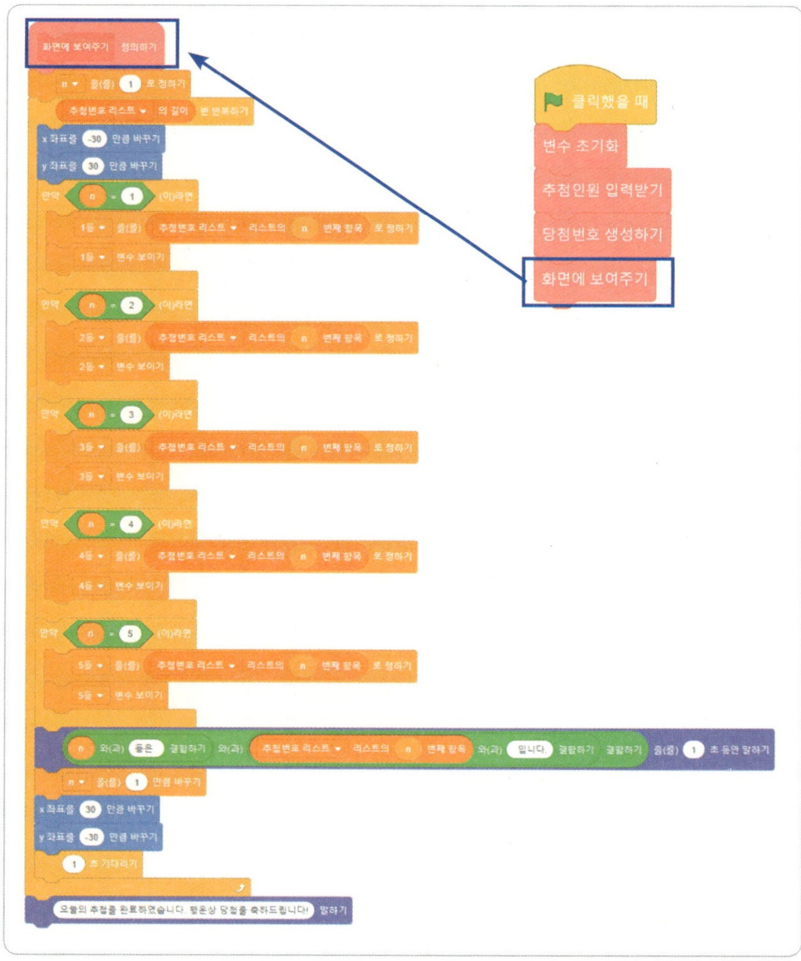

그림 8-13. 부프로그램4(화면에 보여주기) 전체 코드

8.4.5 행운권 추첨 전체 프로그램의 구조

우리는 행운권 추첨 프로그램을 4부분으로 나누어 표현하고, 나누어 표현된 부분을 부프로그램으로 정의하여 각각을 프로그램으로 구현하였다. 전체 프로그램 구조는 그림 8-14과 같다. 교재의 지면상 부프로그램들을 중첩하여 표현하였다. 각 부프로그램의 전체 코드는 그림 8-10부터 그림 8-13까지를 참고하여 작성하도록 한다.

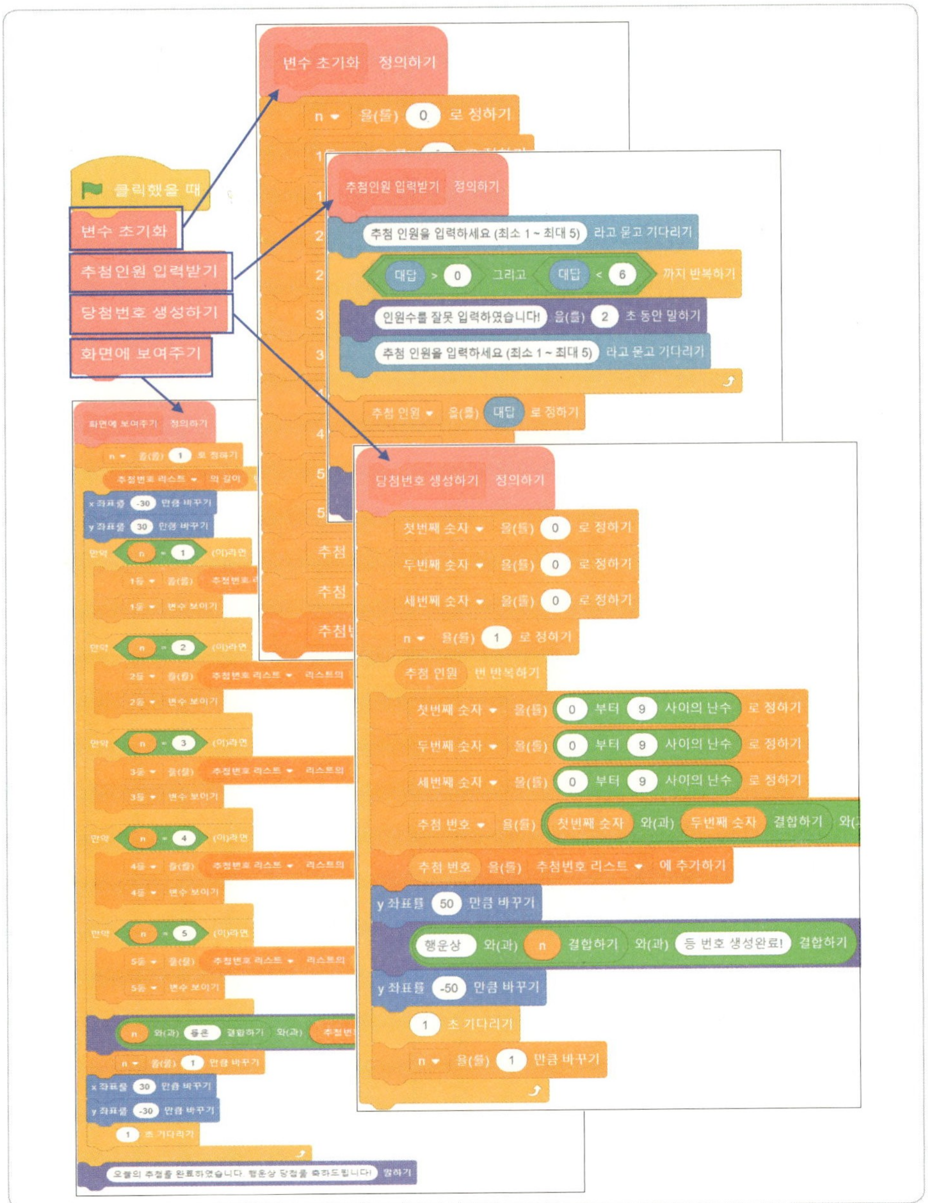

그림 8-14. 행운권 추첨 전체 프로그램 완성 코드

연습문제

나누어 처리하기

1. 우리는 정사각형 그리기 문제를 나누어 처리하기를 적용하여 해결하였다. 다음에 주어진 상황을 추가하여 우리가 만든 정사각형 프로그램을 업그레이드 한다.

조건1. '나만의 블록'을 추가하여 정사각형 대각선 길이를 구한다.

조건2. 정사각형 대각선 길이를 무대 화면에 표시하고, 스프라이트가 이야기 하도록 한다.

2. 우리가 만든 행운권 추첨 프로그램에 다음 주어진 조건을 추가하여 프로그램을 업그레이드 한다.

조건1. '나만의 블록'을 추가하여 프로그램 마지막에 '화면정보 지우기'를 부프로그램으로 작성한다. '화면정보 지우기'는 사용자에게 질문하여 'Y'를 입력하면 화면에 나타난 모든 추첨 정보를 사라지게 하고, 'N'을 입력하면 "화면을 그대로 유지합니다."라고 말한 이후 아무것도 하지 않는다.

PART 2

문제 해결을 위한 컴퓨팅사고 응용

Applications of Computational Thinking for Problem Solving

Chapter 9 대화형 프로그램

Chapter 10 리스트를 이용한 효율적인 자료 저장 및 검색하기

Chapter 11 효율적인 데이터 관리를 위한 정렬하기

Chapter 12 이벤트 처리와 메시지 방송

Chapter 13 멀티미디어를 이용한 문제 해결하기

Chapter 14 간단한 게임 만들기

9 CHAPTER 대화형 프로그램

많은 사람들에게 최초의 전자식 컴퓨터라고 알려져 있는 '에니악(ENIAC)'[2]이라는 컴퓨터 이름은 다들 한 번쯤 들어보았을 것이다. 에니악은 폭 1m, 높이 2.5m, 길이 25m의 크기에 무게가 30여 톤 정도로 현대식 컴퓨터와는 비교조차 할 수 없는 엄청난 크기를 가지는 거대한 계산기라는 것은 유명하다. 하지만 에니악이라는 컴퓨터가 A라는 수식을 계산하다가 B라는 다른 수식을 계산하기 위해서는 에니악에 연결되어 있는 배선 자체를 수정해야 한다는 것을 아는 사람은 많지 않다. 이를 현대 컴퓨터로 예를 들면, 스크래치 프로그램을 사용하다가 웹 검색을 위해서 인터넷 익스플로러를 사용하려면 컴퓨터 전원을 끄고 컴퓨터 내부 부품들이 연결되어 있는 전선 자체를 변경해야 한다는 것이다.

그림 9-1. 에니악

2) 대중들에게는 에니악이 최초의 컴퓨터라고 알려져 있으나, 최초의 컴퓨터는 아타나소프-베리 컴퓨터(ABC) 또는 대영제국에서 개발한 콜로서스라는 논쟁이 있다.

프로그램이라는 것은 결국 문제 해결을 위해 변수에 어떤 값을 넣고 이를 우리가 원하는 형태로 가공하는 것이라 할 수 있다. 그런데 만약 우리가 짠 프로그램의 외부(사용자)에서 변수 값이나 프로그램의 흐름을 변경할 수 없다면, 항상 같은 변수를 같은 방법으로 가공하게 된다. 즉, 우리는 배선을 변경하지 않은 에니악과 같이 프로그램을 실행할 때마다 항상 똑같은 결과를 얻을 수밖에 없다.

따라서 우리는 컴퓨터에게 우리가 원하는 것을 전달할 수 있는 방법, 즉 데이터를 입력할 수 있는 방법이 있어야 한다. 컴퓨터에게 어떤 데이터를 입력하면 컴퓨터는 그 데이터를 바탕으로 프로그램을 수행함으로써 이전과 다른 사용자가 원하는 결과를 돌려주는 것이다. 이렇게 컴퓨터와 사용자가 서로 대화하듯, 데이터를 주고받으면서 동작하는 프로그램을 대화형 프로그램이라 한다.

9장에서는 컴퓨터에게 우리가 원하는 바를 변수를 이용하여 전달하고, 이에 반응하여 다양한 기능을 할 수 있도록 하는 방법을 배운다.

9.1 간단한 대화형 프로그램 - 묻고 기다리기

고양이 스프라이트가 이름을 묻고, 사용자가 고양이에게 이름을 가르쳐(입력) 주면, "○○아 반가워~ ^^" 라고 말하는 스크립트를 생각해보자.

그림 9-2. 간단한 대화형 프로그램

지금까지 배워온 스크래치 블록만으로는 스프라이트에게 이름을 알려줄 수 없기 때문에 이와 같은 스크립트는 작성할 수가 없고, 새로운 블록을 활용해야 한다. 이러한 기능을 하는 블록이 '~라고 묻고 기다리기'와 '대답' 블록이며, 이는 감지 범주에서 찾을 수 있다.

라고 묻고 기다리기 블록은 스프라이트가 질문을 하고, 사용자가 질문에 대한 대답을 키보드로 입력할 때까지 대기하게 한다. 사용자가 대답을 입력하면, 그 대답은 자동으로 대답에 저장된다. 대답의 형태를 보면 알 수 있듯, 이는 변수와 같은 역할을 한다. 사용자의 입력은 달라질 수 있기 때문에 임시 변수에 저장해두는 것이다.

[주의] 만약 스프라이트가 두 번 질문하고 사용자가 답을 두 번 입력하면 대답에 있던 첫 번째 답변 내용은 덮어써져 사라지기 때문에 주의해야 한다. 이러한 경우에는 첫 번째 대답을 저장할 변수를 만들어놓고 대답에 있는 값을 변수에 저장한 뒤, 두 번째 질문을 하면 된다.

그림 9-3은 스크립트 내용을 보여준다. 먼저 "넌 이름이 뭐니?" 하고 질문하고 사용자의 대답을 기다린다. 사용자가 답을 입력하면 대답에 저장되고, 결합하기 블록을 이용하여 "대답아 반가워~ ^^" 라는 문장을 만든다. 만들어진 문장은 2초 동안 말하기 블록을 이용하여 스프라이트가 말하게 한다.

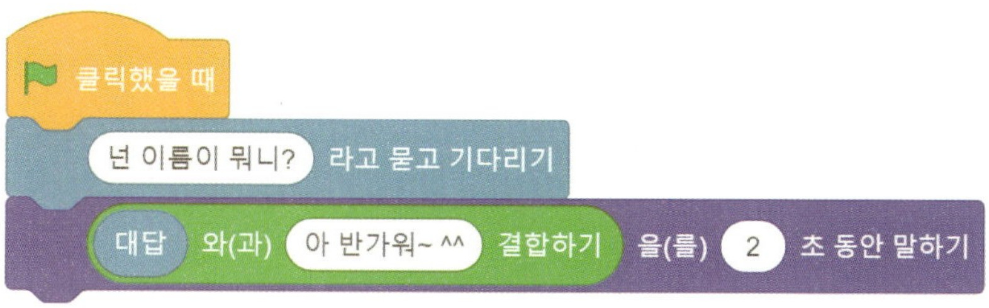

그림 9-3. 간단한 대화형 프로그램 스크립트

9.2 이차방정식의 해 구하기

중고등학교 수학 교육을 통해 가장 익숙한 수식 중 하나인 근의 공식은 $f=ax^2+bx+c$ 형태의 이차방정식을 변형하여 해를 구하기 위한 일반식으로 도출한 것이다. 이를 이용하면 단순히 상수 a, b, c 값을 대입하여 쉽고 빠르게 이차방정식의 해를 구할 수 있다.

이차방정식 $f=ax^2+bx+c$에 대한 근의 공식은 아래와 같다.

$$x = \frac{-b \pm \sqrt{b^2 - 4ac}}{2a}, \quad D = b^2 - 4ac$$

x는 이차방정식의 근을 의미하고, D는 판별식을 의미한다. 2차 방정식에서 판별식은 근의 개수를 결정한다.

만약 D 〉 0 이면, 두 개의 해를 가진다.
만약 D = 0 이면, 한 개의 해를 가진다.
만약 D 〈 0 이면, 해가 없다.

근의 공식에 대해 알아보았으므로 이제 스크래치의 묻고 기다리기를 이용하여 사용자에게 3개의 상수 a, b, c 값을 입력받아 이차방정식의 해를 구하는 스크립트를 작성할 수 있다.

스크립트를 작성하기 전에 항상 필요한 변수는 어떤 것이 있는지, 어떤 알고리즘을 구현할 것인지 등에 대해 생각하는 연습을 해야 한다. 먼저 근의 공식 스크립트를 작성하기 위해 필요한 변수가 무엇인지 생각해보자.

사용자에게 입력 받은 상수를 저장해놓을 변수 a, b, c
판별식 결과를 저장해놓을 변수 판별식
두 개의 근을 저장해놓을 변수 x1, x2

무대 구성은 다음과 같이 한다. 스프라이트와 무대 배경에 텍스트를 입력하고, 변수를 적절히 배치하는 방법으로 구성한다.

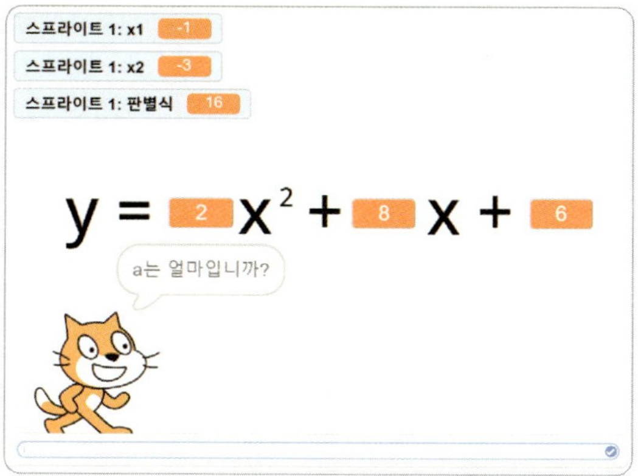

그림 9-4. 이차방정식 구하기 무대 구성

스크립트는 아래와 같은 순서로 작성할 수 있다.

① 먼저 상수 a, b, c 값을 입력받기 위해 아래와 같이 라고 묻고 기다리기 블록을 활용할 수 있다. 각 상수 값을 묻고, 입력된 내용이 저장되어 있는 대답을 이용하여 변수 a, b, c에 저장한다.

② 판별식 계산을 위해 아래와 같이 블록을 구성한다.

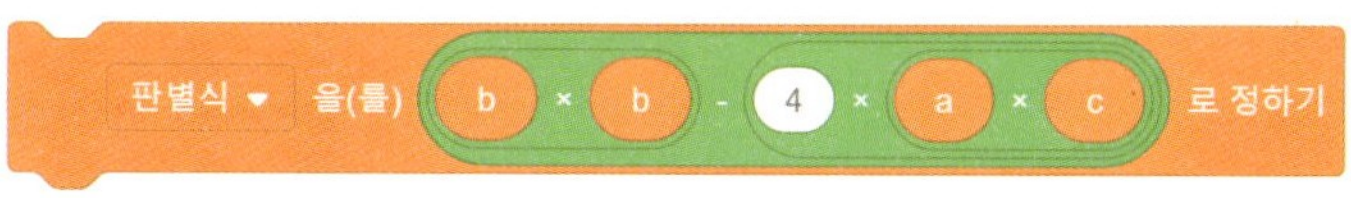

③ 판별식 결과에 따라 근을 계산하고, 결과를 출력한다.

이차방정식 근의 공식의 전체 스크립트는 그림 9-5에서 확인할 수 있다.

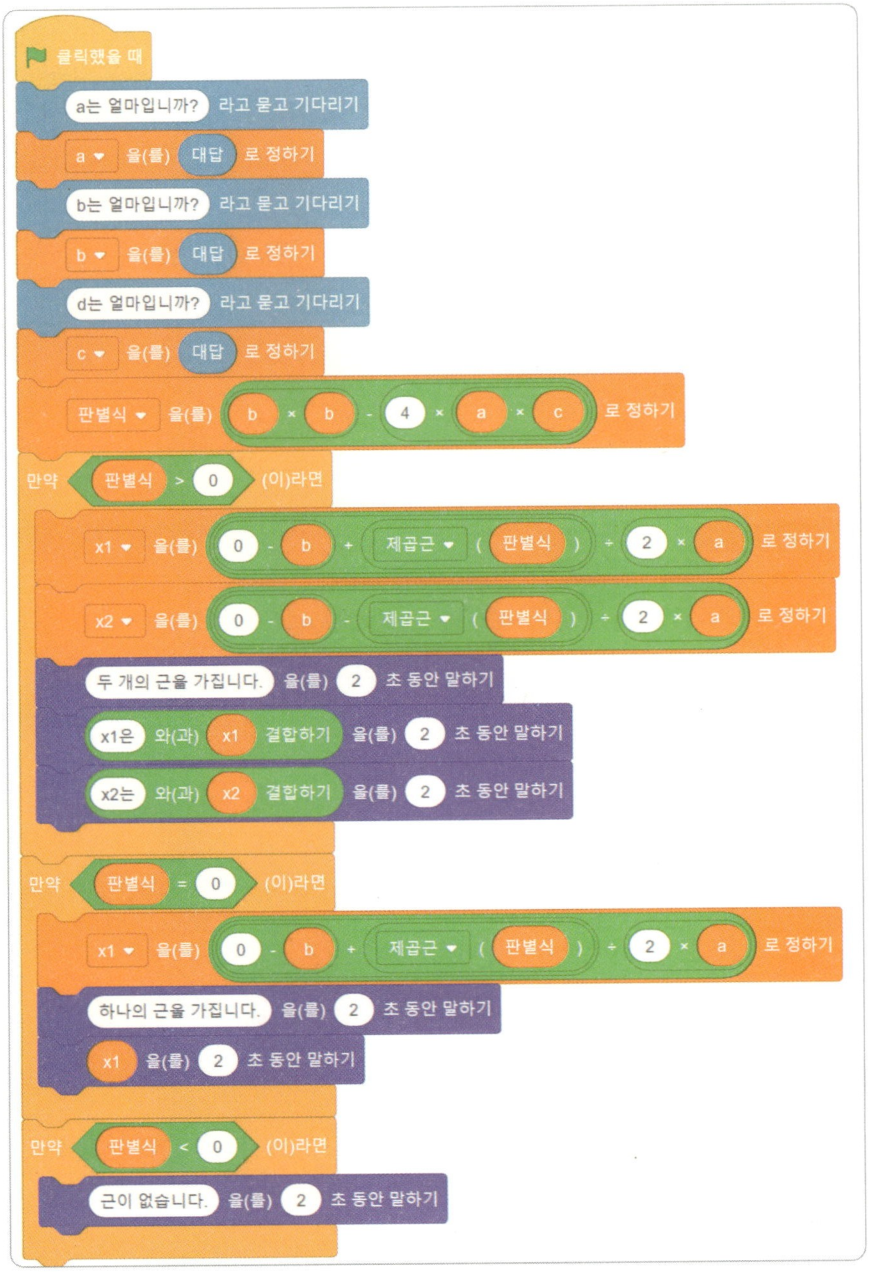

그림 9-5. 이차방정식 근의 공식 전체 스크립트

9.3 이차방정식의 해 구하기 - 나만의 블록으로 작성하기

작성한 이차방정식 근의 공식 스크립트를 다음과 같이 나만의 블록을 이용하여 구현해보자. 기존의 스크립트를 크게 값 입력 받기, 근의 공식 적용하기, 결과 출력하기로 나누어 작성해보자.

그림 9-6. 나만의 블록을 이용한 이차방정식 근의 공식

9.4 오실로스코프 만들기

오실로스코프는 파동과 같은 주기적인 변화를 시각적으로 보여주는 장비로 오실로스코프(oscilloscope)라는 이름은 진동을 의미하는 oscillation과 보여주는 기기를 의미하는 scope가 합쳐진 것이다.

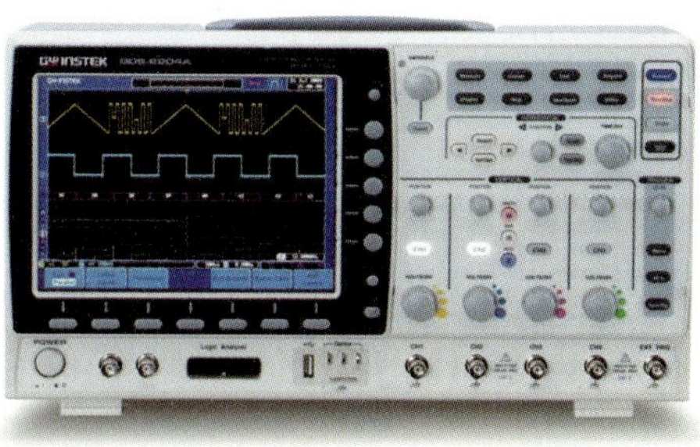

그림 9-7. GWINSTEK사의 오실로스코프

오실로스코프는 시간에 따른 여러 가지 신호의 변화를 2차원 그래프로 보여주며, X축은 시간, Y축은 전압을 의미한다. 이 그래프에서 진폭, 주파수, 상승 시간 등에 대한 정보를 이용하여 파형의 특성을 분석한다. 이는 TV 드라마에서 볼 수 있던 입원한 환자의 심장 박동을 표시해주는 기기를 떠올리면 쉽게 이해할 수 있을 것이다.

오실로스코프를 만들어보기 위해 먼저 간단하게 sin 그래프의 특성에 대해 생각해보자.

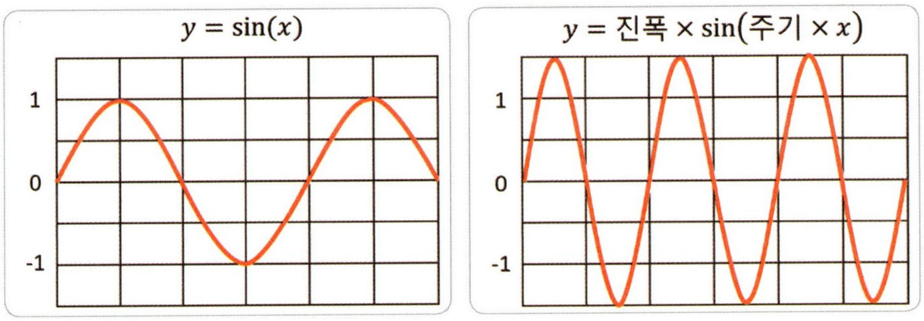

(a) 진폭=1, 주기=1 (b) 진폭=1.5, 주기=2

그림 9-8. 진폭과 주기에 따른 sin 그래프 모양 변화

일반적인 sin 그래프는 그림 9-8 (a)에서 볼 수 있듯이 모든 입력 값에 대해서 sin 그래프는 −1 ~ +1 사이의 값을 가진다. 따라서 만약 진폭을 크게 하고 싶으면 sin 함수에 1보다 큰 수를 곱해주면 되고, 작게 하고 싶으면 1보다 작은 수를 곱해주면 된다. 그리고 sin(x)는 x가 0° ~ 360° 일 때 한 주기의 sin 그래프를 그리게 된다. 따라서 sin 그래프가 그려지는 주기를 n 배로 짧게 하고 싶으면 x에 n을 곱해주면 된다.

그림 9-8 (b)는 (a) y=sin(x) 그래프를 y=진폭×sin(주기×x)로 변경하고 진폭은 1.5, 주기는 2로 설정한 것과 같다. 이를 통해 (a)의 sin 그래프의 진폭은 1.5배 크게, 주기는 2배 짧게 변경되는 것을 볼 수 있다.

이제 스크래치를 이용하여 오실로스코프를 만들어보자. 이는 사용자로부터 주기와 진폭을 입력받아 그에 해당하는 sin 그래프를 그리는 것을 목적으로 한다. 먼저 스크립트를 작성하기 위해 필요한 변수가 무엇인지 생각해보자.

사용자에게 입력 받은 주기를 변수	주기
사용자에게 입력 받은 진폭을 변수	진폭
그래프를 그리기 위한 x, y 변수	x, y

무대 구성은 다음과 같이 한다. 무대의 배경 고르기에서 'Xy-grid'를 검색하여 스크래치에서 기본적으로 제공해주는 배경을 사용한다. 스프라이트는 스프라이트 고르기에서 'Pencil'을 사용한다.

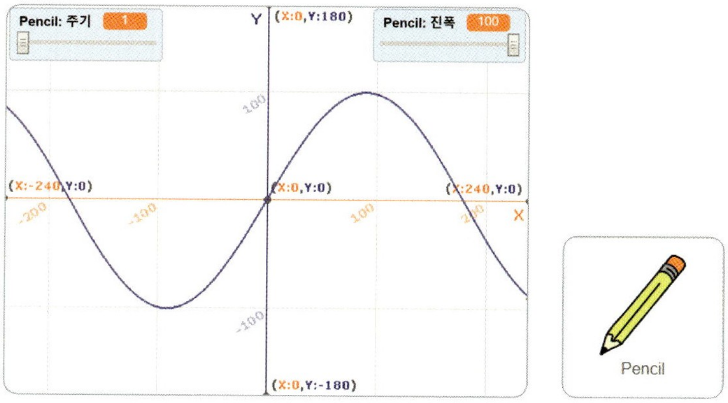

그림 9-9. 오실로스코프 무대 구성

스크립트는 아래와 같은 순서로 작성할 수 있다.

① 깃발을 클릭하면 이전에 그렸던 내용을 모두 지운다.

② [라고 묻고 기다리기] 블록을 이용하여 주기와 진폭을 묻고, (대답)에 있는 내용을 (진폭)와 (주기) 변수에 저장한다.

③ 펜을 초기 위치 (−240, 0)로 이동하고, 그리기 준비(펜 내리기)를 한다.

※ 무대의 크기는 가로 480, 세로 360이다.

④ ⑤~⑦을 480회 반복한다.

⑤ (x)값을 1 증가시킨다.

⑥ (y)값을 계산한다. y=진폭×sin(주기×x)

※ sin함수는 연산 범주의 '절댓값' 블록에서 찾을 수 있다. 절댓값 블록에는 절댓값 외에 버림, 올림, 제곱근(루트)을 비롯한 다양한 삼각함수를 제공한다.

⑦ 계산된 좌표 (x, y)로 펜을 이동시킨다.

⑧ 그래프를 다 그렸으면 그리기 종료(펜 올리기)한다.

이차방정식 근의 공식의 전체 스크립트는 그림 9-10에서 확인할 수 있다.

그림 9-10. 오슬로스코프 전체 스크립트

연습문제

대화형 프로그램

1. 오실로스코프 문제를 나만의 블록을 이용하여 다시 작성하시오.

2. 사용자에게 숫자 n을 입력 받고, n각형을 그리는 스크립트를 작성하시오.

10 CHAPTER

리스트를 이용한 효율적인 자료 저장 및 검색하기

컴퓨터 분야에는 자료 구조(data structure)라는 것이 있다. 이는 자료를 효율적으로 표현, 저장, 처리, 관리하기 위해서 자료를 어떻게 구조적으로 정리할 것인가에 대한 문제를 다루는 분야이다.

먼저 그림 10-1을 보자. 현재 여러분이 있는 곳에서 그림의 두 장소까지의 거리가 같고, 두 장소의 어딘가에는 우리가 찾는 책이 있다고 가정해보자.

그림 10-1. 자료를 어떻게 저장할 것인가?

여러분에게 누군가가 어떤 문제를 해결하기 위해 그 책이 급하게 필요하니 최대한 빨리 찾아오라고 한다면 어느 곳으로 향하겠는가?

사람마다 다양한 생각이 있을 수 있겠지만, 필자를 비롯한 대부분의 사람들은 그 책을 빨리 찾기 위해서 두 번째 장소로 향할 것이다. 첫 번째 장소는 책들이 체계적으로 정리되어 있지 않아 찾는데 오래 걸리고, 찾는 책의 상태도 좋지 못할 가능성이 크기 때문이다. 정리가 잘 되어 있는 곳에서 어떤 물건을 찾는 것이 정리가 안 되어 있는 곳에서 물건을 찾는 것보다 빠르다는 것은 당연한 결과라 할 수 있다.

컴퓨터에서도 마찬가지이다. 여기서 우리가 찾고자 하는 책을 자료, 책을 보관하는 체계를 자료 구조라 할 수 있고, 잘 구성된 자료 구조에서는 자료를 더 효과적으로 검색(관리)할 수 있다. 어떤 문제를 해결하기 위한 자료가 있을 때, 이를 어떻게 정리하여 저장할지는 그 문제 해결 방법의 효율성과 직결된다.

10장에서는 기본적인 자료 구조 중 하나인 리스트의 개념과 사용 방법에 대해 배우고, 이를 응용하여 리스트에서의 자료 검색 방법에 대해 배운다. 자료를 어떻게 저장할지 결정하는 것은 문제 해결에서 가장 중요한 부분 중 하나이다.

10.1 변수를 활용한 다수의 데이터 처리

지금까지 여러분은 자료를 저장하기 위해 변수를 사용해왔다. 변수는 하나의 숫자, 문자 등을 저장할 수 있는 공간이다. 변수를 이용해 아래와 같은 문제를 해결해보자.

학생 3명의 국어 성적을 입력 받고, 총점과 평균을 계산하시오.

이를 해결하기 위해서는 일단 학생들의 성적을 입력 받기 위한 3개의 변수, 총점, 평균을 저장하기 위한 변수, 총 5개의 변수가 필요하다. 그리고 스크립트는 그림 10-2와 같이 작성할 수 있다.

그림 10-2. 학생 3명의 총점과 평균 구하기 스크립트

스크립트를 보면 학생 3명의 성적을 차례로 묻고, 이를 학생1_국어, 학생2_국어, 학생3_국어에 저장하고 이를 이용하여 총점과 평균을 계산한 뒤, 계산 결과를 말해주는 것으로 어렵지 않게 이해할 수 있다.

그렇다면 비슷한 문제를 다시 한 번 해결해보자.

학생 30명의 국어 성적을 입력 받고, 총점과 평균을 계산하시오.

학생(데이터)의 수가 3명에서 30명으로 변경되었다. 아주 간단한 변화라 할 수도 있지만 학생들의 성적을 입력 받는 부분을 스크립트로 표현하면 아래와 같은 형태가 된다.

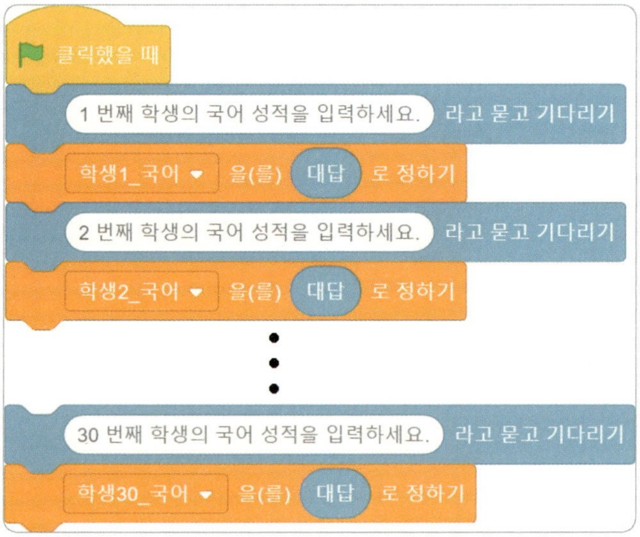

그림 10-3. 학생 30명의 총점과 평균 구하기 스크립트

학생들의 성적을 묻고 저장할 변수가 총 30개(학생1_국어 ~ 학생30_국어)가 필요하고, 묻고 기다리기 블록을 이용해서 같은 작업을 30번 반복해서 사용해야 한다. 총점을 구할 때도 총 30개의 변수들의 합을 일일이 직접 스크립트로 작성해야 한다. 이와 같이 변수를 이용해서 다수의 데이터를 처리할 때에는 불가피하게 불필요한 반복이 요구되기 때문에 비효율적이게 된다.

30명은 일일이 스크립트를 작성할 수 있다 치더라도, 아래와 같은 문제는 어떻게 할 것인가?

전교생 10,000명의 국어 성적을 입력 받고, 총점과 평균을 계산하시오.

전교생이 만 명이므로 만 개의 변수를 생성하고, 동일한 내용을 만 번 반복하는 스크립트를 작성할 것인가?

10.2 리스트를 활용한 다수의 데이터 처리

위와 같은 문제를 해결하고 다수의 데이터를 효율적으로 저장하고 관리하기 위한 가장 기본적인 자료구조가 바로 리스트(list)이다.

특정한 이름의 변수에는 반드시 하나의 데이터만 저장할 수 있지만, 리스트는 하나의 이름으로 여러 개의 데이터를 저장할 수 있는 자료 구조다. 따라서 다수의 학생들의 국어 성적을 저장하고 싶다면, 국어 라는 리스트를 만들고 학생들의 국어 성적을 저장[3]하면 된다.

그림 10-4는 리스트에 학생 3명의 국어 성적이 저장되어 있는 예시를 보여준다. 100점, 90점, 80점이라는 점수가 국어 리스트에 저장되어 있는 것을 볼 수 있다.

그림 10-4. 리스트 예시

리스트는 그림과 같이 연속적인 공간에 데이터를 차례대로 저장해놓는 구조이고, 리스트에 데이터를 저장하거나 삭제, 읽어올 때에는 리스트의 몇 번째 항목인지를 이용한다. 예를 들어 국어 리스트의 1 번째 항목이라고 하면 100이라는 값을 얻을 수 있고, 국어 리스트의 2 번째 항목이라고 하면 90이라는 값을 얻을 수 있다. 그리고 국어 리스트의 3 번째 항목을 70으로 바꾸기, 국어 리스트의 2 번째 항목을 삭제하기 등과 같이 리스트의 항목 번호를 사용하여 리스트를 관리한다. 따라서 리스트를 잘 활용하기 위해서는 이 항목 번호[4]를 잘 이해해야 한다.

---

3) 프로그래밍 언어에 따라서 리스트의 크기를 미리 정해놓고 정해진 크기 이상의 데이터를 넣으려고 하면 오류가 발생하는 경우도 있으나, 스크래치의 경우에는 컴퓨터 내의 메모리 공간에 여유가 있으면 계속해서 데이터를 입력할 수 있다.

4) 인덱스(index)라고도 함

스크래치에서 리스트를 만드는 방법은 변수 만드는 방법과 유사하다. 그림 10-5와 같이 변수 범주의 '리스트 만들기'를 선택하고 리스트의 이름을 결정해주면 된다. 이 때, 모든 스프라이트에서 사용(공유)할 것인지 이 스프라이트에서만 사용할 것인지도 확인을 한다. 리스트의 이름은 변수와 마찬가지로 이름만으로도 리스트에 저장되어 있는 데이터가 어떤 것인지 잘 알 수 있도록 결정해야 한다.

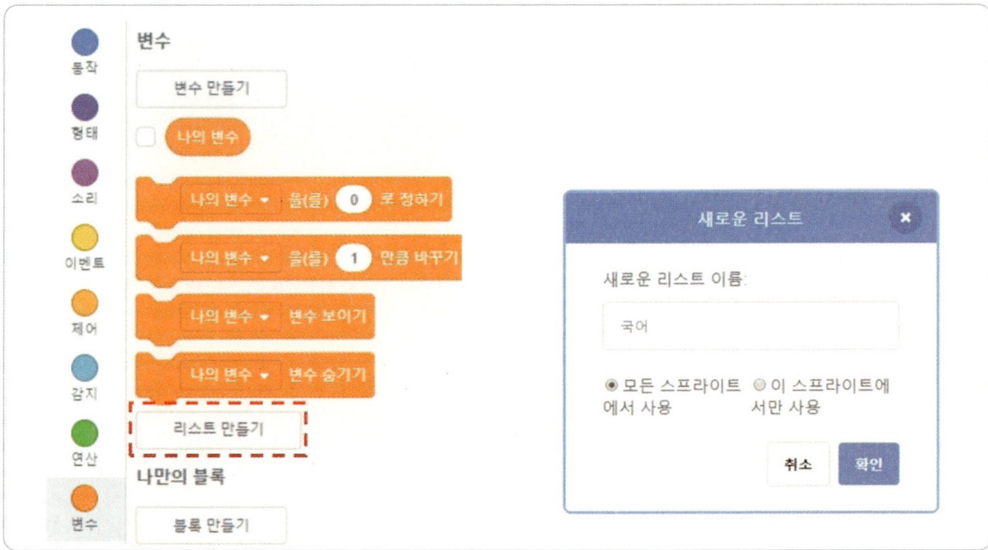

그림 10-5. 리스트 만들기

리스트를 만들면 변수 범주에 리스트와 관련된 블록이 추가되는 것을 확인할 수 있고, 각 블록의 기능은 다음과 같다.

항목 을(를) 국어 ▾ 에 추가하기	리스트에 데이터 추가하기
1 을(를) 국어 ▾ 리스트의 1 번째에 넣기	리스트의 n 번째 항목에 데이터 추가하기
국어 ▾ 리스트의 1 번째 항목을 1 으로 바꾸기	리스트의 n 번째 항목의 데이터를 변경하기

블록	설명
(1) 번째 항목을 (국어 ▾) 에서 삭제하기	리스트의 n 번째 항목을 삭제하기
(국어 ▾) 의 항목을 모두 삭제하기	리스트의 모든 데이터 삭제하기
(국어 ▾) 리스트의 (1) 번째 항목	리스트의 n 번째 항목 읽기
(국어 ▾) 리스트에서 (항목) 항목의 위치	리스트에서 특정 항목의 위치(번호) 찾기
(국어 ▾) 의 길이	리스트에 저장되어 있는 데이터의 수
(국어 ▾) 이(가) (항목) 을(를) 포함하는가?	리스트에 특정 항목이 저장되어 있는지 여부
(국어 ▾) 리스트 보이기	무대에 리스트 내용을 보여주기
(국어 ▾) 리스트 숨기기	무대에서 리스트 내용을 숨기기

이제 다수의 데이터를 효율적으로 관리할 수 있는 리스트가 무엇인지 이해했다면, 이를 이용하여 아래의 문제를 다시 해결해보자.

학생 3명의 국어 성적을 입력 받고, 총점과 평균을 계산하시오.

이제 국어 점수를 저장하기 위한 변수는 필요 없어졌다. 대신 리스트를 만들고, 리스트에 학생들의 국어 점수를 계속 추가하면 된다.

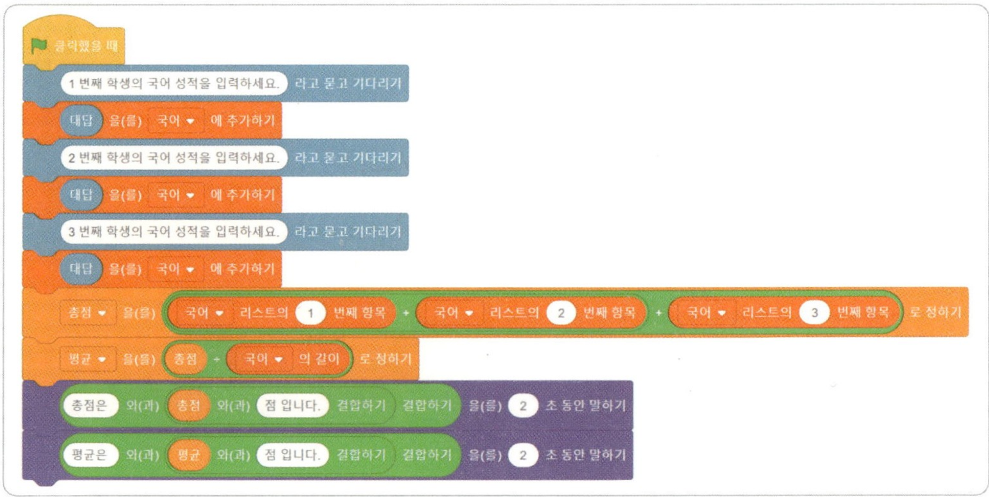

그림 10-6. **리스트를 활용한 학생 3명의 총점과 평균 구하기 스크립트**

그림 10-6은 리스트를 활용하여 학생 3명의 총점과 평균을 구하는 스크립트를 보여준다. 학생들의 국어 성적을 묻고 입력 받은 대답을 국어 리스트에 3번 추가해주고, 리스트의 1~3 번째 항목을 더해 총점을 구한 뒤, 총점을 리스트의 길이(항목의 수)로 나누어 평균을 구하는 스크립트이다.

10.3 리스트에서 자료 찾기

이제 리스트에 항목을 추가하고 항목에 접근하기 위해서는 항목 번호를 잘 활용해야 한다는 것을 알게 되었고, 이를 이용해 리스트에 우리가 원하는 데이터를 계속 저장할 수 있다. 하지만 리스트에 데이터를 저장하는 것만으로는 데이터를 효율적으로 관리할 수 없다.

리스트를 활용하여 자료를 효율적으로 관리하고 문제를 해결하기 위해 필요한 기능에는 여러 가지가 있는데 그중에서 필수적인 기능 중 하나가 특정 항목이 리스트의 어디에 있는지 찾는 검색 기능이다. 컴퓨터에 저장되어 있는 수많은 데이터를 가공하여 우리가 원하는 정보를 얻기 위해서는 데이터를 빠르게 찾을 수 있는 검색 기능이 필수적일 수밖에 없다.

스크래치에서는 리스트에서 특정 항목을 찾기 위한 기능을 블록으로 제공하고 있다. [국어 ▾ 리스트에서 (항목) 항목의 위치] 블록을 활용하면 쉽게 검색 기능을 구현할 수 있다. 하지만, 9.3절에서는 여러 가지 검색 방법 중 간단한 몇 가지 방법을 소개하고 이를 직접 구현해봄으로써 리스트에 대한 이해를 높이고자 한다.

10.3.1 순차 검색 방법

아래의 리스트에서 98을 찾아보자.

[1]	[2]	[3]	[4]	[5]	[6]	[7]	[8]	[9]	[10]	[11]	[12]
91	93	96	90	92	95	94	97	98	93	99	96

그림 10-7. 리스트 순차 검색

어떻게 98을 찾았는가? 쌓여있는 학생들의 시험지에서 특정 학생의 시험지를 찾는 방법을 생각해보자. 사람에게 특정 데이터를 찾으라고 하면, 일반적으로 처음부터 순차적으로 하나씩 찾고자 하는 데이터인 98과 같은지 확인하는 방법을 사용한다. 이와 같이 처음부터 데이터를 하나씩 순차적으로 비교하며 데이터를 검색하는 방법을 순차 검색 방법이라고 한다.

그럼 아래의 문제를 순차 검색 방법을 이용하여 해결해보자.

> 리스트에는 임의의 값이 저장되어 있다고 가정한다. 사용자에게 찾고자 하는 값을 입력 받고, 그 값을 리스트에서 찾으시오.

순차 검색을 하려면 리스트의 첫 항목부터 마지막 항목까지 비교해야 한다. 즉, [국어 ▾ 리스트의 (1) 번째 항목]부터 [국어 ▾ 리스트의 (국어 ▾ 의 길이) 번째 항목]까지 리스트의 모든 항목을 전부 비교해야 한다는 것이다. 이를 위해서는 리스트의 항목 번호가 1부터 [국어 ▾ 의 길이]까지 변해야 한다는 것을 알 수 있고, 따라서 리스트 항목 번호로 쓸 변수 n이 필요하다.

스크립트는 다음과 같은 순서로 작성할 수 있다.

①을 클릭하면 리스트에 있는 내용을 모두 삭제한다.

② 리스트에 0~100 사이의 난수 20개를 추가한다.

③ 사용자에게 검색하고자 하는 값을 물어본다.

④ 변수 n을 1로 설정한다.

⑤ 리스트의 길이만큼 ⑥~⑦을 반복한다.

⑥ 만약 리스트의 n 번째 항목이 검색 값이랑 같으면 찾은 항목의 위치를 말해주고 스크립트를 멈춘다.

⑦ 리스트의 다음 항목을 비교하기 위해 n을 1만큼 증가 시킨다.

⑧ 찾는 항목이 없다는 것을 말해준다.

그림 10-8은 리스트 순차 검색 스크립트를 보여준다.

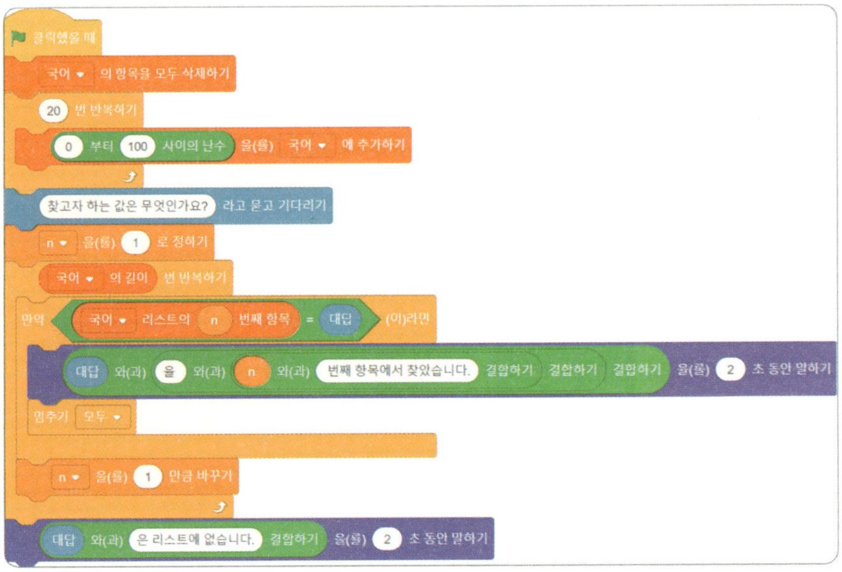

그림 10-8. 리스트 순차 검색 스크립트

순차 검색 방법은 리스트의 첫 항목부터 마지막 항목까지 차례로 비교하는 방법으로 알고리즘이 간단하고 구현 난이도가 낮기 때문에 문제 해결을 위해 간단히 사용할 수 있는 검색 방법이다. 따라서 길이가 100인 리스트에서 찾고자 하는 항목이 리스트의 첫 번째 항목이었다면 1번만 비교하면 된다. 하지만, 찾고자 하는 항목이 리스트의 마지막에 있다면 비교를 100번해야 한다. 즉, 순차 검색 방법을 사용하여 특정 항목을 찾을 때 최악의 경우에는 리스트의 길이만큼의 비교해야 한다. 리스트의 길이가 작을 때는 큰 문제가 되지 않는다. 하지만 요즘 같이 빅데이터를 다루는 시대에는 하나의 리스트에 수 억 개의 데이터를 저장하는 경우도 많이 있기 때문에, 이러한 리스트에서 검색을 수행할 때 순차 검색 방법을 사용한다면 검색 속도가 너무 느려 큰 문제가 발생할 수 있다. 따라서 우리는 더 빠른 검색 방법에 대해 생각해볼 필요가 있다.

표 9-1. 순차 검색 방법의 장단점 비교

	순차 검색
장점	사람의 검색 방법과 유사하여 이해하기가 쉬움 알고리즘이 간단하여 구현이 쉬움 검색을 위한 사전 작업이 필요 없음
단점	최악의 경우 리스트의 길이만큼 비교 연산 수행 검색 속도가 느림

10.3.2 이진 검색 방법

이번에는 정렬되어 있는 아래의 리스트에서 98을 찾아보자.

[1]	[2]	[3]	[4]	[5]	[6]	[7]	[8]	[9]	[10]	[11]	[12]
88	89	91	92	93	94	96	98	99	100	102	105

그림 10-9. 정렬된 리스트에서 검색

정렬되어 있지 않은 리스트와 비교했을 때 보다 빠르게 98을 찾을 수 있었는가? 리스트가 정렬되어 있다는 것을 알고 있으므로, 우리는 정렬된 데이터의 특징을 활용하여 보다 빠르게 검색을 할 수 있게 된다.

그렇다면 학번 순서대로 정렬되어 있는 시험지에서 어떻게 하면 특정 학번(v)의 시험지를 빠르게 찾을 수 있을지 생각해보자. 처음에는 시험지들의 중간쯤에 있는 시험지의 학번(m)을 확인한다. 만약 학번 m이 내가 찾는 학번이라면 원하는 시험지를 찾았으므로 더 이상 다른 항목을 비교할 필요 없이 검색을 종료한다. 만약 학번 m이 찾는 학번이 아니라면 두 학번의 크기를 비교한다. 학번 m이 내가 찾고자 하는 학번보다 작으면, 그 앞에는 모두 내가 찾는 학번보다 작은 시험지들만 있을 것이다. 따라서 더 이상 앞에 있는 시험지들은 비교할 필요가 없고, 뒤에 있는 시험지들만 비교하면 된다. 반대로, 학번 m이 찾고자 하는 학번보다 크면, 그 뒤에는 내가 찾는 시험지가 없으므로 m보다 앞에 있는 시험지들만 비교하면 된다. 즉, 한 번의 비교 연산만으로 리스트의 절반에 해당하는 항목을 비교할 필요가 없어지게 된다. 따라서 이 과정을 반복하게 되면 언젠가는 원하는 시험지를 찾거나 시험지가 없다는 것을 알 수 있게 된다. 이렇게 리스트의 중간 항목을 비교함으로써 한 번에 검색 범위를 절반씩 줄여가는 방식을 이진 검색(binary search)라고 한다.

이제 위와 같은 이진 검색 방법을 활용하여 정렬된 리스트에서 98을 찾는 과정을 살펴보자. 그림 10-10은 이러한 과정을 보여준다.

그림 10-10. 정렬된 리스트에서 이진 검색 방법

그림에서 노란색 화살표 l과 초록색 화살표 r은 리스트 검색 범위를 나타낸다. l은 리스트 검색 범위의 시작 위치, r은 리스트 검색 범위의 마지막 위치를 나타내기 위해 해당하는 위치의 리스트의 항목 번호를 저장한다. 즉, 만약 검색하고자 하는 리스트 범위가 3~10 번째 항목이라면, l=3, r=10이 된다.

파란색 화살표 m은 찾고자 하는 값과 비교할 항목의 위치를 의미한다. 우리는 리스트의 중간에 있는 항목을 비교하면 한 번의 비교 연산으로 리스트의 절반을 검색 대상에서 제외할 수 있다는 것을 알고 있으므로 m은 항상 l과 r의 중간 값, m=(l+r)/2가 된다. 만약 검색 범위가 3~10 번째인 리스트라면, m은 (3+10)/2 = 6.5가 된다. 이 때 m이 소수로 계산이 되면 반올림, 올림, 버림 등의 방법으로 소수를 없애야 한다. 다수의 프로그램 언어에서는 버림을 많이 사용하기 때문에 본 교재에서도 버림을 사용한다. 따라서 m은 6이 된다.

다시 그림 10-10을 보자. 길이가 12인 정렬되어 있는 리스트에서 98을 찾기 위해 이진 검색을 해보자. 먼저 l, m, r을 설정해야 한다. 첫 번째 비교에서는 리스트 전체를 검색 대상으로 해야 하므로 l=1, r=12, m=⌊(1+12)/2⌋ = 6이 된다. 리스트의 m 번째 항목 94와 98을 비교한 결과, 98이 더 크기 때문에 m번째 이하에 있는 항목들은 더 이상 검색할 필요가 없다.

두 번째 비교를 위해 l, m, r을 설정한다. m 번째 이하는 검색 범위에서 제외할 수 있으므로 l=m+1=7이 되고, r은 변함없이 12가 된다. 이제 비교할 대상 m=⌊(7+12)/2⌋ = 9이다. 리스트의 m 번째 항목 99와 98을 비교한 결과, 98이 더 작으므로 m 번째 이상에 있는 항목들을 제외할 수 있다.

세 번째 비교를 위해 l, m, r을 설정한다. l은 변함없이 7, r=m−1=8이 되고, 비교할 대상 m=⌊(7+8)/2⌋ = 7이다. 리스트의 m 번째 항목 96과 98을 비교한 결과, 98이 더 크기 때문에 m 번째 이하에 있는 항목들을 검색 범위에서 제외한다.

네 번째 비교에서 l=m+1=8, r=8, m=⌊(8+8)/2⌋ = 8이 된다. 리스트의 m 번째 항목 98과 98을 비교한 결과, 서로 같은 값을 가지고 있으므로 m번째 항목에 찾고자 하는 값이 있다는 것을 알 수 있고, 성공적으로 검색을 마친다.

이진 검색에서는 비교를 할 때마다 검색 범위를 절반씩 줄여가는 것을 목적으로 하기 때문에 l, m, r을 변수로 두고, 이를 잘 설정해줌으로써 구현이 가능하다는 것을 유추할 수 있다.

그렇다면 찾고자 하는 값이 리스트에 없는 경우를 생각해보자.

만약 네 번째 비교에서 m번째 항목이 97이었다면, 다섯 번째 비교에서 l=m+1=9, r=8이 된다. 좌측 검색 범위인 l이 r보다 커지게 된다. 반대로 네 번째 비교에서 m번째 항목이 99였다면, 다섯 번째 비교에서 l=8, r=m−1=7이 된다. 마찬가지로 좌측 검색 범위인 l이 r보다 커지게 된다. 즉, 이진 검색에서 l이 r보다 커지면 찾고자 하는 값이 없다는 것을 의미한다는 것이다.

이진 검색 방법을 이해했으면 알고리즘으로 작성해보고, 이를 바탕으로 아래의 문제를 이진 검색 방법을 이용하여 해결해보자.

이진 검색 방법을 일반화하여 알고리즘으로 작성해보자.

리스트에는 1~100까지의 값이 오름차순으로 저장되어 있다고 가정한다. 사용자에게 찾고자 하는 값을 입력 받고, 그 값을 리스트에서 찾으시오.

스크립트는 다음과 같은 순서로 작성할 수 있다.

① 을 클릭하면 리스트에 있는 내용을 모두 삭제한다.

② 리스트에 1~100의 값을 추가한다.

③ 사용자에게 검색하고자 하는 값을 물어본다.

④ 변수 l을 1, r을 리스트의 길이로 설정한다.

⑤ l 〉 r이 될 때까지 ⑥~⑨를 반복한다.

⑥ m = (l+r)/2로 정한다.

⑦ 만약 리스트의 m 번째 항목이 대답과 같으면 찾은 항목의 위치를 말해주고 스크

립트를 멈춘다.

⑧ 만약 리스트의 m 번째 항목이 대답보다 작으면 r=m−1로 정한다.

⑨ 아니면 r=m+1로 정한다.

⑩ 찾는 항목이 없다는 것을 말해준다.

그림 10−11은 리스트에서의 이진 검색 스크립트를 보여준다. 리스트의 항목 번호를 이용하기 때문에 복잡해 보일 수 있으나, 리스트를 잘 활용하기 위해서는 이러한 방법에 익숙해질 필요가 있다. 충분한 연습을 통해 잘 이해할 수 있도록 하자.

이진 검색의 성능을 생각해보자. 그림 10−10과 같이 길이가 12인 리스트에서 이진 검색을 할 때를 생각해보자. 만약 찾는 수가 94였다면, 한 번의 비교만으로 검색에 성공했을 것이다. 만약 찾는 수가 99라면, 두 번의 비교만으로 검색에 성공했을 것이다. 98을 찾기 위해서는 4번의 비교가 필요했고, 검색 범위가 1(l=r)로 마지막 검색 대상이었다. 따라서 크기가 12인 리스트에서 어떤 수를 찾기 위해서는 최대 4번만 비교하면 된다.[5] 순차 검색의 경우 마지막 항목에 찾는 수가 있는 경우 최대 12번의 비교가 필요하게 된다는 점을 비교하면, 크기가 12인 리스트의 검색에서 이진 검색이 순차 검색보다 3배 빠르다고 할 수 있다.

5) 이진 검색은 길이가 n인 리스트에서 최대 $\log_2 n$번의 비교로 검색을 할 수 있다.

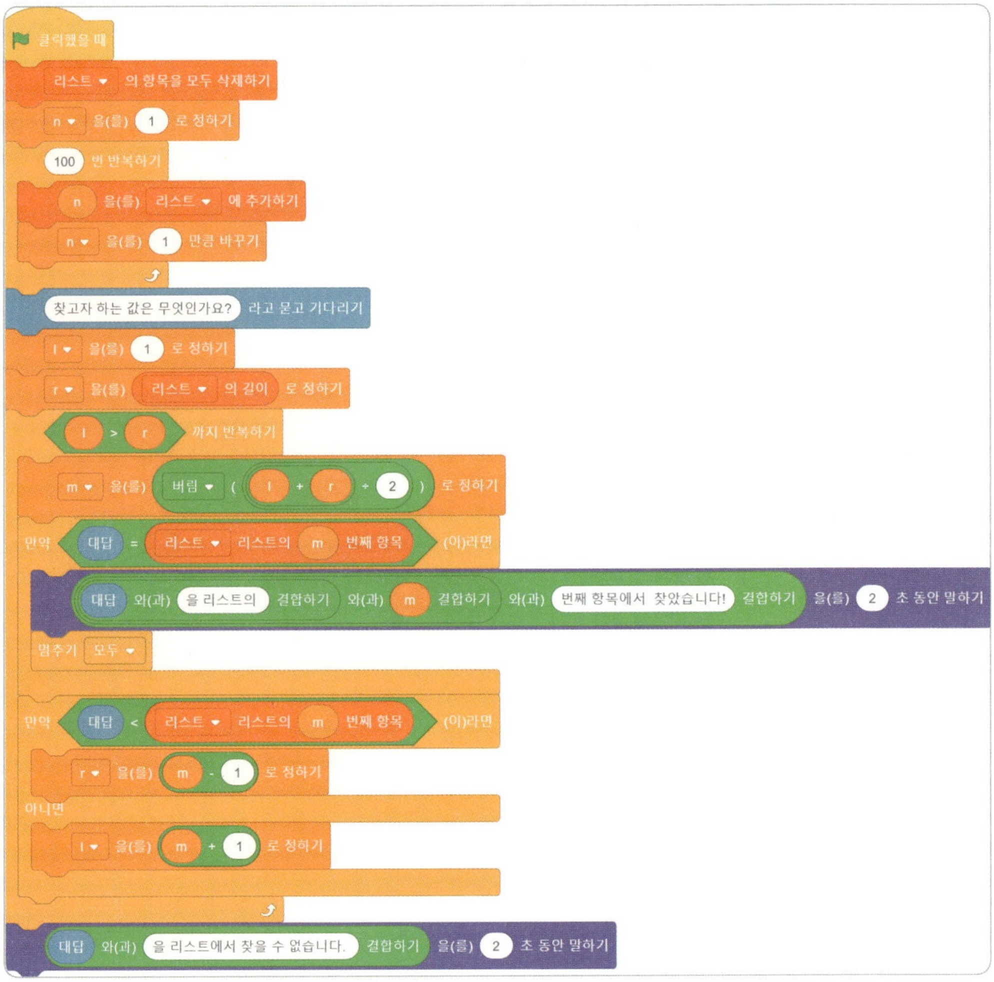

그림 10-11. **리스트 이진 검색 스크립트**

이진 검색은 알고리즘이 복잡하여 이해하기에 어려움이 있을 수 있으나, 한 번 비교할 때마다 검색 대상을 절반으로 줄여주기 때문에 검색 속도가 빠르다는 장점을 가진다. 하지만 이러한 이진 검색의 장점을 발휘하기 위해서는 반드시 리스트가 정렬되어 있어야 한다는 단점이 있다.

이진 검색뿐만 아니라 리스트를 이용한 데이터를 효율적으로 관리하기 위해서 정렬이 필수적인 경우가 많다. 정렬 또한 다양한 알고리즘들이 있으며, 알고리즘에 따라 많은 성능차이를 보인다. 따라서 10장에서는 다양한 정렬 알고리즘을 소개한다.

표 9-2. 이진 검색 방법의 장단점 비교

	이진 검색
장점	• 한 번의 비교 연산으로 리스트의 반을 검사 대상에서 제외하므로 검색 속도가 빠름
단점	• 검색을 위한 사전 작업(정렬)이 필요함 • 알고리즘이 약간 복잡하고 구현을 위해 학습이 필요함

연습문제

리스트를 이용한 효율적인 자료 저장 및 검색하기

1. 리스트와 반복문을 이용한 학생 10명의 국어 성적을 입력받고, 총점과 평균을 계산하시오. (그림 10-6을 참고)

2. 인터넷을 이용하여 순차, 이진 검색 외 검색 방법 3개만 조사해보자.

11 CHAPTER 효율적인 데이터 관리를 위한 정렬하기

표준국어대사전에서 정렬의 사전적 의미를 찾아보면 다음과 같다.

1. 가지런하게 줄지어 늘어섬. 또는 그렇게 늘어서게 함.
2. [같은 말] 소팅(데이터를 특정한 조건에 따라 일정한 순서가 되도록 다시 배열하는 일).

두 번째 정의를 보면 컴퓨터 분야에서 쓰는 정렬(sorting)의 뜻을 알 수 있다. 즉, 어떤 데이터가 있을 때, 그 데이터를 특정한 조건이나 기준에 따라 순서대로 다시 나열하는 것을 의미한다. 예전에는 정렬을 설명하기 위해서 사전에서 알파벳 순서로 정렬되어 있는 단어 등을 예로 들며 설명을 해야 했으나, 요즘에는 사실 정렬이라는 것이 우리 삶에서 너무나 자연스럽게 마주치고 사용하고 있는 것이라 새롭게 개념을 설명할 필요조차 없어졌다.

그림 11-1은 우리에게 익숙한 윈도우즈 탐색기를 보여준다. 탐색기에서는 이름, 수정한 날짜, 유형 등에 따라 파일이나 폴더를 정렬해주는 것을 이미 잘 알고 있을 것이다.

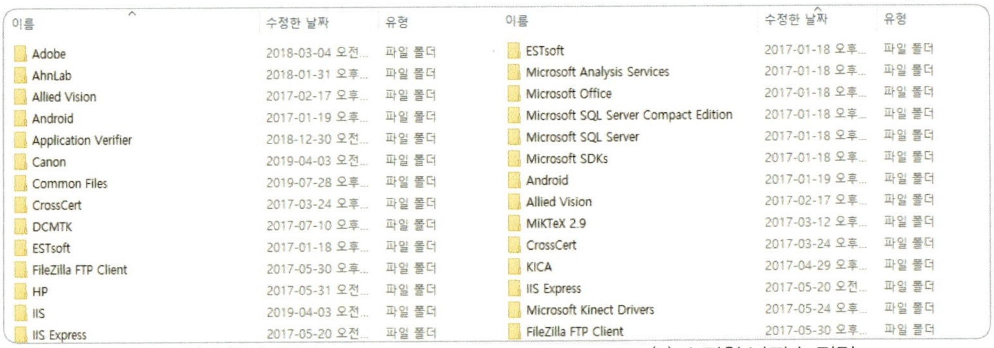

(a) 이름순 정렬 (b) 수정한 날짜순 정렬

그림 11-1. 윈도우즈 탐색기에서의 정렬

그림 11-1 (a)는 이름을 기준으로 정렬한 것이고, (b)는 수정한 날짜를 기준으로 정렬한 것이다. 이와 같이 정렬할 때 기준은 다양한 것이 될 수 있다. 숫자 데이터의 경우 숫자의 크기, 문자 데이터는 A~Z과 ㄱ~ㅎ의 순서, 날짜와 시간 데이터는 시간 순서 등을 기준으로 사용할 수 있다. 이렇게 정렬을 할 때 우선순위를 결정하는 기준을 정렬키(sort key)라고 한다.

정렬키를 기준으로 작은 것부터 큰 것 순서로 정렬하는 방법을 오름차순 정렬(ascending sort)라고 하며, 반대로 큰 것부터 작은 것 순서로 정렬하는 방법을 내림차순 정렬(descending sort)이라고 한다. 즉, 1, 2, 3 순서로 정렬하는 것은 오름차순 정렬이고, 3, 2, 1 순서로 정렬하는 것은 내림차순 정렬이다.

대부분의 컴퓨터 응용프로그램에서는 데이터 관리를 위해 정렬을 수행한다. 만약 데이터를 정렬하지 않는 프로그램이 있다면, 그 프로그램은 하나의 데이터를 찾기 위해서 9장에서 학습한 것과 같이 최악의 경우에는 매번 데이터의 개수만큼 비교해야만 한다. 정렬이 되어 있다면 효율적으로 데이터를 찾거나 관리할 수 있게 되므로 프로그램들은 일반적으로 데이터가 입력되면 항상 정렬된 상태를 유지하기 위한 작업을 수행한다. 이러한 정렬 작업은 프로그램의 전체 수행 시간에서 상당한 부분을 차지하게 되는데, 정렬 방법의 속도가 느리다면 프로그램의 전체 성능이 느려지게 되는 것은 너무나 자명한 일이다. 따라서 좋은 정렬 방법을 선택하여 사용하는 것은 프로그램의 전체 성능과 직결되는 아주 중요한 과정이다.

그렇다면 어떤 정렬 방법이 좋은 알고리즘인가? 여기에는 정답은 없다. 본인이 해결하고자 하는 문제에서 데이터를 어떻게 수집하는지, 어떤 순서로 필요로 하는지 등에 따라 같은 정렬 방법도 성능이 좋을 수도 나쁠 수도 있다. 따라서 내가 해결하고자 하는 문제에 적합한 정렬 방법을 선택할 수 있는 능력을 키워야 하며, 이를 위해서는 다양한 정렬 방법을 알고 이해하고 있어야 한다. 따라서 10장에서는 간단한 정렬 방법부터 시작하여 다양한 정렬 방법들을 소개하고자 한다.

11.1 구현이 간단한 버블 정렬

먼저 가장 간단한 정렬 방법 중 하나인 버블 정렬(bubble sort)을 소개한다. 버블 정렬은 정렬되는 과정의 형태가 마치 물속에서 가벼운 거품(bubble)이 위로 움직이는 형태와 비슷하다 하여 붙여진 이름이라고 한다. 버블 정렬의 기본적인 접근 방법은 리스트에서 인접한 두 개의 항목을 비교하여 더 큰 항목을 뒤로 보내는 것을 반복하다보면 전체 리스트가 오름차순으로 정렬된다는 것이다. 반대로 작은 항목을 뒤로 보내면 내림차순으로 정렬된다.

그림 11-2는 6개의 항목을 가진 리스트에서 오름차순으로 버블 정렬하는 과정을 보여준다. 노란색 항목은 현 단계에서 정렬할 범위를 나타내고, 파란색 항목은 정렬이 완료되어 더 이상 위치가 바뀌지 않을 항목을 나타낸다. 초록색 항목은 비교할 두 개의 항목을 나타낸다.

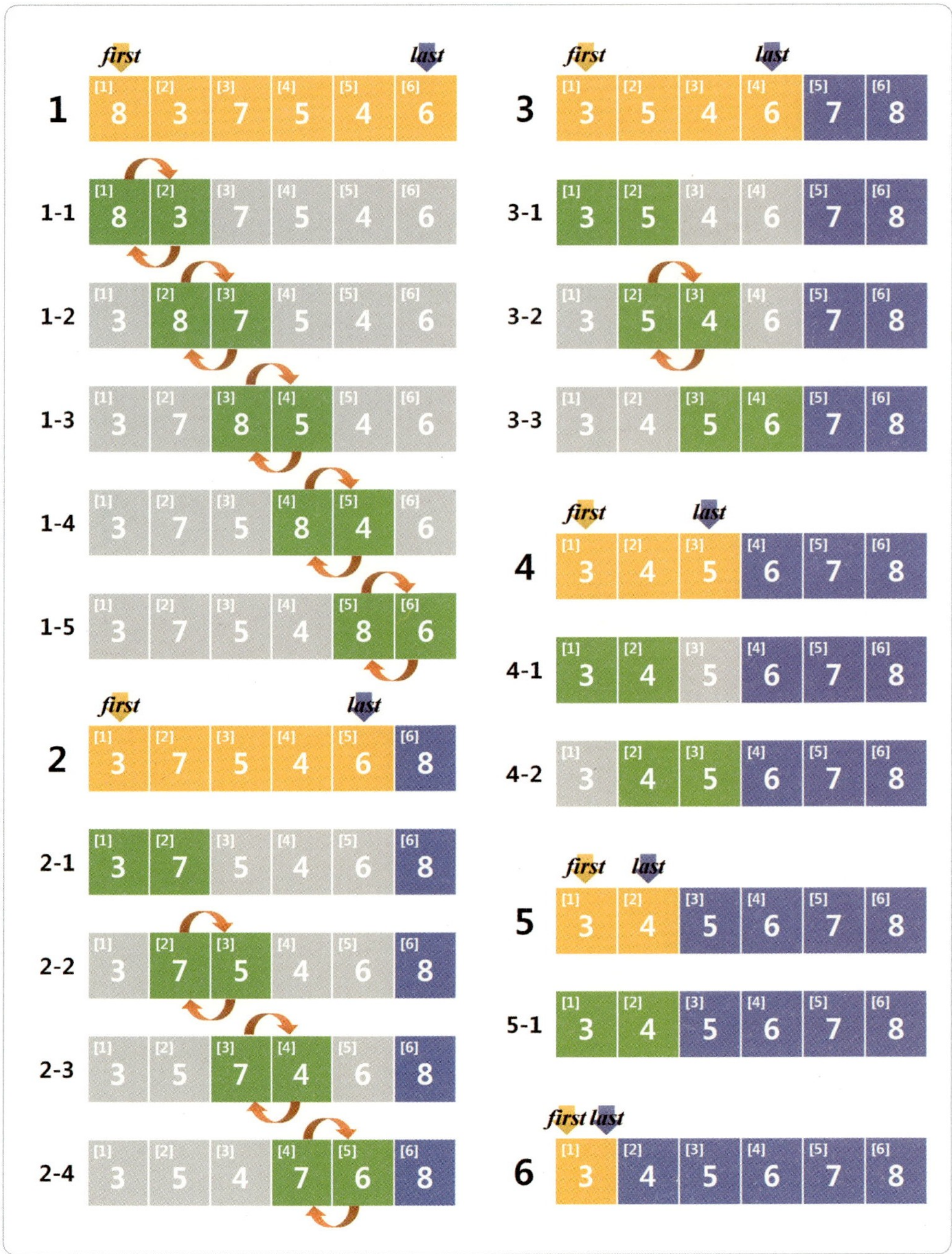
first
last
1
[1] 8 [2] 3 [3] 7 [4] 5 [5] 4 [6] 6
1-1
[1] 8 [2] 3 [3] 7 [4] 5 [5] 4 [6] 6
1-2
[1] 3 [2] 8 [3] 7 [4] 5 [5] 4 [6] 6
1-3
[1] 3 [2] 7 [3] 8 [4] 5 [5] 4 [6] 6
1-4
[1] 3 [2] 7 [3] 5 [4] 8 [5] 4 [6] 6
1-5
[1] 3 [2] 7 [3] 5 [4] 4 [5] 8 [6] 6
2
[1] 3 [2] 7 [3] 5 [4] 4 [5] 6 [6] 8
2-1
[1] 3 [2] 7 [3] 5 [4] 4 [5] 6 [6] 8
2-2
[1] 3 [2] 7 [3] 5 [4] 4 [5] 6 [6] 8
2-3
[1] 3 [2] 5 [3] 7 [4] 4 [5] 6 [6] 8
2-4
[1] 3 [2] 5 [3] 4 [4] 7 [5] 6 [6] 8
3
[1] 3 [2] 5 [3] 4 [4] 6 [5] 7 [6] 8
3-1
[1] 3 [2] 5 [3] 4 [4] 6 [5] 7 [6] 8
3-2
[1] 3 [2] 5 [3] 4 [4] 6 [5] 7 [6] 8
3-3
[1] 3 [2] 4 [3] 5 [4] 6 [5] 7 [6] 8
4
[1] 3 [2] 4 [3] 5 [4] 6 [5] 7 [6] 8
4-1
[1] 3 [2] 4 [3] 5 [4] 6 [5] 7 [6] 8
4-2
[1] 3 [2] 4 [3] 5 [4] 6 [5] 7 [6] 8
5
[1] 3 [2] 4 [3] 5 [4] 6 [5] 7 [6] 8
5-1
[1] 3 [2] 4 [3] 5 [4] 6 [5] 7 [6] 8
6
[1] 3 [2] 4 [3] 5 [4] 6 [5] 7 [6] 8

그림 11-2. 버블 정렬

처음에는 1과 같이 리스트 전체를 대상으로 정렬을 수행한다. 정렬 범위의 시작을 노란색 화살표, 마지막을 파란색 화살표로 표시하였다. 정렬 대상인 항목들은 두 개씩 차례대로 크기를 비교하여 큰 항목을 뒤로 보낸다. 1-1에서 첫 번째와 두 번째 항목 8과 3을 비교한다. 8이 3보다 크기 때문에 첫 번째 항목을 3으로, 두 번째 항목을 8로 바꿔준다. 1-2에서는 8과 7을 비교하여 8을 뒤로 보내고, 1-3에서는 8과 5를 비교하여 8을 뒤로 보낸다. 이러한 과정을 1-5와 같이 리스트의 마지막 항목까지 수행한다. 이렇게 전체 리스트에서 두 개의 항목을 계속 비교하고 큰 항목을 뒤로 보내면, 2와 같은 형태가 된다. 여기서 우리는 리스트에서 가장 큰 항목인 8이 리스트의 가장 뒤에 위치하게 된다는 것을 알 수 있다. 조금만 더 생각해보면 두 개씩 비교하면서 더 큰 것을 뒤로 계속 보냈으므로 이는 당연한 결과라 할 수 있다.

다음 단계로 2에서 보이는 것과 같이 제일 마지막 항목을 제외한 나머지 항목들에 대해서 정렬을 수행한다. 오름차순 정렬에서 가장 큰 항목이 리스트의 마지막에 위치하므로 이 항목은 더 이상 움직일 필요가 없기 때문에 다음 정렬 과정에서는 제일 마지막 항목은 정렬 대상에서 제외할 수 있다. 따라서 노란색 화살표는 리스트의 첫 항목을 그대로 가리키고, 파란색 화살표는 다섯 번째 항목을 가리킨다. 그리고 2-1부터 2-4까지 두 개의 항목의 크기를 비교하고 더 큰 항목을 뒤로 보내주는 동일한 작업을 계속한다. 2-4까지 버블 정렬을 수행하면, 리스트는 3과 같은 형태가 된다. 여기서 두 번째로 큰 항목이 리스트의 끝에서 두 번째 항목에 위치하게 된다는 것을 알 수 있고, 같은 이유로 정렬 대상에서 제외할 수 있게 되므로 파란색 화살표를 앞으로 한 칸 이동시킨다.

그림에서 보듯 리스트의 처음부터 마지막까지 한 번씩 정렬을 할 때마다 현 단계에서 가장 큰 항목이 뒤로 이동하고 정렬 범위가 한 칸씩 줄어들게 된다. 따라서 이 과정을 정렬 범위를 가리키는 두 화살표가 만날 때까지 반복하면 전체 리스트가 오름차순으로 정렬된다.

이제 버블 정렬을 이용하여 아래의 문제를 해결해보자.

리스트에 1~1000 사이의 임의의 수 100개가 있을 때, 리스트에서 두 번째로 큰 수를 찾으시오.

먼저 버블 정렬을 수행하기 위해 필요한 변수를 생각해보자.

정렬 범위를 나타낼 first와 last 변수가 필요하다는 것은 그림 11-2를 통해 알 수 있다. 이로써 정렬을 반복적으로 수행하다가 first와 last변수가 같아지면 정렬이 완료된 것으로 판단할 수 있게 된다.

그리고 두 항목을 비교할 때, 현재 비교하고 있는 항목의 번호를 저장할 변수가 필요하다. 우리는 i라는 변수를 이용하여 이를 표현한다. 즉, 리스트의 i 번째 항목과 i+1 번째 항목을 비교하고, i를 1씩 증가시키면서 반복하면 된다.

마지막으로 두 개의 항목을 비교하고 교환할 때, 임시 저장소로 사용할 temp 변수가 필요하다. 만약 i 번째 항목과 i+1 번째 항목의 값을 변환하기 위해서 아래와 같은 스크립트를 사용했다고 생각해보자. 단, i 번째 항목은 10, i+1 번째 항목은 15라고 가정한다.

우리가 원하는 결과는 i 번째 항목은 15, i+1 번째 항목은 10이 되는 것이다. 하지만 첫 번째 블록에서 리스트 i 번째 항목은 i+1 번째 항목, 즉, 15가 된다. 그리고 두 번째 블록에서 리스트의 i+1 번째 항목은 i 번째 항목으로 바뀌는데, i 번째 항목은 첫 번째 블록에 의해 이미 값이 변경되어 있는 상태이다. 그러므로 i+1 번째 항목은 15가 되어, 두 항목 전부 15가 되어버리고 만다. 따라서 두 항목을 변경하기 위해서는 임시 변수(temp)를 하나 두고, 아래와 같이 스크립트를 작성해야 한다.

첫 번째 블록에서 temp 변수에 i 번째 항목의 값 10을 저장해둔다. 두 번째 블록에서 i 번

째 항목에 i+1 번째 항목의 값 15를 저장하고, 세 번째 블록에서 i+1번째 항목에 저장해두었던 이전 i 번째 항목의 값 10을 저장한다. 이렇게 반드시 임시 변수를 이용해야만 두 항목의 값을 정상적으로 변경할 수 있다.

문제 해결을 위한 전체 스크립트는 다음과 같은 순서로 작성할 수 있다.

① 을 클릭하면 리스트에 있는 내용을 모두 삭제한다.

② 리스트에 1~1000 사이의 임의의 수 100개를 추가한다.

③ 변수 first를 1, last를 리스트의 길이로 설정한다.

④ first = last가 될 때까지 ⑤~⑩를 반복한다.

  ⑤ 변수 i를 first로 설정한다.

  ⑥ i = last가 될 때까지 ⑦~⑨를 반복한다.

    ⑦ 리스트의 i 번째 항목이 리스트의 i+1 번째 항목보다 작으면

    ⑧ 리스트의 i 번째 항목과 i+1 번째 항목을 바꾼다.

    ⑨ i를 1 증가시킨다.

  ⑩ last를 1 감소시킨다.

⑪ 리스트의 2번째 항목을 결과로 말해준다.

그림 11-3은 리스트에서 두 번째로 큰 수를 찾기 위해 버블 정렬을 이용하여 리스트를 내림차순으로 정렬하고, 정렬 결과에서 두 번째 항목을 말해줌으로써 두 번째로 큰 수를 찾는 스크립트를 보여준다.

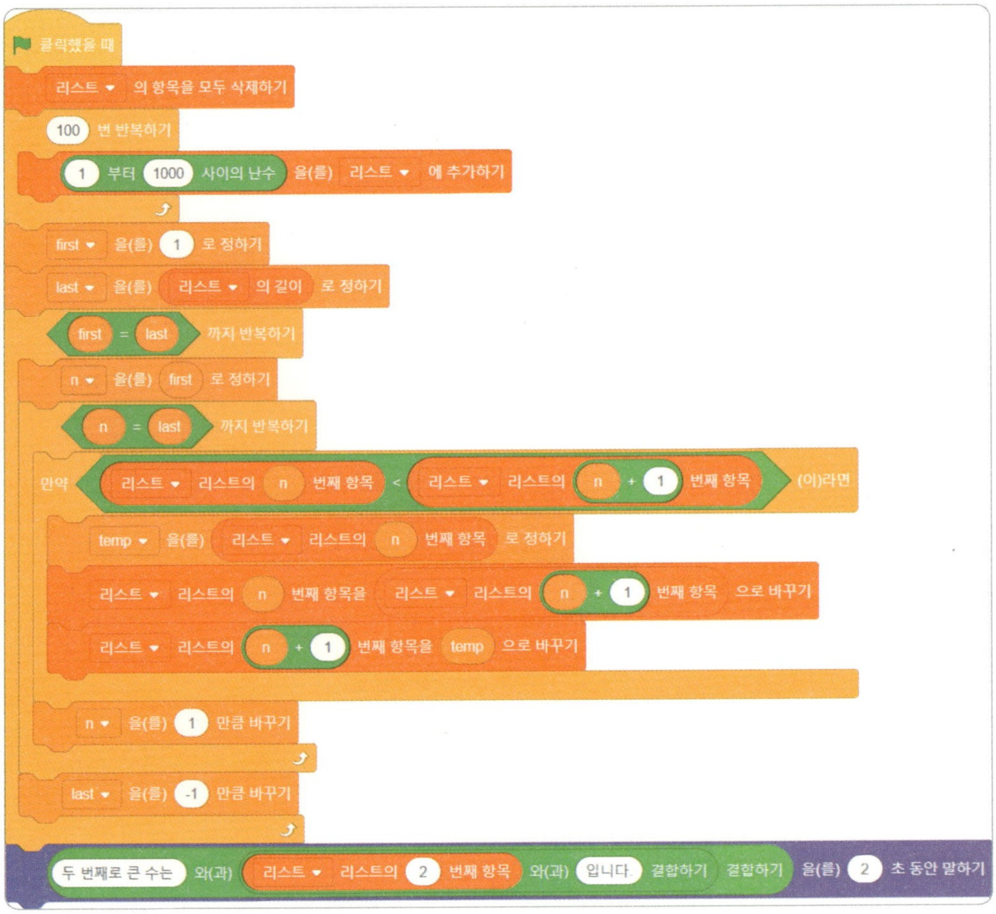

그림 11-3. 버블정렬을 이용한 리스트에서 두 번째로 큰 수 찾기

11.2 사람이 정렬하는 방법과 같은 삽입 정렬

여러분에게 시험지를 점수에 따라 오름차순으로 정렬해달라고 한 경우, 어떤 방법으로 시험지를 정렬할 것인지 생각해보자. 시험지는 80, 86, 84점 순으로 있다고 가정한다.

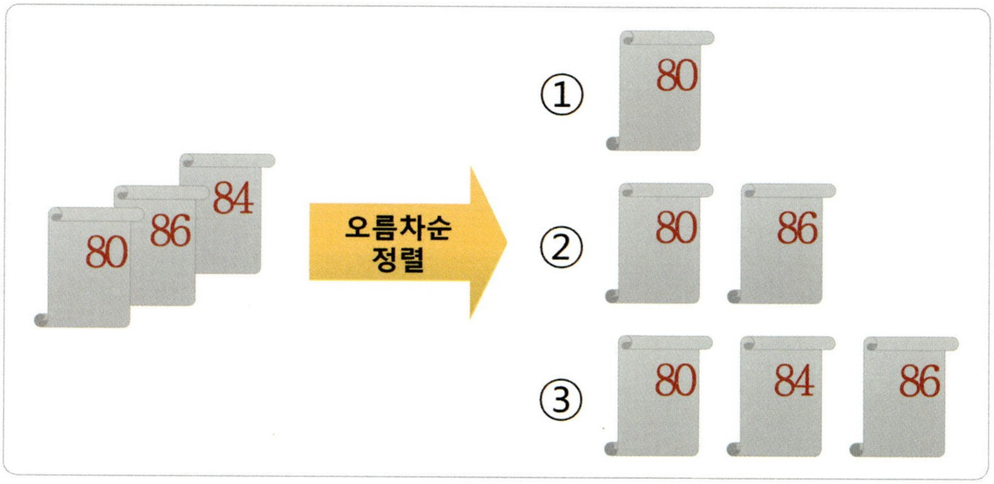

그림 11-4. 사람이 정렬하는 방법

아마도 사람들은 대부분 그림 11-4와 같은 방법으로 정렬을 수행할 것이다. 먼저 첫 번째 시험지는 80점이고 정렬할 것이 없으므로 그냥 한쪽에 둔다. 다음으로 두 번째 시험지를 보면 86점이다. 첫 번째 시험지 점수보다 높기 때문에 오름차순으로 정렬하려면 80점 뒤로 가야하기 때문에 ②와 같이 80점 시험지 뒤에 놓는다. 세 번째 시험지는 84점이고, 오름차순으로 정렬하려면 80점 뒤, 86점 앞에 있어야 하므로 ③과 같이 정렬한다.

즉, 시험지 하나가 정렬되어 있는 시험지들(그림 11-4의 우측)에서 어디로 들어가야 하는지 결정을 하는 과정을 모든 항목에 대해 수행하면 정렬이 된다는 것이다. 이렇게 아직 정렬되지 않은 데이터를 이미 정렬되어 있는 부분의 적절한 위치에 삽입하면서 정렬하는 방식을 삽입 정렬(insertion sort)이라고 한다.

삽입 정렬을 리스트에 적용해보자. 그림 11-5는 삽입 정렬을 이용하여 리스트를 오름차순으로 정렬하는 과정을 보여준다. 노란색 항목은 현 단계에서 삽입할 항목을 나타내고, 파란색 항목은 이미 정렬된 항목, 초록색 항목은 아직 정렬되지 않은 항목을 나타낸다. 그리고 파란색 화살표로 정렬된 항목의 마지막 위치를 표시하였다. 즉, 리스트에서 삽입 정렬은 리스트의 처음부터 파란색 화살표가 가리키는 항목 사이에 삽입할 항목을 적절한 위치에 삽입하는 과정을 반복하는 것이다.

리스트의 첫 번째 원소는 그림 11-4의 ①에서 본 것과 같이 정렬할 필요가 없다. 따라서 리스트의 두 번째 원소부터 삽입 정렬을 수행하면 된다. 그림 11-5의 1에서 삽입할 항목 86은 이미 정렬되어 있는 항목 80보다 크기 때문에 80 뒤에 삽입하면 되기 때문에 위치를 변경할 필요가 없다.

그림 11-5. 리스트에서의 삽입 정렬

2에서 삽입할 항목은 84이다. 이를 이미 정렬되어 있는 항목들 80, 86에서 어디에 삽입해야 하는지 확인한다. 84는 80보다 크고 86보다 작으므로 두 번째 항목에 삽입한다. 3에서 삽입할 항목 92는 86보다 크기 때문에 자리를 변경할 필요가 없고, 4에서 삽입할 항목 90은 86과 92 사이에 삽입, 5에서 75는 80보다 작으므로 리스트의 제일 앞에 삽입한다.

6에서 파란색 화살표가 리스트의 끝을 가리킨다. 파란색 화살표는 이미 정렬된 항목들의 마지막 원소를 가리키고 있으므로 이는 더 이상 정렬할 항목이 없다는 것을 의미한다. 따라서 파란색 화살표가 리스트의 마지막 항목을 가리키면 삽입 정렬을 마친다.

실습 문제

이제 삽입 정렬의 원리를 이해했으면 삽입 정렬 알고리즘을 생각해보자.

삽입 정렬 방법을 일반화하여 알고리즘으로 작성해보자.
삽입 정렬 알고리즘 이용하여 아래와 같은 문제를 풀 수 있는 스크립트를 작성해보자.

100명의 학생들의 학번, 국어성적 리스트[6]가 있을 때 국어성적을 기준으로 정렬해보자.

이 문제를 풀기 위해서는 국어성적 리스트를 기준으로 정렬을 할 때, 학번을 같이 정렬해줘야 한다는 것을 알 수 있다. 예를 들어, 만약 학번이 2010050인 학생의 국어성적 85점을 정렬하기 위해서 국어 리스트의 세 번째 항목에 삽입해야하면, 학번 2010050도 마찬가지로 학번 리스트의 세 번째 항목에 삽입해줘야 한다.

그림 11-6은 국어성적을 기준으로 학번까지 같이 삽입 정렬하는 스크립트를 보여준다. last는 정렬되어 있는 마지막 항목의 위치, key는 삽입할 항목, id는 학번, i는 리스트 항목 번호로 사용할 변수이다. 삽입 정렬을 충분히 이해할 수 있도록 그림 11-5를 바탕으로 블록 하나하나를 분석해보자. 특히 리스트에 삽입할 위치를 찾고 삽입하는 부분에 대해서 충분히 분석하고 이해해보자.

6) 11장 학습자료 학번.txt, 국어성적.txt, 영어성적.txt 파일을 이용할 것. 무대의 리스트에서 오른쪽 클릭-import-파일선택

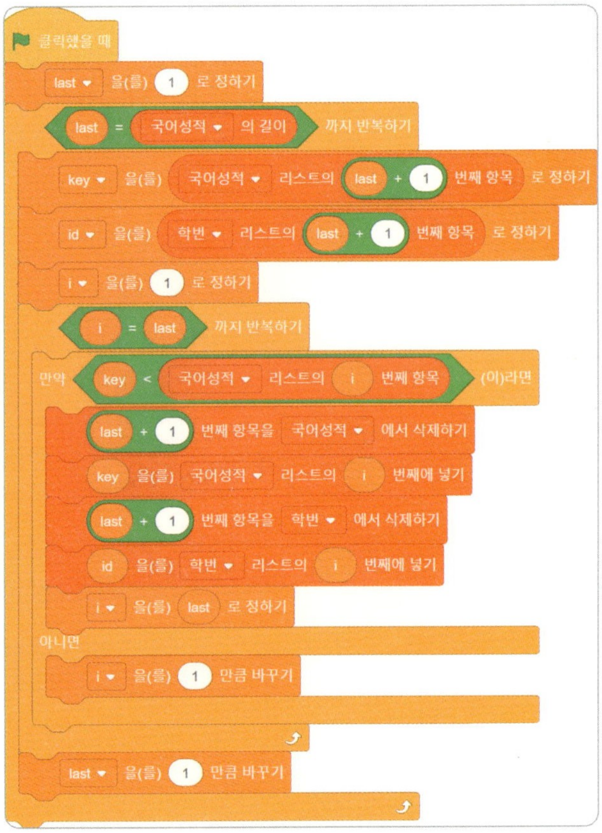

그림 11-6. 국어성적을 기준으로 학번까지 같이 정렬하기

11.3 다양한 정렬 방법들

정렬 방법은 앞서 소개한 버블 정렬과 삽입 정렬 외에도 매우 다양한 방법들이 있다. 11.3절에서는 다양한 정렬 방법들을 소개하고, 이들의 특징을 알아본다. 이를 통해 자신이 해결하고자 하는 문제에 가장 적합한 정렬 방법은 어떤 것인지 판단할 수 있는 사고력을 키워보자. 이후 정렬 방법들은 오름차순을 기준으로 설명한다.

11.3.1 선택 정렬

선택 정렬(selection sort)은 정렬되지 않은 데이터 중에서 가장 작은 항목을 찾고, 이를 가장 첫 번째 항목과 교환하는 정렬 방법이다.

그림 11-7은 리스트에서 선택 정렬 과정을 보여준다. 노란색 항목은 최솟값을 찾을 범위, 초록색 항목은 최솟값, 파란색 항목은 정렬된 항목을 의미한다.

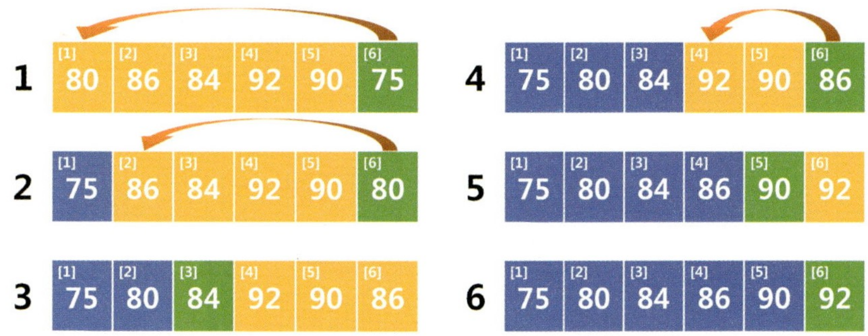

그림 11-7. 선택 정렬 방법

1에서는 리스트 전체에서 가장 작은 항목을 찾는다. 마지막 항목인 75가 최솟값이므로 이를 리스트의 첫 번째 항목과 교환한다. 2에서 첫 번째 항목은 더 이상 정렬할 필요가 없으므로 두 번째 항목부터 마지막 항목 중 최솟값을 찾는다. 최솟값은 80이고, 이를 두 번째 항목과 교환한다. 이 과정을 반복하다보면 리스트 전체를 정렬할 수 있다.

11.3.2 버킷 정렬

버킷 정렬(bucket sort)은 데이터를 특정 조건에 따라 여러 바구니(bucket)에 넣었다가 빼는 과정을 반복하면서 데이터를 정렬하는 방식이다.

그림 11-8은 버킷 정렬 과정을 보여준다. 이는 4진수 데이터를 정렬하는 과정이다. 4진

수는 0~3까지의 숫자로 표현 가능하기 때문에 4개의 바구니가 필요하다. 만약 10진수를 정렬한다면 10개의 바구니가 필요하게 된다. 그림에서 초록색 원통은 바구니를 의미한다.

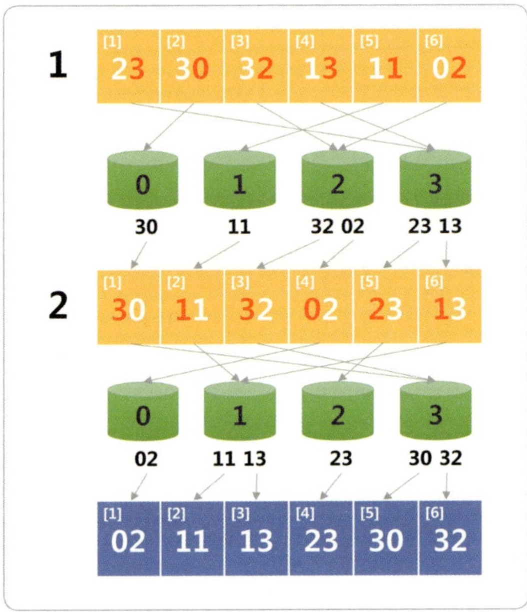

그림 11-8. 버킷 정렬 방법

1에서 먼저 빨간색으로 표시된 두 번째 자리 수를 기준으로 버킷 정렬을 수행한다. 리스트의 모든 항목의 두 번째 자리 숫자가 0이면 0번 바구니, 1이면 1번 바구니에 넣고, 이를 0번 바구니부터 순서대로 꺼내서 다시 리스트에 담는다. 그러면 2의 리스트와 같은 순서가 된다. 2에서 이번에는 빨간색으로 표시된 첫 번째 자리 수를 기준으로 동일한 과정을 반복한다. 즉, 30은 3번 바구니, 11은 1번 바구니, 2는 02이므로 0번 바구니에 담았다가 다시 꺼낸다. 결과적으로 리스트의 각 항목이 오름차순으로 정렬된 것을 확인할 수 있다. 만약 데이터가 n자리 숫자라면, 데이터를 n번 바구니에 넣었다가 빼면 버킷 정렬을 할 수 있다.

11.3.3 병합 정렬

병합 정렬(merge sort)은 데이터를 반복적으로 분할(divide)하여 최소단위로 분할한 뒤, 이를 두 개씩 정렬하며 병합하는 정렬 방법이다.

그림 11-9는 버킷 정렬 과정을 보여준다. 노란색과 초록색 항목은 분할될 항목, 회색 항목은 최소 단위, 파란색 항목은 정렬된 항목을 의미한다.

분할 단계에서는 리스트를 반씩 나누는 것을 볼 수 있다. 최소 단위가 될 때까지 반복적으로 리스트를 분할한 뒤, 이를 다시 2개씩 반복적으로 병합하며 정렬한다. 86과 80을 순서대로 80, 86으로 병합, 84와 92는 순서를 변경할 필요 없이 그대로 84, 92로 병합하는 과정을 반복한다. 하나의 항목을 2개씩 병합하고, 병합된 항목들을 다시 2개씩 병합하는 과정을 반복하여 처음과 같은 8개의 항목으로 이루어진 리스트로 만든다.

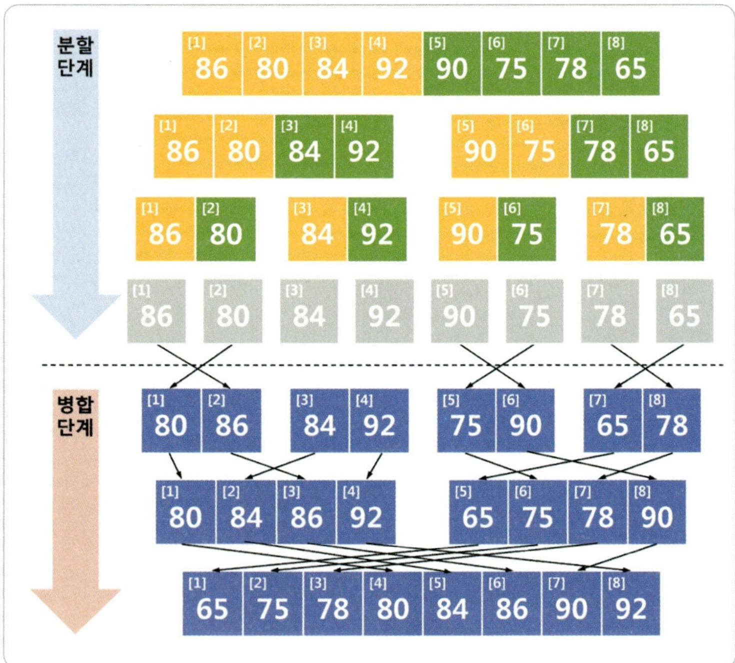

그림 11-9. 병합 정렬 방법

11.3.4 퀵 정렬

퀵 정렬(quick)은 데이터에서 임의의 기준(pivot)을 정하고, 기준보다 작은 데이터는 왼쪽, 큰 데이터는 오른쪽에 위치시키는 과정을 반복하며 정렬하는 방법이다.

그림 11-10은 퀵 정렬 과정을 보여준다. 노란색 항목은 정렬 대상, 초록색 항목은 기준, 파란색 항목은 정렬된 항목을 의미한다. 이 교재에서는 기준을 정렬 범위의 첫 번째 항목으로 선택[7)]한다.

1에서 기준 값은 86이다. 따라서 리스트의 모든 항목 중 86보다 작은 항목은 86의 왼쪽, 큰 항목은 오른쪽으로 옮긴다. 그러면 86은 리스트의 6번째 항목에 위치하게 된다. 여기서 좀 더 생각을 해보자. 86의 양쪽 리스트는 아직 정렬되지 않았지만, 이후 양쪽 리스트의 정렬 과정에서는 86의 위치가 변경되지 않는다. 86의 왼쪽에는 86보다 작은 항목들이 있고, 오른쪽에는 큰 항목들이 있기 때문에 양쪽 리스트가 어떻게 정렬되든 해당 리스트 내의 항목들끼리만 자리가 변경되기 때문이다. 따라서 86은 리스트 내에서 움직일 필요가 없으므로 위치를 고정시킨다. 즉, 기준 값은 정렬이 완료된 항목이 된다.

2에서는 1에서 정렬이 완료된 86을 기준으로 양쪽 리스트에서 각각 기준을 설정한다. 기준은 1과 같이 각 리스트의 첫 번째 항목으로 설정한다. 먼저 리스트의 왼쪽 리스트에서는 80이 기준 값이 되고, 마찬가지로 80보다 작은 항목은 왼쪽, 큰 항목은 오른쪽으로 이동시킨 뒤, 기준 값 80은 정렬이 완료된 항목이 된다. 오른쪽 리스트에서는 92가 기준이 되고 마찬가지로 각 항목을 이동시킨 뒤, 92도 정렬이 완료된 항목이 된다.

3에서는 새롭게 고정된 80과 92의 양쪽 리스트에서 각각 기준을 설정하고 동일한 과정을 반복한다. 단, 84와 90과 같이 부분 리스트가 하나의 항목만 남으면 즉시 정렬 완료 된 항목으로 설정한다. 4에서도 동일한 과정을 거치면 모든 항목들의 위치가 결정되고 퀵 정렬이

7) 일반적으로 컴퓨터공학에서는 중간에 있는 값을 기준으로 사용한다. 성능을 위해서 기준을 한 번에 2개씩 설정하는 개선된 퀵 정렬 알고리즘도 있다.

완료된다.

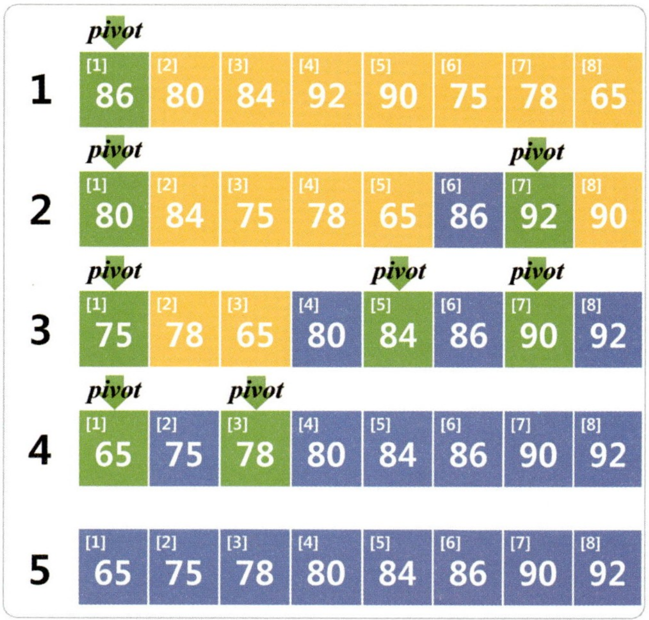

그림 11-10. 퀵 정렬 방법

11.3.5 정렬 방법의 특징 비교

표 11-1은 정렬 방법들의 특징을 요약하고 있다. 비교 및 교환 횟수 등은 최악의 경우를 기준으로 작성한 것이다.

표 11-1. 정렬 방법들의 특징 비교 (오름차순 기준)

정렬 방법	특징 (데이터 수는 n개)
버블 정렬	• 인접한 두 개의 항목을 비교하여 더 큰 항목을 뒤로 보내는 방법 • 비교 횟수 : (n−1)+(n−2)+⋯+2+1 = n(n−1)/2 • 교환 횟수 : (n−1)+(n−2)+⋯+2+1 = n(n−1)/2

정렬 방법	특징 (데이터 수는 n개)
삽입 정렬	• 아직 정렬되지 않은 데이터를 정렬된 데이터 사이에 적절한 위치를 찾아 삽입하는 방법 • 비교 횟수 : (n−1)+(n−2)+⋯+2+1 = n(n−1)/2 • 삽입 횟수 : n
선택 정렬	• 아직 정렬되지 않은 데이터에서 가장 작은 수를 찾아 가장 앞으로 보내는 방법 • 비교 횟수 : (n−1)+(n−2)+⋯+2+1 = n(n−1)/2 • 교환 횟수 : n
버킷 정렬	• 데이터를 특정 조건에 따라 바구니에 넣었다가 빼는 과정을 반복하는 방법 • 자릿수 × (n + 버킷 수)
병합 정렬	• 데이터를 최소단위까지 반복적으로 분할한 뒤, 이를 두 개씩 정렬하며 병합하는 방법 • 분할 단계 : $n\log_2 n$, 병합 단계 : 단계 수 × n
퀵 정렬	• 데이터에서 기준을 정하고, 기준보다 작은 데이터는 왼쪽, 큰 데이터는 오른쪽에 위치시키는 과정을 반복하는 방법 • 평균 교환 횟수 : $n\log_2 n$

누군가 '어떤 정렬 방법이 가장 좋은 방법은 무엇이냐?'라는 질문을 한다면 표 11−1의 정렬 방법 중에는 '평균적으로, 또는 일반적으로 퀵 정렬이 가장 빠릅니다.' 라고 할 수는 있지만 사실 위의 질문에 대한 정답은 없다. 자신이 해결하고자 하는 문제에서 다루는 데이터가 어떤 특징을 가지고 있는지에 따라 같은 정렬 방법이라도 큰 성능 차이를 보이기 때문이다.

예를 들어 해결해야 하는 문제에서 다룰 데이터가 1, 3, 4, 7, 9, … 와 같이 순차적인 경향을 가진다고 가정해보자. 이런 데이터를 정렬하기 위해서 일반적으로 좋은 결과를 가지는 퀵 정렬을 사용한다면 어떤 경우가 발생하는지 그림 11−11을 보면서 생각해보자. 퀵 정렬의 기준을 첫 번째 원소로 설정한다면 1이 기준이 되고, 이보다 큰 수를 우측에 둘 것이다. 그런데 1보다 큰 수는 기준을 제외한 나머지 모든 원소이다. 따라서 매 단계에서 첫 번째 원소 하나씩만 정렬되는 상황이 발생한다. 이러한 경우에는 퀵 정렬은 n^2에 가까운 비교 연산을 해야 하기 때문에 성능이 매우 떨어진다.

그림 11-11. 퀵 정렬에서 최악의 경우

이렇듯 일반적으로 좋은 성능을 보여주는 정렬 방법일지라도 데이터에 따라서는 좋지 못한 성능을 보일 때가 있다. 따라서 정렬에서는 해결하고자 하는 문제에서 다루는 데이터의 특징을 잘 파악하고, 그에 적합한 정렬 방법을 사용할 수 있도록 다양한 정렬 알고리즘을 이해하고 적용할 수 있는 능력을 가지는 것이 무엇보다 중요하다.

연습문제

효율적인 데이터 관리를 위한 정렬하기

1. 삽입 정렬에서 최상의 경우와 최악의 경우에 대해서 생각해보자.

2. 수족관에 놀러간 고양이와 가장 가까운 물고기가 무엇인지 찾아보자. (다른 스프라이트와의 거리는 감지 카테고리-`마우스 포인터 ▾ 까지의 거리` 블록을 사용한다.)

※ 힌트 : 물고기와의 거리, 물고기 이름 2개의 리스트를 만들고, 거리 리스트를 기준으로 이름을 함께 정렬한다.

12 CHAPTER

이벤트 처리와 메시지 방송

요즘 사용하는 컴퓨터들은 대부분 GUI(Graphic User Interface) 기반의 운영체제를 사용한다. 컴퓨터 전원을 누르면 부팅이 되고 자동으로 Windows나 iOS 같은 운영체제가 실행된다. 운영체제가 컴퓨터를 사용할 준비를 마치면 사용자는 화면에 있는 다양한 아이콘이나 바로가기 같은 것을 마우스로 클릭해서 컴퓨터에게 원하는 작업을 수행시킨다. 이와 같이 사용자가 컴퓨터에게 명령을 내리거나 정보를 교환할 때, 아이콘 같은 그래픽으로 표현된 것을 이용하는 작업 환경을 GUI라고 한다. 즉, 사용자 인터페이스(UI)를 구성하기 위해 그래픽을 사용한 것이다.

반대로 CUI(Character User Interface) 기반의 운영체제도 있는데, CUI는 사용자와 컴퓨터 간의 정보 교환을 위해 문자를 활용하는 환경을 의미한다. GUI가 발전하기 전에는 DOS(disk operating system)와 같은 CUI 기반의 운영체제가 사용되었으나, 요즘에는 사용하기 편리한 GUI 기반의 운영체제가 대부분이다. 다만, 사용자 편의를 제공할 필요는 대규모 고성능 서버나 전문가용 컴퓨터에서는 아직도 성능을 위해 CUI 기반의 운영체제가 사용되기도 한다. 그림 12-1은 CUI 기반으로 동작하는 명령 프롬프트를 실행시킨 예시이다. 그림과 같이 사용자와 컴퓨터 간에 문자를 이용하여 정보를 전달한다.

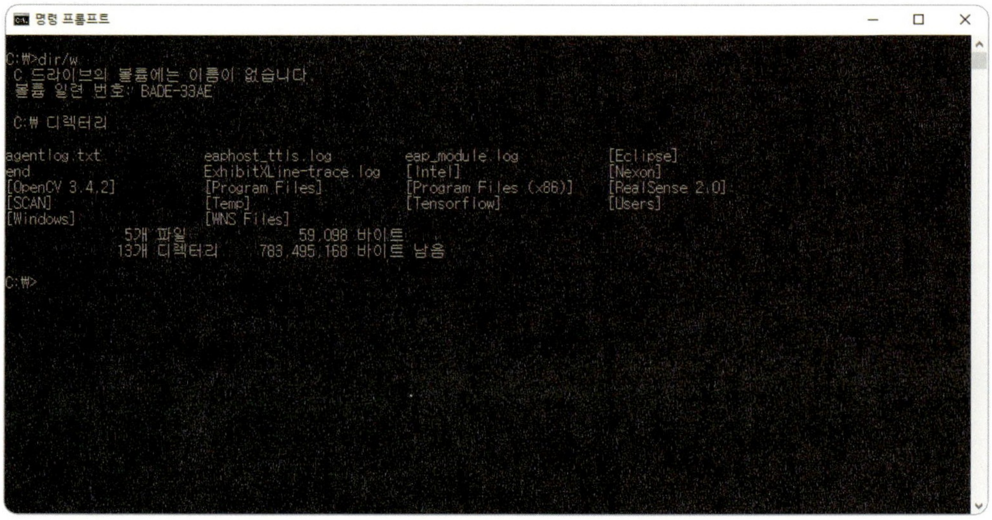

그림 12-1. CUI 기반인 명령 프롬프트

GUI 기반의 프로그램의 특징에는 이벤트 기반(event-driven)의 동작을 한다는 것이 있다. 프로그램에서 이벤트(event)라는 것은 사용자가 컴퓨터를 사용하면서 하는 거의 모든 행위를 의미한다. 예를 들어 글자를 입력하기 위해서 키보드의 어떤 키를 누르는 행위, 마우스를 움직이는 행위, 아이콘을 선택하기 위해서 마우스를 클릭하는 행위, 프로그램을 실행하기 위해 아이콘을 더블 클릭하는 행위, 여러 개의 파일을 선택하기 위해서 마우스를 드래그하는 행위와 같은 것이다.

이벤트 기반 프로그램은 이벤트 발생에 의해 프로그램의 실행 흐름(순서)이 결정된다. 이는 어떤 이벤트가 발생하면 그 이벤트를 처리할 수 있는 작업을 수행함으로써 전체 문제를 해결하는 프로그램을 의미한다. 즉, 사용자가 파일 복사라는 이벤트를 발생시키면 복사 이벤트를 처리하기 위해 선택된 파일을 복사하는 작업을 수행하고, 파일 삭제라는 이벤트를 발생시키면 해당 파일을 삭제하는 작업을 수행한다는 것이다. 만약 파일 삭제 이벤트가 먼저 발생했다면, 프로그램의 실행 흐름은 달랐을 것이다.

아래의 문제 상황을 살펴보자.

> 여러분은 어떤 중식당의 종업원이다. 새로운 손님 A가 식당에 들어와 음식 주문을 받아야 한다. 종업원은 A에게 테이블을 안내하고 메뉴판을 가져다준다. A는 메뉴판을 보며 주문할 음식을 선택하고 있다. 고민의 시간이 길어지고 있다. 1분, 2분, ..., 10분 뒤, A는 드디어 메뉴를 선택하고 손을 들었다. 종업원은 A가 손을 든 것을 확인하면 A에게 주문을 받는다.

이러한 경우, 종업원은 주문을 받기 위해 A가 손을 들었는지 주기적으로 확인해야한다. 종업원은 A가 언제 손을 들지 모르기 때문에 다른 손님에게 서빙을 하거나, 주변 정리, 계산 등의 다른 업무를 하는 중에도 사이사이에 계속 A를 확인하고 있었을 것이다. 만약 다른 일에 너무 집중해서 A를 확인하는 간격이 길어지면 A는 주문하기 위해 기다리는 시간이 길어진다. 반대로 너무 A만 확인하고 있으면 종업원은 다른 일을 할 수가 없어진다.

> 여러분은 어떤 한식당의 종업원이다. 새로운 손님 B가 식당에 들어와 음식 주문을 받아야 한다. 종업원은 B에게 테이블을 안내하고 메뉴판을 가져다준다. B는 메뉴판을 보며 주문할 음식을 선택하고 있다. 고민의 시간이 길어지고 있다. 1분, 2분, ..., 10분 뒤, B는 드디어 메뉴를 선택하고 호출 벨을 눌렀다. 종업원은 벨소리를 듣고 B에게 주문을 받는다.

두 번째 경우, 종업원은 주문을 받기 위해 더 이상 B를 계속 확인할 필요가 없다. 종업원은 B가 언제 주문을 하는지에 관계없이 계속 본인의 일에 집중하다가 벨이 울리면 B에게 가서 주문을 받으면 된다. 첫 번째 경우와 달리 종업원은 본인이 하는 일에 계속 집중할 수 있기 때문에 일의 효율이 높을 것이다.

이러한 상황을 프로그램 기준에서 재해석한다면 종업원은 프로그램, 손님은 사용자이거나 다른 프로그램이 될 수 있고, 손님이 주문하는 것은 이벤트라고 할 수 있다. 첫 번째 상황은 이벤트 발생 여부를 프로그램이 주기적으로 확인하고 이벤트가 발생하면 이를 처리하는 것이고, 두 번째 상황은 이벤트가 발생하면 이벤트를 발생시킨 주체가 호출을 통해 프로그램에게 알려줌으로써 이벤트를 처리하는 것이다. 두 번째 상황이 보다 효율적이라는 것은 쉽게 이해할 수 있을 것이다.

전체 문제를 해결하기 위해서는 다수의 이벤트가 필요한 경우가 많다. 특히 이벤트가 발생하는 프로그램과 처리하는 프로그램이 다르거나, 이벤트들의 발생순서가 일정하지 않을 때에는 문제를 이벤트 기반 생각하고 해결해야 효과적이다. 따라서 이벤트 기반의 컴퓨팅사고 향상을 위해 12장에서는 스크래치에서 이벤트 처리와 관련된 내용에 대해서 공부한다.

그림 12-2. 종업원과 손님 문제 예시

12.1 순차적 표현을 이용한 종업원 문제 해결

우리는 지금까지 순차적 표현, 선택적 표현, 반복적 표현 방법을 통해 스크래치 스크립트를 작성해왔다. 선택, 반복 등의 블록들을 사용하여 조건에 따라 다른 블록으로 이동하기도 하고 특정 스크립트를 반복하기도 했지만, 사실 이러한 표현들도 좀 더 큰 흐름으로 보면 순차적인 표현이라고 할 수 있다.

순차적인 표현들을 이용하여 이벤트 없이 주문받는 상황을 스크래치로 표현해보면 그림 12-2와 같을 것이다. 무대에는 종업원인 고양이 스프라이트와 손님인 'Dee' 스프라이트가 있다. 고양이는 손님이 오면 인사를 하고 메뉴판을 준 뒤, 손님이 주문할 준비(isReady)가 되었는지 주기적으로 확인하다가 준비가 되면 주문을 받는다. 손님은 메뉴를 받고(3초 기다리기) 랜덤한 시간동안 메뉴를 고민한 뒤, '뜨끈한 국밥'으로 결정을 하고 주문 준비를 마친다.

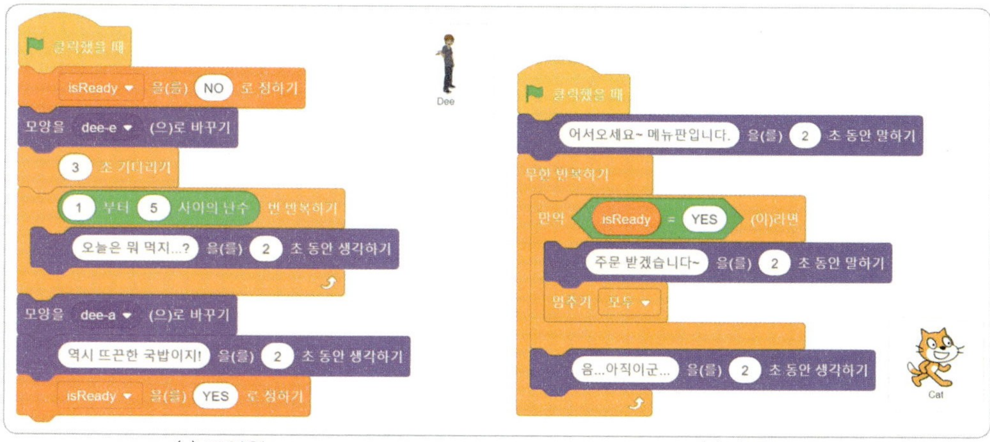

(a) 종업원　　　　(b) 손님

그림 12-3. 종업원 문제 스크립트 (순차)

그림 12-3은 종업원과 손님 문제의 스크립트를 보여준다. 종업원 스크립트는 손님이 준비될 때까지, 즉, isReady가 YES가 될 때까지 무한 반복을 하면서 대기하는 것을 확인할 수 있다. 만약 어떤 문제를 해결하기 위해 이런 경우가 많이 발생한다면 매우 비효율적인 문제 해결방법이라고 할 수 있다.

12.2 이벤트를 이용한 종업원 문제 해결

스크래치에서도 이벤트 기반 프로그래밍을 할 수 있도록 다양한 이벤트와 관련된 블록을 제공하고 있으며, 이벤트 범주에 포함되어 있다. 여기에는 '~~했을 때'라는 블록들이 있는데, 이 블록들이 바로 특정 이벤트가 발생했을 때 실행되는 블록들이다.

블록	설명
(깃발) 클릭했을 때	(깃발)을 클릭하였을 때 이벤트
이 스프라이트를 클릭했을 때	해당 스프라이트를 클릭했을 때 이벤트
스페이스 ▾ 키를 눌렀을 때	스페이스 바를 눌렀을 때 이벤트
배경이 배경 1 ▾ (으)로 바뀌었을 때	배경이 바뀌었을 때 이벤트
음량 ▾ > 10 일 때	음량이 일정 이상일 때 이벤트
메시지1 ▾ 을(를) 받았을 때	사용자가 정의한 특정 메시지를 받았을 때 이벤트
메시지1 ▾ 방송하기	사용자가 정의한 메시지를 보냄
메시지1 ▾ 방송하고 기다리기	사용자가 정의한 메시지를 보내고, 메시지를 받은 곳에서 이벤트 처리를 완료할 때까지 기다림

[메시지1 ▾ 방송하기]와 [메시지1 ▾ 방송하고 기다리기] 블록은 메시지를 방송하는 기능을 한다. 여기서 메시지는 스프라이트끼리 또는 스프라이트와 배경 간에 어떤 이벤트가 발생했을 때 서로 알려주기 위해서 방송하는 것이다. 위의 예제에서 손님이 주문을 하려고 테이블에 붙어있는 호출 벨을 눌러 종업원에게 알리는 것과 같다.

종업원은 [메시지1 ▾ 을(를) 받았을 때] 블록을 이용하여 방송된 메시지를 인식하고 손님에게 주문을 받는다. 표 12-1은 종업원과 손님 문제의 각 상황이 이벤트 기반 프로그램에서 해당하는 것을 보여준다.

표 12-1. 이벤트 기반 프로그램에서 종업원 문제의 상황 비교

종업원	'Cat' 스프라이트
손님	'Dee' 스프라이트
주문하려고 함	이벤트 발생
호출 벨 누름	메시지 전송
호출을 받고 주문을 받음	이벤트 처리

이제 이벤트를 활용해서 주문받는 상황을 스크래치로 표현해보자. 그림 12-4는 종업원과 손님 상황을 이벤트를 이용하여 표현한 것이다.

(a) 종업원 (b) 손님

그림 12-4. 종업원과 손님 문제 스크립트 (이벤트)

먼저 종업원의 스크립트를 보면 🏁을 클릭하였을 때 메뉴판을 가져다주고 다른 일을 계속 하고 있게 된다.

손님 스크립트는 🏁을 클릭하였을 때 메뉴판을 가져다주기까지 걸리는 시간을 3초라고 가정하였고, 이를 기다린다. 그리고 랜덤하게 어떤 메뉴를 선택할지 고민을 한다. 고민 결과 '역시 뜨끈한 국밥이지!'라며 메뉴를 선택한 뒤, 종업원을 호출하기 위해서 '주문'이라는

메시지를 방송한다.

'주문'이라는 새로운 메시지를 만들기 위해서는 메시지 관련 블록을 가져다놓고 메시지 이름 옆에 삼각형을 클릭하면 아래 그림과 같이 새로운 메시지를 만들기 위한 메뉴를 볼 수 있다.

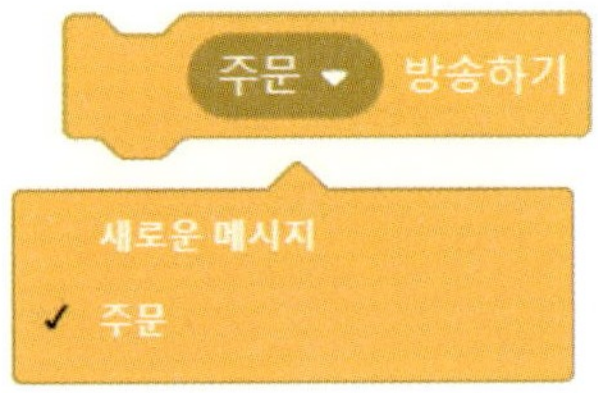

이렇게 손님이 고민하고 메뉴를 선택할 때까지 종업원은 쉬지 않고 계속 다른 일을 하고 있다는 것을 잊지 말자.

다시 종업원 스크립트를 보면, '을 클릭하였을 때' 외에 '주문을 받았을 때'라는 블록이 하나 더 있다. 이 블록은 누군가 '주문'이라는 메시지를 방송하면 자동으로 인식하여 연결되어 있는 블록들을 자동으로 실행한다. 따라서 '주문을 받았을 때'에는 하던 일을 멈추고 손님에게 주문을 받는 블록들이 있다.

그림 12-3의 스크립트와 달리 손님이 종업원에게 메시지를 통해 바로 이벤트 발생을 알리기 때문에 더 이상 종업원은 손님의 상태를 확인할 필요가 없다. 따라서 isReady 변수도 필요 없고, 이벤트 단위로 문제를 분할해서 해결하면 되기 때문에 전체 문제를 보다 간단하게 해결할 수 있다.

12.3 스프라이트끼리 대화하며 문제 해결하기

다음과 같은 상황을 생각해보자.

> 어느 날 한가로이 길을 걷던 쥬비에게 놀라운 일이 벌어졌다. 저 멀리서 댄싱머신 챔프가 춤추고 있는 것이 아닌가! 쥬비는 댄싱머신의 칭호를 빼앗기 위해 챔프에게 댄스 배틀을 신청한다. 댄스 배틀의 룰은 상대와 번갈아가면서 자신의 춤을 원하는 시간동안 마음껏 펼치는 것이다. 쥬비와 챔프의 불꽃 튀는 댄스 배틀 현장을 재현해보자.

이 상황을 재현하기 위해서는 먼저 쥬비(Jouvi Dance)와 챔프(Champ99) 스프라이트가 필요하다. 쥬비와 챔프 스프라이트의 모양에는 다양한 춤 동작이 있어 모양을 계속 변경해주면 마치 춤을 추는 것 같은 효과를 만들 수 있다. 그리고 배경도 적절하게 변경해주자. 예제에서는 배경을 Metro로 하였다. 그림 12-5를 참고하자.

그림 12-5. 쥬비와 챔프의 댄스 배틀

이 문제에서 중요한 것은 쥬비와 챔프가 번갈아가면서 춤을 춘다는 것이다. 서로의 차례를 침범하면 안 된다. 즉, 쥬비가 춤을 다 추고 나면 챔프가, 챔프가 다 추고 나면 쥬비가 춤을 춘다는 것이다. 그런데 각자 춤을 원하는 시간만큼 추기 때문에 서로 춤 출 시작 타이밍을 맞추기가 어렵다.

이러한 문제를 해결하기 위해서 바로 이벤트와 메시지를 활용할 수 있다. 쥬비와 챔프는 각자 자신이 춤을 다 추고 나면(이벤트 발생) 상대에게 메시지를 방송해서 알려주고, 메시지를 받은 사람은 춤을 이어서 추면된다. 각 이벤트가 발생했을 때 방송하는 메시지는 아래와 같다.

이벤트	메시지
쥬비가 춤을 다 췄을 때	챔프 춤춰!
챔프가 춤을 다 췄을 때	내 춤은 번개보다 빠르지!

그림 12-6은 쥬비의 스크립트를 보여준다. 을 클릭했을 때 챔프가 춤을 추게 하기 위해 먼저 '챔프 춤춰!' 메시지를 방송한다.

그림 12-7은 챔프의 스크립트를 보여준다. '챔프 춤 춰!' 메시지를 받았을 때 챔프는 5~15번 모양을 바꾸며 춤을 추고, 춤을 다 췄으면 '내 춤은 번개보다 빠르지!'라고 메시지를 방송한다.

그러면 '내 춤은 번개보다 빠르지!' 메시지를 받은 쥬비는 마찬가지로 5~15번 모양을 바꾸며 춤을 추고, 춤을 다 췄으면 다시 '챔프 춤 춰!'라는 메시지 방송한다. 이렇게 메시지를 계속해서 주고받으며 격렬했던 댄스 배틀 현장을 구현할 수 있다.

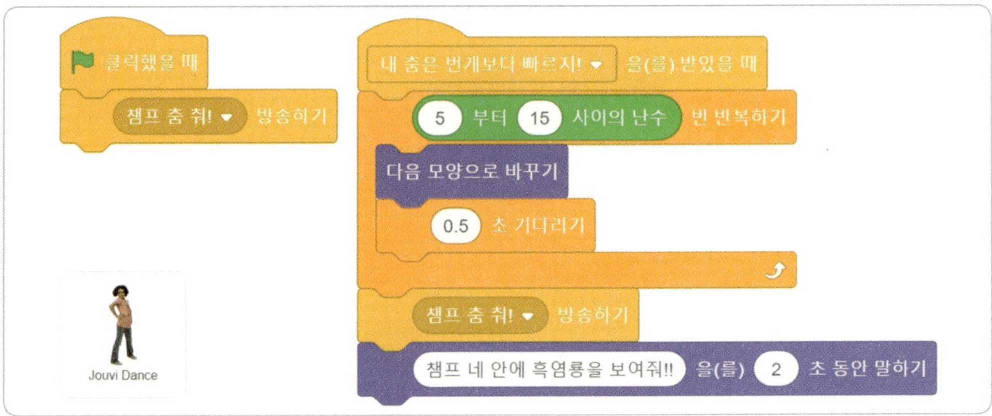

그림 12-6. 쥬비 스크립트

그림 12-7. 챔프 스크립트

12.4 다수의 이벤트 동시에 처리하기

아래의 고양이의 문제 상황을 살펴보고, 이를 해결해주자.

오늘 저녁 식사에는 고양이가 제일 좋아하는 물고기 반찬이 나왔다. 고양이는 너무 반가운 나머지 과식을 했고 소화가 되지 않아 산책을 나갔다. 어두운 밤 한가로이 좌우로 이동하며 산책을 하고 있는데, 저 멀리서 고슴도치 한 마리가 다가오고 있었다. 신기한 마음에 만져보고 싶기도 했지만 고슴도치에 찔리면 너무 아플 것 같아 고슴도치를 점프해서 피해가려 한다. 타이밍을 잘 맞춰 고슴도치를 피해 무사히 숲 끝까지 가보자.

그림 12-8. **고양이 산책 문제 예시**
(스프라이트: 고양이, 고슴도치(Hedgehog), 배경: Woods)

먼저 고슴도치의 움직임을 그림 12-9와 같이 정의해보자. 고슴도치는 무대 우측에서 좌측으로 계속 반복해서 움직인다고 가정한다. 이 때 재미를 위해 움직이는 속도를 달리 하기 위해 2~5 사이의 난수를 이용하여 이동속도에 변화를 주었다.

그림 12-9. **고슴도치 스프라이트 스크립트**

그런데 그림 12-9에서  블록이 2개 있는 것을 볼 수 있다. 이는 을 클릭했을 때라는 이벤트가 발생하면 두 가지 작업을 동시에 수행하겠다는 의미가 된다. 즉, 왼쪽 블록들은 0.5초 간격으로 고슴도치의 모양을 바꾸는 작업을 무한 반복한다. 이는 일정한 간격으로 고슴도치가 계속 움직이게 하여 마치 걷는 것처럼 보이게 하기 위함이다. 그리고 오른쪽 블록들은 고슴도치를 우측에서 좌측으로 이동시키는 부분이다.

만약 이 두 작업을 그림 12-10과 같이 하나의 에서 처리한다면 어떻게 될까?

그림 12-10. 하나의 이벤트에서 모든 작업 처리하기

그림 12-10과 같이 구현하면 고슴도치는 (250, −130) 무대 우측으로 이동하고, 2~5초 사이 동안 (−250, −130) 무대 좌측으로 이동한다. 스프라이트의 모양을 변경한 뒤, 0.5초 기다린다. 그리고 이 작업을 무한 반복한다. 별다른 문제없이 잘 동작할 것 같은 스크립트라고 생각할 수 있으나 잘 생각해보면 문제가 있다. 고슴도치는 무대 우측에서 좌측으로 이동한 뒤 모양을 바꾼다. 즉, 고슴도치의 모양이 고정된 채로 무대를 끝까지 지나간 뒤에서야 모양이 한 번 바뀌게 되는 문제가 발생한다.

이와 같이 한 종류의 이벤트라고 해서 반드시 같이 구현할 필요가 없이, 필요에 따라 여러 개의 이벤트 블록을 이용하여 다른 작업을 동시에 할 수 있다.

주어진 문제에서 고슴도치에 비해 고양이의 움직임은 복잡하다. 고양이는 산책(걷기)하고 있으며 좌우로 이동, 점프할 수 있다. 따라서 고양이의 움직임을 스크립트로 표현하기 위해서는 여러 가지 이벤트가 필요하다.

좌측으로 이동할 때, 우측으로 이동할 때, 점프할 때, 고양이가 걷을 때와 같이 다양한 이벤트를 동시에 처리해야 하는 경우가 발생한다.

그림 12-11은 고양이 스프라이트의 스크립트 예시를 보여준다. 다양한 이벤트에 따라 적절한 작업을 수행할 수 있도록 스크립트를 작성하였다.

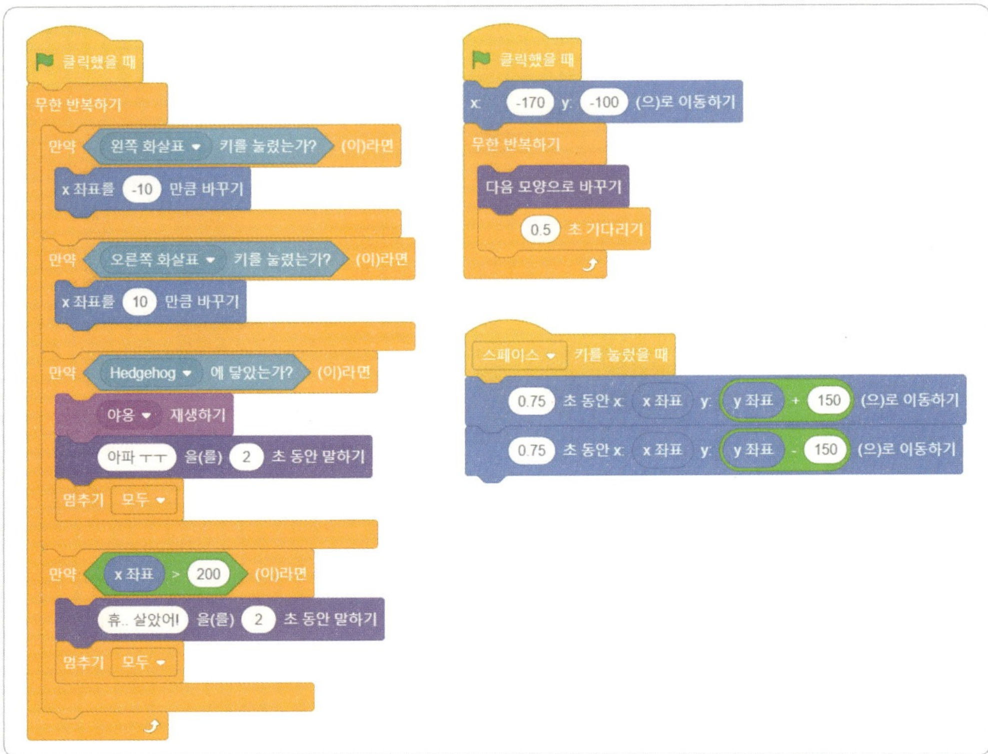

그림 12-11. 고양이 스프라이트 스크립트

프로그램에는 절대적인 정답은 없다. 이보다 더 효율적인 방법, 더 효율적으로 이벤트를 구성하는 방법에 대해서 고민해보고 고양이가 보다 자연스럽게 움직일 수 있는 방법을 찾아보자.

연습문제

이벤트 처리와 메시지 방송

1. 이벤트와 메시지를 이용하여 A 스프라이트를 클릭하면 B 스프라이트가 점프하게 만들어보자.

2. 쥬비와 챔프의 댄스배틀을 3번만 하도록 변경하고, 더 오래 춤을 춘 사람이 승리한 것으로 만들어보자.

13 CHAPTER 멀티미디어를 이용한 문제 해결하기

멀티미디어는 다수라는 의미의 멀티(multi)와 매체라는 의미의 미디어(media)가 합쳐진 단어로 다중 매체라는 뜻을 가진다. 멀티미디어라는 용어의 정의는 사용하는 사람이나 정의하는 관점에 따라 조금씩 달라지기 때문에 상당히 모호하다고 할 수 있다. 1994년, 펠드만(Feldman)은 기술적인 관점에서 멀티미디어는 "단일한 디지털 정보 환경 속에 데이터, 텍스트, 이미지, 사운드가 매끄럽게 통합되어 있는 것"이라고 정의하였고, 표준국어대사전에서는 멀티미디어를 '컴퓨터를 매개로 하여 영상, 음성, 문자 따위와 같은 다양한 정보 매체를 복합적으로 만든 장치나 소프트웨어의 형태'라고 정의하고 있다. 예를 들어 어떤 장치에서 영상과 소리를 동시에 다룬다면 이는 멀티미디어 장치라 할 수 있다.

그림 13-1. 마셜 매클루언, 미디어의 이해, 인간의 확장, 1964

1964년, 매클루언(McLuhan)은 미디어를 "인간의 확장(the extensions of man)이다."라고 하였다. 이는 인간이 미디어를 통해 인간의 육체적인 한계, 오감을 통해 세상을 인지한다는 감각기관의 한계를 극복할 수 있다는 것을 의미한다. 이러한 미디어가 복합적으로 구성되어 있는 멀티미디어는 인간에게 다양한 감각기관을 사용하게 함으로써 보다 풍부한 경험을 제공해줄 수 있다. 우리는 멀티미디어를 이러한 경험적 관점에서 바라볼 필요가 있다.

과거에는 컴퓨터를 이용한 문제 해결에 있어서 해결 방법 그 자체에 더 중점을 두었다. 좋은 알고리즘을 만들어 어떻게든 문제를 해결하는 것에 집중했다. 불과 십여 년 전만 하더라도 지금의 하드웨어와는 비교조차 할 수 없는 수준의 하드웨어를 가지고 문제를 해결해야 했기 때문에, 더 빠르고 메모리를 적게 사용할 수 있는 문제 해결 방법을 개발하는 것에 집중할 수밖에 없었다.

최근에는 더 다양해진 고성능의 하드웨어와 발전된 기술을 사용할 수 있게 되었고, 같은 문제 해결 방법도 어떻게 하면 사용자들에게 더 좋은 경험을 제공해줄 수 있을 것인가에 대해서도 많은 비용을 투자한다. 예를 들어 같은 어플리케이션이 있더라도 사용자는 예쁘고 사용하기 더 편한 것을 선호한다. 어플리케이션 마켓에 같은 기능을 하는 여러 어플리케이션 중에서 사용자는 더 훌륭한 사용자 경험(UX, User eXperience)을 제공하는 것을 선호한다.

멀티미디어는 다양하고 새로운 미디어들을 융합함으로써 사용자에게 새로운 경험, 확장된 경험을 제공할 수 있다. 따라서 멀티미디어는 사용자에게 기존 경험의 한계를 극복할 수 있는 수단으로써 그 중요성은 계속해서 높아질 것이다.

13장에서는 스크래치에서 제공해주는 멀티미디어 도구들을 소개하고, 이를 활용하여 재미있는 문제들을 해결해본다.

13.1 소리

스크래치에서는 여러 가지 소리를 낼 수 있는 기능을 제공해주고 있다. 이 기능들은 소리 범주에 포함되어 있으며, 세부 블록들은 아래와 같다.

블록	설명
야옹 ▾ 끝까지 재생하기	스크래치에서 제공해주는 소리나 사용자가 녹음한 소리를 끝까지 재생
야옹 ▾ 재생하기	스크래치에서 제공해주는 소리나 사용자가 녹음한 소리를 재생 (재생 중에 멈출 수 있음)
모든 소리 끄기	모든 소리 끄기
음 높이 ▾ 효과를 (10) 만큼 바꾸기	재생되는 소리의 음 높이를 변경
음 높이 ▾ 효과를 (100) 로 정하기	재생되는 소리의 음 높이 정하기
소리 효과 지우기	음 높이 설정을 초기화
음량을 (-10) 만큼 바꾸기	음량 변경
음량을 (100) % 로 정하기	음량 설정
음량	음량 값을 저장하고 있는 변수

고양이 스프라이트에서 재생하기 블록은 [야옹 ▾ 재생하기], [야옹 ▾ 끝까지 재생하기]와 같이 '야옹' 소리를 재생하게 되어 있다. 이는 고양이 스프라이트이기 때문에 자동으로 '야옹'이라는 소리가 설정되어 있는 것이다. 만약 다른 소리를 재생하고 싶다면 좌측 상단의 '소리' 탭을 선택하여 소리 영역에 들어가서 변경할 수 있다. 그림 13-2는 고양이 스프라이트의 소리 영역 화면을 보여준다. 그림에서 좌측 하단에 스피커 버튼을 누르면 고양이 소리 외의 다양

한 소리를 선택할 수 있다. 스크래치 3.0에서는 기본적으로 동물, 효과, 악기, 목소리 등과 관련된 350개 이상의 소리를 제공하고 있다.

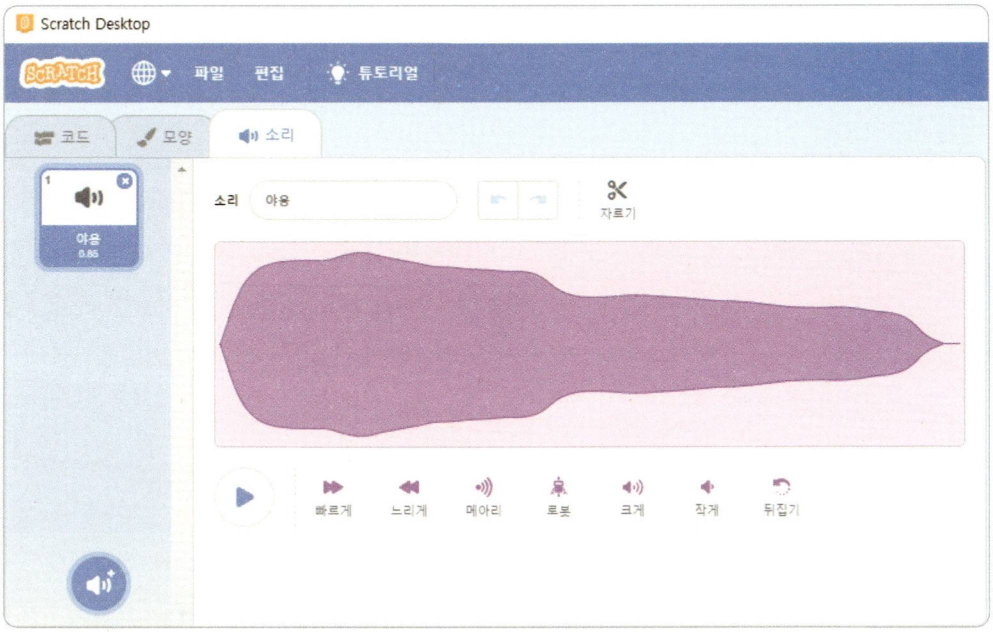

그림 13-2. 고양이 스프라이트의 소리 영역 화면

소리 영역에서는 간단하게 소리를 편집할 수 있는 기능도 제공하고 있다. 소리에서 불필요한 부분을 제거하기 위한 자르기, 소리를 빠르게 하거나 느리게 하기, 메아리 효과, 로봇이 말하는 것 같은 효과, 소리 크기를 크게 하거나 작게 하는 것, 거꾸로 재생하게 하는 뒤집기 기능이 그것이다. 각 버튼들을 한 번씩 눌러보면 쉽게 이해할 수 있을 것이다.

스크래치는 기본 소리들 외에도 프로그래머가 직접 소리를 녹음하여 재생하는 기능을 제공하고 있다. 재생하기 블록에서 아래와 같이 야옹 부분을 선택하면 녹음하기 버튼이 있다.

녹음하기 버튼을 누르면 그림 13-3의 왼쪽 그림과 같은 창이 뜨고, 녹음하기 버튼을 누르면 오른쪽 그림과 같은 창이 뜨고 녹음이 시작된다.

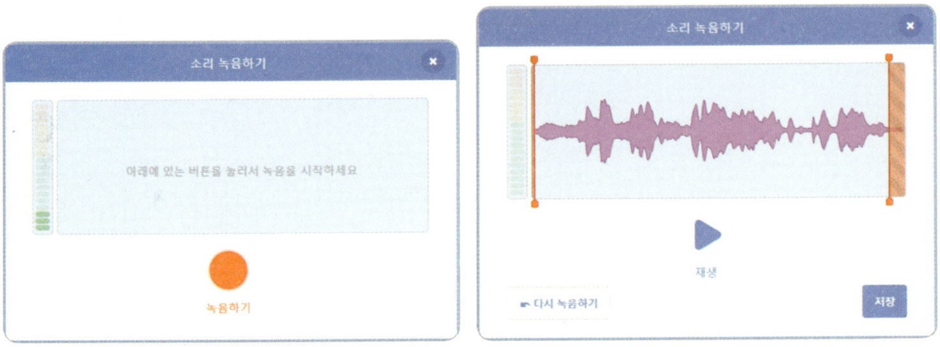

그림 13-3. 소리 녹음하기

녹음을 완료하고 저장하면 재생하기 블록에 아래와 같이 소리가 추가된 것을 확인할 수 있다.

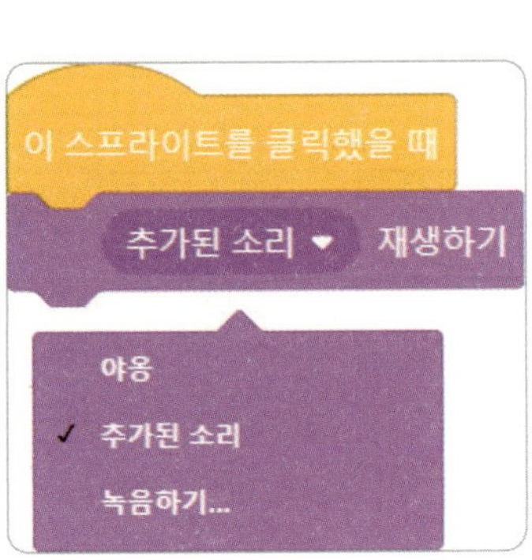

13.2 음악

스크래치에서는 단순한 소리가 아닌 악기를 연주할 수 있는 기능을 제공하고 있다. 이는 스크래치 창의 좌측 하단에 있는 확장 기능 추가하기( )을 선택하고 우측 그림과 같은 음악 기능을 선택하면 음악 범주를 추가하고 관련 기능을 사용할 수 있다.

음악 범주의 각 블록은 아래와 같다.

블록	설명
(1) 스네어 드럼 ▾ 번 타악기를 (0.25) 박자로 연주하기	다양한 타악기를 일정박자로 연주함
(0.25) 박자 쉬기	일정 박자만큼 쉬기
(60) 번 음을 (0.25) 박자로 연주하기	특정 음을 일정 박자만큼 연주
악기를 (1) 피아노 ▾ (으)로 정하기	연주할 악기 선택
빠르기를 (60) (으)로 정하기	연주 빠르기 설정

빠르기를 (20) 만큼 바꾸기	연주 빠르기 변경
빠르기	빠르기 값을 저장하고 있는 변수

음악 범주의 블록들은 드럼과 같은 타악기 18가지, 피아노와 같은 멜로디 악기 21가지를 연주할 수 있다. 이 블록들을 이용하기 위해 먼저 박자와 빠르기에 대해 이해해보자. 빠르기가 60이라는 것은 60초(1분) 동안 연주되는 4분음표의 수가 60개라는 의미이다. 이는 1초에 4분음표가 1개 연주된다는 것이다. 여기서 4분음표는 1박자를 나타내는 음표이므로 빠르기가 60이라는 것은 1초에 1박자가 연주된다는 의미이다. 따라서 만약 빠르기가 60일 때, 0.5 박자 쉬기라고 하면 이는 0.5초 동안 연주를 멈추라는 의미가 된다.

빠르기의 의미를 이해했다면 아래의 블록이 몇 초 동안 연주될 것인지 생각해보자. 단, 빠르기는 30이라고 가정한다.

(1) 스네어 드럼 ▾ 번 타악기를 (0.25) 박자로 연주하기

빠르기가 30이므로 1초는 0.5박자, 1박자는 2초가 된다. 따라서 0.25박자는 0.5초에 해당한다. 위와 같이 타악기 연주하기 블록은 타악기이므로 음이 없이 박자만 설정해주면 된다. 악기 종류를 변경할 때는 '스네어 드럼' 글자 부분을 클릭하여 다른 종류의 타악기를 선택할 수 있다.

이제 음정이 있는 악기들을 연주하는 방법을 알아보자(빠르기는 60). 먼저 악기를 ~로 정하기 블록을 이용하여 악기를 선택한다. 악기 선택 방법은 타악기 변경하는 것과 동일하다. '피아노' 글자 부분을 클릭하고 다른 악기로 변경한다.

악기 연주는 와  블록을 이용한다. 먼저 연주할 음을 선택하는 방법을 보자. 스크래치에서는 각 음을 숫자를 이용하여 표현한다. 즉, 도는 60, 도#은 61, 레는 62, 레#은 63, 미는 64, 파는 65와 같이 표현한다. 따라서 '60번 음을 0.25박자로 연주하기'라고 한다면 도를 0.25초 동안 연주하라는 의미가 된다. 그런데 컴퓨터가 음을 숫자로 표현하는 것은 문제가 되지 않지만, 사람에게는 반음과 온음 등을 고려해야하고 직관적이지 않기 때문에 어려움이 있다. 따라서 스크래치는 '60'이라는 글자 부분을 클릭하면 아래와 같이 건반을 이용하여 음을 직접 선택할 수 있게 해준다.

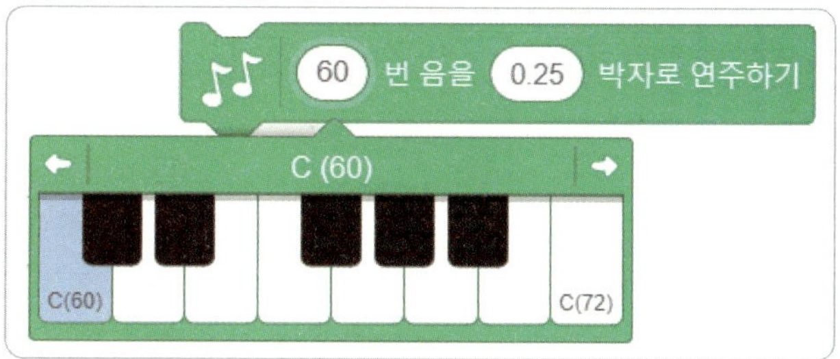

악기는 오르간, 빠르기 120으로 '학교종이 땡땡땡'을 연주하는 내는 스크립트를 작성해보자.

그림 11-4. 학교종이 땡땡땡 초반부 연주 예시

13.3 비디오 감지

스크래치에서는 손쉽게 컴퓨터에 연결된 카메라에서 영상을 획득하고 영상에서 움직임 감지할 수 있다. 이 기능도 음악과 마찬가지로 확장 기능에서 찾을 수 있다. 확장 기능 추가하기에서 우측 그림과 같은 비디오 감지 기능을 선택하면 비디오 감지 범주를 추가하고 관련 기능을 사용할 수 있다.

비디오 감지 범주의 각 블록은 아래와 같다.

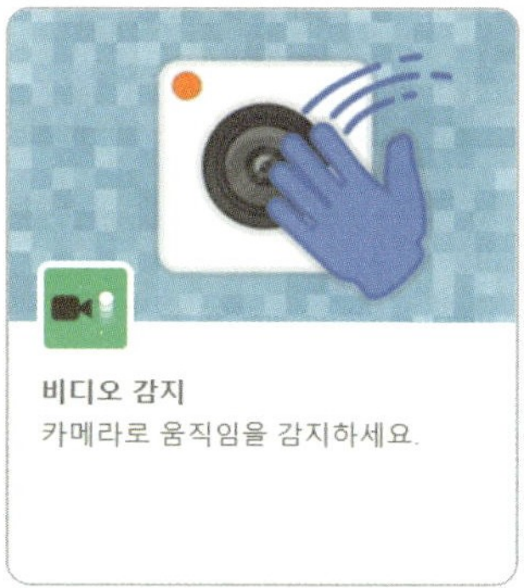

블록	설명
비디오 (켜기 ▾)	카메라 켜기/끄기
비디오 동작 > (10) 일 때	스프라이트 위치에서 움직임이 일정 이상이면 이벤트 발생
비디오 (동작 ▾) 에 대한 (스프라이트 ▾) 에서의 관찰값	영상 전체 또는 스프라이트 위치에서 움직임 수치를 저장하고 있는 변수
비디오 투명도를 (50) (으)로 정하기	투명도 설정

[비디오 동작 > (10) 일 때] 블록은 영상의 스프라이트 위치에서 움직임이 일정량 이상일 때 발생하는 이벤트이다. 움직임 수치는 클수록 영상에서 움직임이 많다는 것을 의미한다. 움직임 수치를 너무 작게 설정하면 너무 민감하게 반응하게 되고 너무 크게 설정하면 반응을 잘 하지 못하는 경우가 생길 수 있다.

[비디오 (동작 ▾) 에 대한 (스프라이트 ▾) 에서의 관찰값]는 설정에 따라 (스프라이트 또는 무대 전체)에서의 (움직임 정도 또는 방향)을 저장하고 있는 변수이다.

[비디오 투명도를 (50) (으)로 정하기] 블록에서 비디오 투명도란 카메라에서 획득한 영상의 투명도를 의미한다. 스크래치에서는 영상을 자동으로 무대에 보여주는데, 투명도를 0으로 설정하면 획득한 영상은 전혀 투명하지 않아 원래의 무대 배경이 전혀 보이지 않게 된다. 반면에 투명

도를 100으로 설정하면 획득한 영상은 투명도가 100%가 되어 전혀 보이지 않아 원래의 무대 배경만 보이게 된다. 만약 투명도를 50으로 설정하면 카메라 영상과 무대 배경이 반씩 겹쳐보이게 된다.

이제 비디오 감지 기능을 이용하여 문제를 해결해보자.

13.3.1 비디오 감지를 이용한 보안시스템

이 박물관에는 역사적 가치가 매우 높은 명화가 전시되어 있다. 그런데 한 괴도로부터 이 명화를 훔쳐갈 것이라는 예고장이 날아왔다. 여러분은 괴도로부터 명화를 지키기 위해 보안 시스템을 완성해야 한다. 누군가 명화를 건드린다면 즉각 알릴 수 있는 시스템을 만들어보자.

그림 13-5. 박물관 보안시스템 예시 (스프라이트: Easel, 배경: Hall)

사실 이 문제를 풀기 위한 방법은 매우 간단하다. 비디오 감지의 기능을 잘 이해했다면 쉽게 그림 13-6과 같은 스크립트를 작성할 수 있을 것이다.

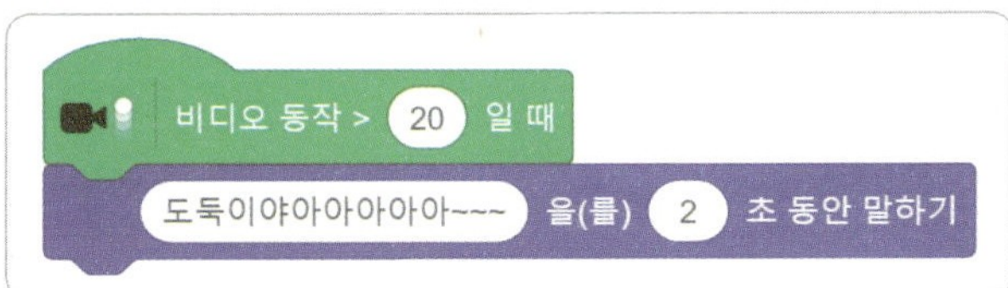

그림 13-6. 보안시스템 스크립트

13.3.2 거대 달걀 키우기

한 농장에 거대 달걀이 나타났다. 이 거대 달걀이 부화될 수 있도록 쓰다듬어주면 어마어마한 병아리가 태어난다고 한다. 귀여운 병아리가 나올 수 있게 달걀을 잘 보살펴주자. (스프라이트: Hatchling, 배경: Farm)

그림 13-7. 거대 달걀 키우기 문제 예시

비디오 감지를 이용하여 Hatchling 스프라이트가 있는 곳의 움직임을 검출하고, 움직임이 검출된 횟수가 일정이상이면 Hatchling의 배경을 변경해줌으로써 위와 같은 문제를 해결할 수 있다.

그림 13-8은 거대 달걀 키우기 문제를 해결하는 방법 중 하나를 보여주고 있다. 이런 문제는 본인의 상상력을 더해 자유롭게 해결 방법을 찾아보기 바란다.

그림 13-8. 거대 달걀 키우기 스크립트

13.4 멀티미디어를 이용한 문제 해결

앞서 언급한 것과 같이 여러 종류의 미디어를 잘 조합하면 보다 인간친화적인 인터페이스와 새로운 사용자 경험을 제공할 수 있다. 다양한 종류의 미디어를 어떤 곳에 어떻게 적용하고 융합할 것인지에 대한 아이디어는 문제 해결 방법 자체를 구현하는 것보다 중요할 때가 있다. 같은 문제 해결 방법이라도 어떤 인터페이스를 제공하느냐에 따라 사용자가 체감하는 편의성에는 매우 큰 차이가 있기 때문이다.

아래와 같은 문제가 있을 때 멀티미디어를 활용해 사용자에게 보다 재미있는 인터페이스를 제공해보자.

여러 종류의 악기 스프라이트를 이용해 사용자가 재미있게 악기를 연주할 수 있게 해주자.

그림 13-9. 악기 연주 프로그램 무대 구성 예시
(스프라이트: Drums Conga, Drum-cymbal, Saxophone, 배경: Concert 편집)

그림 13-9와 같이 무대를 구성하고 악기를 연주할 수 있는 스크립트를 작성하라고 했을 때 어떤 인터페이스를 제공할 것인지 생각해보자.

아마도 가장 간단한 방법은 스마트폰 초기에 많이 유행했던 가상악기 어플리케이션들 같은 방법일 것이다. 예를 들어 피아노 건반이나 기타 넥이 화면에 표시되고, 각 건반이나 기타 줄을 터치하면 소리가 나오는 방식을 의미한다. 이와 같은 방법은 간단히 각 악기 스프라이트를 클릭했을 때 연주하도록 하면 쉽게 구현 가능할 것이다. 하지만 이런 인터페이스는 이제 사람들에게 너무 익숙해져서 새로운 사용자 경험을 제공하기기는 어렵다.

따라서 우리는 더 재미있고 새로운 사용자 경험을 제공하기 위해서 스크래치의 비디오 감지와 음악 기능을 이용하여 동작인식을 이용한 음악 연주 프로그램을 작성해보자. 그림 13-10는 비디오 감지와 음악을 이용한 연주 프로그램 예시를 보여준다. 이와 같이 스프라이트를 사용자가 직접 치면 악기 소리가 나게 만들어보자.

그림 13-10. 비디오 감지와 음악을 이용한 연주

구현 방법은 간단하다. 그림 13-11은 Drums Conga 스프라이트의 스크립트를 보여준다. 이와 같이 각 스프라이트를 배치하고 카메라 감지를 이용하여 일정 이상의 움직임이 검출되면 악기가 연주되게 하면 된다.

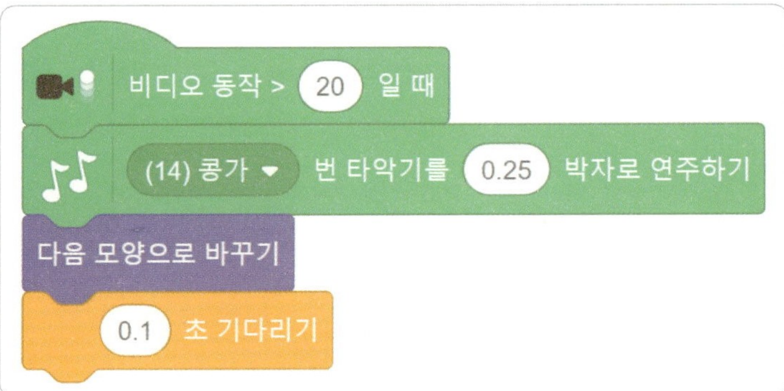

그림 13-11. Drums Conga 스프라이트의 스크립트 예시

교재에서 언급한 것 외에도 박수 소리로 불 켜고 끄기, 알람 소리가 날 때 춤을 추면 알람이 멈추는 스마트 알람과 같은 멀티미디어를 활용한 재미있는 프로그램들을 생각해보고 구

연습문제

멀티미디어를 이용한 문제 해결하기

1. 비디오 감지를 이용해 날아오는 공을 쳐내는 스크립트를 작성해보시오.

2. 거대 달걀 키우기 문제에서 너무 세게 달걀을 건드리면 부화되던 달걀이 다시 처음 상태가 되도록 변경해보시오.

3. 거대 달걀이 부화될 때 재미있는 소리를 추가해보시오.

14 CHAPTER

간단한 게임 만들기

현해보자. 구현 방법의 난이도가 높은 것이 중요한 것이 아니라 어떤 아이디어를 가지고 있는지가 더 중요하다는 것을 잊지 말자.

과거에 게임이라고 하면 부정적인 고정관념을 가진 경우도 많이 있지만, 최근에는 게임의 장점도 많이 알려지고 있는 추세이다. 적당한 게임은 아이들뿐만 아니라 성인들에게도 다양한 간접 경험을 할 수 있는 기회를 제공해주고, 인지능력 향상, 스트레스 해소 등의 장점을 가진다. 그 외에도 게임 시장의 규모는 매년 증가하고 있어 다양한 관련 산업들이 발전하고 있다. 게임이라고 하는 것에 색안경을 끼고 바라볼 것이 아니라 적당한 게임은 삶의 질을 향상시킬 수 있는 하나의 방법이라고 보는 것이 적절할 것이다.

그림 14-1. 고전 게임 마리오와 VR 게임

기존의 게임들은 키보드, 마우스, 조이스틱과 같은 간단한 컨트롤러를 사용하고 사람의 시청각에 의존하는 것이 대부분이었으나, 최근에는 음성 인식, 사물 인식, 동작 인식, AR/

VR 등의 다양한 기술을 적용해 사람의 오감을 만족시켜주고 있다.

게임을 개발하기 위해서는 하드웨어, 컴퓨터 프로그래밍, 네트워크, 서버 관리, 음향, 그래픽, 각종 센서(소리, 모션, 카메라 등)와 같이 기술적인 사항부터 게임 기획, 스토리, 설계, 디자인, 음악, 광고 등과 같이 인문 • 사회 • 예술적인 부분도 반드시 필요하다. 사실 게임이라는 것은 그 시대 최고의 컴퓨터 및 관련 기술의 집합체이다.

우리는 14장에서 간단한 게임을 만들어보고자 한다. 게임을 만들기 위해서 지금까지 배워온 다양한 문제해결 방법들을 응용해보는 것은 컴퓨팅사고력을 향상시킬 수 있는 좋은 기회가 될 것이다.

14.1 유령 잡기 게임

"어느 풍요롭고 고요한 정글에 언젠가부터 유령들이 출몰한다는 소문이 퍼지기 시작했다. 유령들은 소리 없이 나타나 정글 주민들을 깜짝 놀라게 만들고 사라지는 장난을 계속 친다고 한다. 이제 여러분은 정글의 평화를 위해 고스트헌터가 되어 유령들을 최대한 많이 잡아야 한다. 건투를 빈다."

그림 14-2. 유령 잡기 게임

14.1.1 요구사항 분석

먼저 위와 같은 유령 잡기 게임을 개발하기 위해서 구현해야 하는 내용이 무엇인지 생각해보자. (스프라이트: Ghost, 배경: Jungle)

① 소리 없이 나타났다가 사라지는 유령들
→ 유령들은 랜덤 시간, 랜덤 위치에 나타났다가 사라짐

② 유령을 잡았을 때
→ 유령 스프라이트를 클릭했을 때 잡은 것으로 정의
→ 유령을 잡았다는 표시로 '으악!'하고 말하기

③ 유령을 최대한 많이 잡아야 함
→ 잡은 유령 수를 점수화해서 많이 잡도록 유도

④ 일정 조건에서 게임이 종료되어야 함
→ 일정 수의 유령이 등장했을 때 종료

⑤ 유령을 잡았을 때 타격감 주기
→ 잡기 전후의 유령 스프라이트 모양을 변경
→ 총 소리 재생

14.1.2 소리 없이 나타났다가 사라지는 유령들

유령들은 'Ghost' 스프라이트를 사용한다. 유령들은 랜덤 시간에 랜덤 위치에 나타났다가 사라져야 한다. 랜덤 시간은 난수를 발생시키고 그 시간만큼 기다리기는 [1 부터 5 사이의 난수 초 기다리기]와 같이 구현 가능하고, 랜덤 위치는 [랜덤 위치 ▾ (으)로 이동하기] 블록을 활용할 수 있다.

따라서 하나의 유령은 그림 14-3과 같이 구현할 수 있다.

그림 14-3. 랜덤하게 이동하는 유령 스크립트

을 클릭하면, 유령은 랜덤 위치로 이동하고 1~5초 후 보였다가 1~5초 후 사라지는 것을 무한 반복한다. 하지만 이렇게 유령이 계속 같은 자리에 있으면 재미가 없기 때문에 조금 변화를 주자. 유령이 랜덤 위치에서 다른 랜덤 위치로 이동하도록 하면 보다 재미있는 게임이 될 것이다. 즉, 보이기와 숨기기 사이에 1~5초 기다리기 대신 다음과 같은 블록을 이용하여 유령이 계속 이동하게 해보자.

최종적으로 유령은 랜덤 위치에 1~5초 후 보였다가 1~2초 동안 다른 랜덤 위치로 이동하고 숨어버린다.

이제 유령의 기능이 완성되었으므로, 여러 마리의 유령을 구현하기 위해서는 유령 스프라이트를 복사해서 유령을 여러 개 만들면 된다. 하지만 같은 스크립트를 반복해서 구현하는 것은 비효율적이다. 이를 위해서 스크래치에서는 스프라이트를 복제해서 사용할 수 있는 기능을 제공하고 있다. [나 자신 ▾ 복제하기] 블록을 이용하면 유령 스프라이트를 하나만 구현하고 복제해서 여러 개의 스프라이트로 만들 수 있기 때문에 구현하기도 편하고 수정, 유지, 보수에도 장점이 있다.

그림 14-3을 변경하여 유령 스프라이트를 5개 만들어보자. 그림 14-4은 복제를 이용하여 유령들을 구현한 스크립트를 보여준다.

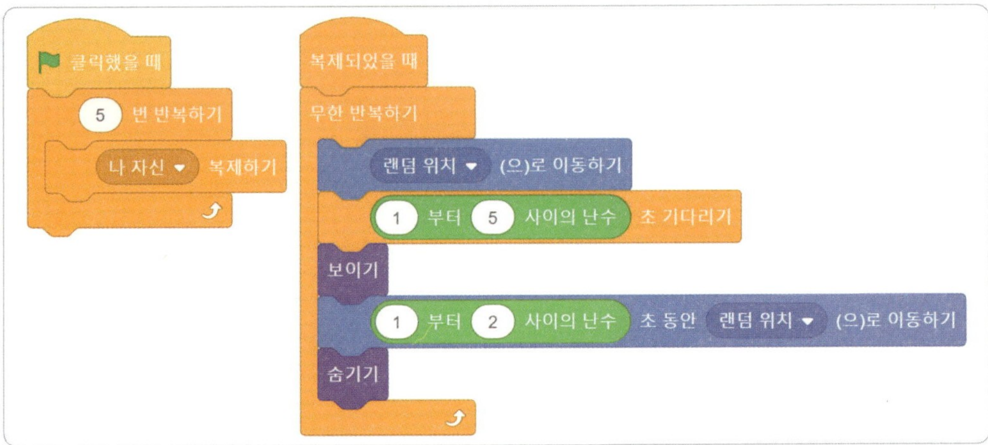

그림 14-4. 복제하기를 이용한 유령들 구현

[깃발]을 클릭했을 때, 다른 작업은 하지 않고 나 자신(유령 스프라이트)을 5번 복제한다. 그리고 복제 이벤트를 처리하기 위한 [복제되었을 때] 블록 아래에 원래 구현하였던 유령 이동 스크립트를 넣어준다. 이는 [깃발]을 클릭하면 유령 스프라이트가 총 5개 복제가 되는데, 복제된 스프라이트들은 자동으로 [복제되었을 때] 블록 아래의 코드들을 수행하기 때문에 5개의 유령 스프라이트들이 랜덤 시간, 랜덤 위치에 나타나 다른 랜덤 위치로 이동하는 동작을 무한 반복하게 된다.

14.1.3 유령을 잡았을 때

우리는 요구사항 분석에서 유령 스프라이트를 클릭했을 때 유령을 잡은 것으로 정의하기로 하였으므로  이벤트를 활용할 수 있다. 그림 14-5는 유령을 잡았을 때 스크립트를 보여준다. 이 스크립트를 유령 스프라이트에 추가해주면 된다.

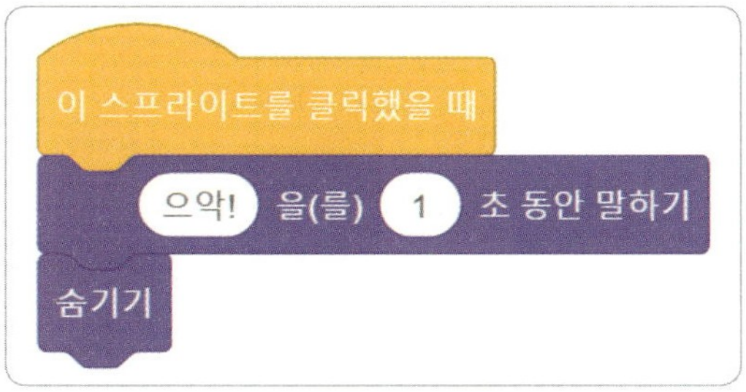

그림 14-5. 유령을 잡았을 때

유령 스프라이트를 클릭했을 때 '으악!'하고 말하고 잡힌 유령은 사라져야 하므로 숨긴다.

14.1.4 점수 계산하기

게임 유저에게 목표를 가질 수 있도록 유령을 잡을 때마다 1점씩 점수를 올려주자. 그림 14-6은 점수를 계산하기 위해서 관련된 블록을 스크립트에 추가한 것이다.

그림 14-6. 점수 계산 스크립트

'점수' 변수를 만들고, 을 클릭했을 때에는 0점으로 시작할 수 있도록 초기화 해주는 블

록을 추가하고, 유령을 잡을 때마다 점수가 1점씩 증가해야하기 때문에 스프라이트 클릭 이벤트가 발생하면 점수를 1점씩 올리는 블록을 추가해주었다.

14.1.5 게임 종료 조건 설정

게임에는 끝이 있어야 되므로 종료 조건을 설정하고 조건을 만족하면 게임을 종료해야 한다. 이를 위해 일정 수의 유령이 등장했으면 게임을 종료하기로 한다. 따라서 등장한 유령 수를 체크하기 위한 '유령 수' 변수를 만들고 유령이 나타났다가 사라지면 1씩 증가시키고, 일정 수 이상의 유령이 등장했으면 종료하도록 스크립트를 구성한다. 교재에서는 유령이 20마리 등장하면 게임을 종료한다. 그리고 게임이 종료되면 이를 알리기 위해 그림 14-7과 같이 종료 배경을 보여준다.

그림 14-7. 게임 종료 시 배경 추가

그림 14-8은 유령 등장 수를 기준으로 종료 조건을 추가한 스크립트를 보여준다.

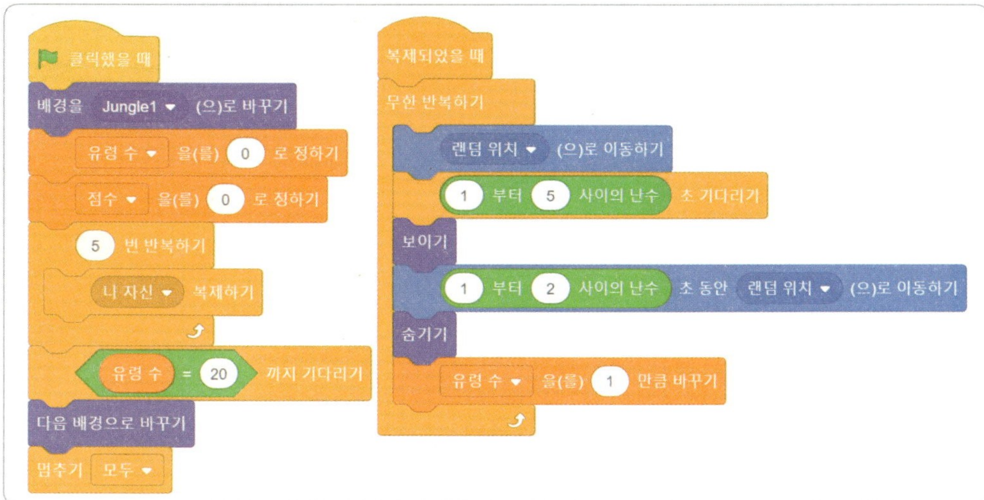

그림 14-8. 종료 조건 추가한 스크립트

을 클릭했을 때 '유령 수' 변수를 초기화하기 위해 0으로 설정하고, '유령 수'가 20이 될 때까지 기다렸다가 20이 되면 다음 배경(게임 종료)으로 변경한 뒤, 모두 멈추기 블록을 이용하여 게임을 종료한다. 이 때 복제된 유령 스프라이트들이 보였다가 사라질 때마다 '유령 수'를 1씩 증가시켜 유령 등장 수를 계산한다.

14.1.6 타격감 주기

실제 게임 개발에서 가장 중요한 요소 중 하나가 타격감이다. 예를 들어, 어떤 게임 캐릭터가 다른 캐릭터를 공격할 때 소리나 공격 효과가 발생하는 타이밍이 조금만 달라도 유저들은 민감하게 반응하기 때문에 적절한 타이밍에 적절한 효과를 넣어 타격감을 살려주는 것은 매우 중요한 작업이다.

유령 잡기 게임에서는 타격감을 살리기 위해 잡힌 유령 스프라이트는 아래와 같이 스프라이트 모양을 바꾼다. 왼쪽은 잡히기 전, 오른쪽은 잡힌 후 스프라이트 모양이다.

ghost-a　　　ghost-c

또, 잡힐 때 소리를 내기 위해 'Cymbal' 소리를 이용하였다. 이는 스프라이트 소리 탭에서 소리고르기 메뉴를 통해 추가할 수 있다. 그림 14-9는 이러한 내용을 반영한 스크립트를 보여준다.

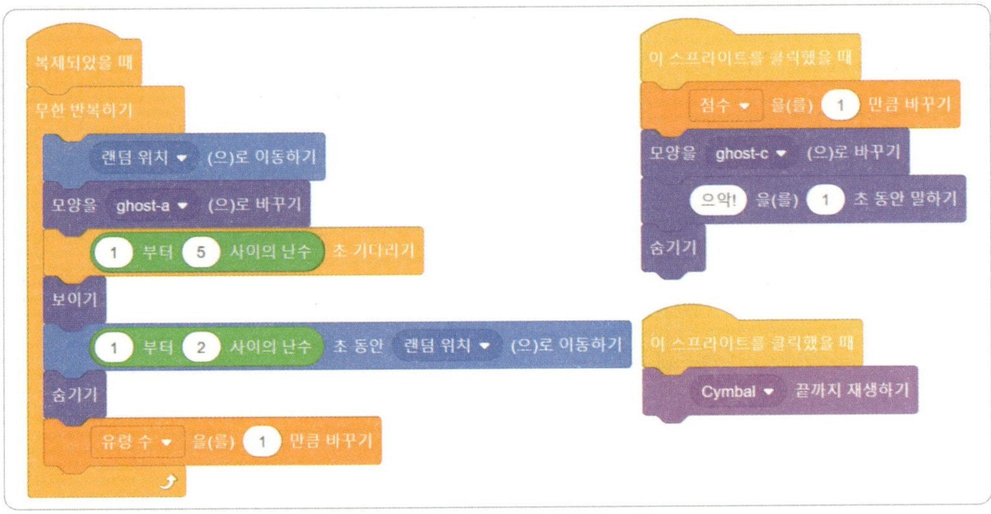

그림 14-9. 타격감을 위한 모양 변경과 소리 재생을 추가한 스크립트

이로써 유령 잡기 게임을 완성하였다. 재미있게 플레이해보고 보완해야 할 점을 생각해 보자.

14.2 배구왕 앵무 게임

"앵무새 앵무는 친구들과 배구를 하며 즐거운 오후를 보내고 있었다. 그런데 앵무는 갑자기 발생한 워프게이트에 휩쓸려 시공간을 이동해 쥐라기 월드에 워프되고 말았다. 커다란 공룡들 사이에서 집으로 돌아가기 위한 힘겨운 여정이 계속되던 중 새끼 익룡 익룡이를 만났는데.. 익룡이는 자기와 배구를 해서 이기면 집으로 돌아갈 수 있는 방법을 알려주겠다고 한다. 과연 앵무는 익룡이를 이기고 집으로 돌아갈 수 있을 것인가.."

그림 14-10. 배구왕 앵무 게임

14.2.1 요구사항 분석

배구왕 앵무 게임은 앵무와 익룡이가 배구를 하는 게임이다. 무대에는 앵무, 익룡이, 공, 나무(네트)가 있고, 이들을 잘 활용하여 배구 게임을 구현해야 한다. (스프라이트: Parrot, Dinosaur3, Trees, Basketball, 배경: Jurassic)

① 앵무 움직임 (플레이어)

→ 키보드 화살표로 좌우로만 이동 가능

→ 스프라이트 모양을 주기적으로 바꿔 동적인 캐릭터 표현

② 익룡이 움직임 (컴퓨터)

→ 좌우로만 이동하며 자동으로 공을 받아야 함

→ 스프라이트 모양을 주기적으로 바꿔 동적인 캐릭터 표현

③ 공의 움직임

→ 공은 게임이 종료될 때까지 계속해서 움직임

→ 무대 벽에 닿으면 튕겨져 나옴

→ 앵무나 익룡이 공을 받아칠 수 있음

→ 네트에 닿으면 튕겨져 나옴

④ 승패 판단 및 이벤트 처리

→ 공이 바닥에 닿으면 승패 판단

→ 네트의 왼쪽 바닥에 닿으면 패배, 네트 오른쪽 바닥에 닿으면 승리

→ 승리한 스프라이트는 '이겼다!' 말하기

→ 패배한 스프라이트는 '내가 졌소 ㅜㅜ' 말하기

⑤ 게임 종료

→ 승패가 결정되면 승패 이벤트 처리 후 게임 종료

14.2.2 앵무의 움직임

앵무는 좌우로 움직이며 공을 칠 수 있어야 한다. 가장 기본적인 방법은 키보드 좌우 방향키 이용한 이동일 것이고, 그 외에 마우스로 이동할 위치를 클릭하거나 마우스 방향으로 이동하기 등을 사용할 수 있을 것이다. 우리는 키보드 입력으로 간단하게 앵무의 움직임을 구현해보자.

그림 14-11은 앵무의 움직임을 구현한 스크립트를 보여준다. 오른쪽의 🏴을 클릭했을 때 블록에서는 왼쪽 화살표 방향키를 누르면 왼쪽으로 이동하기 위해서 앵무의 x좌표를 -10만큼 이동해주고, 오른쪽 화살표 방향키를 누르면 오른쪽으로 이동하기 위해서 앵무의 x좌

표를 +10만큼 변경해준다. 왼쪽의 을 클릭했을 때 블록에서는 앵무가 주기적으로 모양을 바꾸게 하여 생동감을 주는 부분이다.

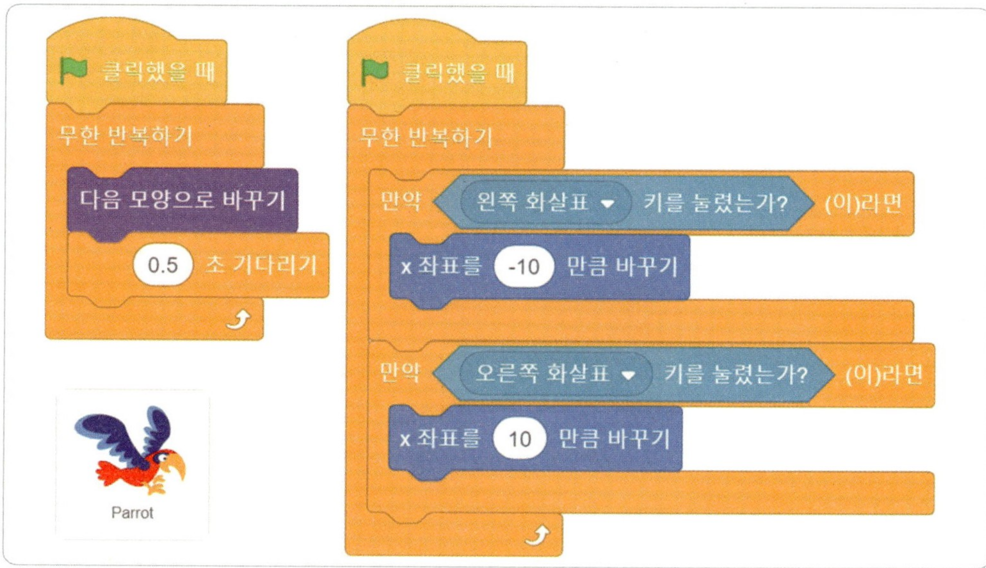

그림 14-11. 앵무의 움직임 스크립트

14.2.3 공의 움직임

공은 게임이 종료될 때까지 계속 움직이고 무대 벽에 부딪히면 튕겨져 나와야한다. 따라서 무한 반복 블록, 움직이기, 벽에 닿으면 튕기기 블록을 활용할 수 있다. 그림 14-12는 공의 움직임에 관련된 스크립트를 보여준다. 왼쪽 을 클릭했을 때에서는 이러한 공의 기본적인 움직임을 정의하고 있다.

그림 14-12. 공의 움직임 스크립트

공은 정의한 것처럼 정해진 방향으로 계속해서 움직이고 있으므로 공의 방향만 변경해주면 이동 경로를 변경할 수 있다. 오른쪽 을 클릭했을 때에서는 앵무나 익룡이 공을 친 경우와 네트에 닿은 경우를 정의하고 있다. 최대한 간단하게 구현하기 위해 앵무나 익룡에 닿은 경우에는 공의 방향을 −75~75도 사이의 난수로 변경한다. 즉 공의 방향을 위쪽으로 변경하여 마치 앵무와 익룡이가 떨어지던 공을 쳐서 다시 올라가는 것처럼 보일 수 있게 하였다.

14.2.4 익룡이의 움직임

익룡이는 컴퓨터가 움직이는 캐릭터로, 배구에서 지지 않으려면 공을 계속 쫓아 다니면서 공을 쳐야 한다. 따라서 공을 쫓아 다닐 수 있는 알고리즘을 개발해야 한다. 어떻게 하면 익룡이가 계속 공을 쫓아 다닐 수 있을까?

사람이 앵무를 조정할 때를 생각해보자. 사람은 공이 앵무 쪽으로 떨어지기 시작하면 공이 이동하는 방향을 보고 떨어질 위치를 예측하여 앵무를 그 위치로 이동시킨다. 이러한 내용을 알고리즘으로 표현하면 익룡이도 마치 사람이 조정하는 것처럼 움직일 수 있을 것이다. 하지만 이 전체를 표현하기는 너무 복잡하기 때문에 보다 이러한 과정을 단순화시켜 보자.

공에 닿는다는 것에 대해서 조금 더 생각해보면, 익룡이는 좌우로만 움직일 수 있기 때문에 공에 닿기 위해선 공이 익룡이와 비슷한 y좌표에 도착했을 때, 익룡이가 공과 비슷한 x좌표에 있으며 된다. 즉, 익룡이는 공과 비슷한 가로축 위치에 있으면 공에 닿을 수 있다는 것이다. 이를 위해 먼저 공의 x좌표를 알 수 있도록 그림 14-13과 같이 공 스크립트에 '공x좌표'라는 변수를 추가한다.

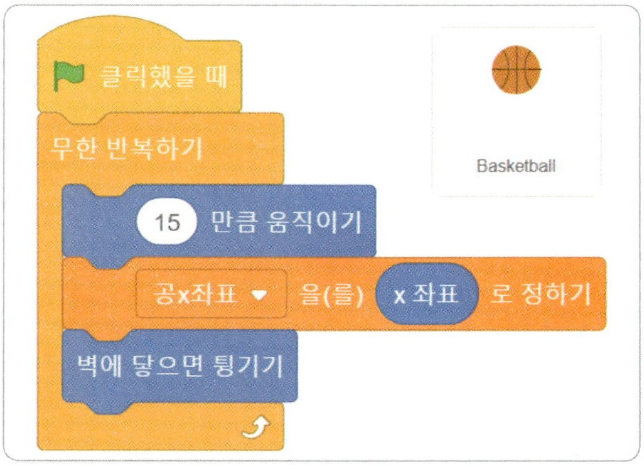

그림 14-13. 공의 움직임 스크립트에 공x좌표 변수 추가

이제 '공x좌표' 변수를 통해 익룡이가 움직여야 하는 위치를 알 수 있게 되었고, 익룡이의 x좌표를 공의 x좌표와 동일하게 만들기 위해 아래와 같은 코드로 익룡이의 움직임을 정의한다고 생각해보자.

이와 같이 구현하면 익룡이의 x위치는 항상 공과 같아진다. 즉, 익룡이는 절대 공을 떨어트리지 않는 배구신이 된다. 게임에서는 밸런스를 맞추는 것도 중요하기 때문에 익룡이에게 약간의 페널티를 주어야 한다. 그리고 네트를 넘어가지 않기 위한 제한 사항도 추가해야 한다.

그림 14-14는 이러한 사항들을 적용한 익룡이의 움직임 스크립트를 보여준다. 오른쪽 을 클릭했을 때에서 네트를 넘어가지 않기 위해서 공의 x좌표가 10보다 커지면, 즉, 공이 네트를 넘어온 경우에만 익룡이가 쫓아가도록 하였고, 이동하기 블록도 0.2초 동안 이동하기 블록으로 변경하여 익룡이가 공을 쫓아가는 속도를 느리게 만들었다. 왼쪽의 을 클릭했을 때는 앵무와 마찬가지로 생동감을 주기 위한 부분이다.

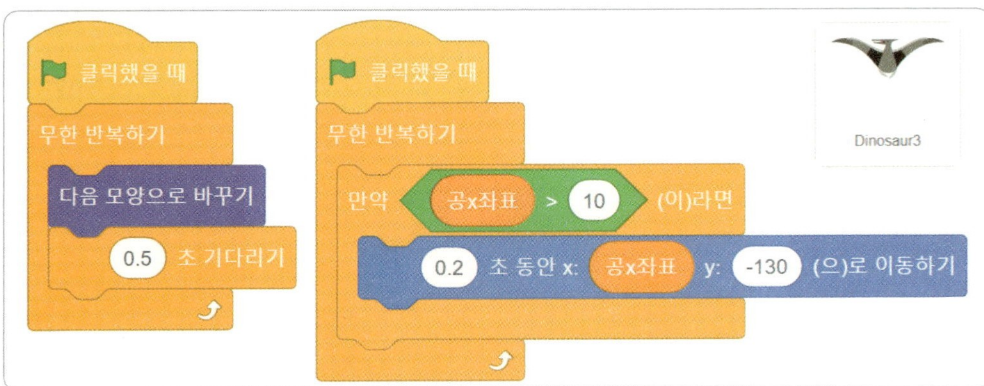

그림 14-14. 익룡이의 움직임 스크립트

이렇게 구현함으로써 익룡이는 공이 네트를 넘어오면 공의 x좌표와 비슷한 위치로 이동하게 만들 수 있다.

14.2.5 승패 판단 및 이벤트 처리

배구는 공이 상대편의 땅에 떨어지면 승리하는 게임이다. 따라서 승패 여부를 결정하기 위해서는 공이 땅에 떨어졌을 때(y좌표가 일정 이하일 때) 앵무 쪽 땅이라면 패배, 익룡이 쪽 땅이라면 승리라고 할 수 있다.

그림 14-15는 이러한 내용을 공 스크립트에 추가한 것을 보여준다. 공이 앵무나 익룡이보다 밑에 있으면(공의 y좌표가 -130보다 작으면), 즉, 공이 땅에 떨어졌으면, 공이 떨어진 땅이 누구 땅인지 판단한다. 공이 앵무의 땅에 떨어졌으면(공의 x좌표가 0보다 작으면) 패배 메시지를 방송하고, 아니면 승리 메시지를 방송한다. 방송된 메시지는 앵무와 익룡이 스크립트에서 그림 14-16과 같이 처리해준다.

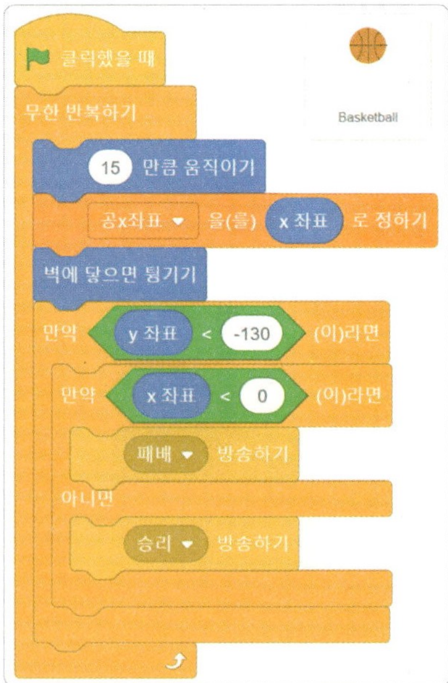

그림 14-15. 승패 판단 및 메시지 전송

그림 14-16. 승패 이벤트 처리 스크립트

14.2.6 게임 종료

배구 게임에서는 승패가 결정 나는 순간 게임 종료가 되기 때문에 종료 조건은 명확하다. 게임 종료를 알리기 위해서 유령 잡기 게임과 비슷하게 배경을 추가한다. 그림 14-17은 추가된 배경을 보여준다.

그림 14-17. 게임 종료 배경 추가

그림 14-18은 공 스크립트에 시작할 때 첫 번째 배경으로, 승패가 결정 났을 때 두 번째 배경으로 변경해주는 스크립트를 추가한 것을 보여준다.

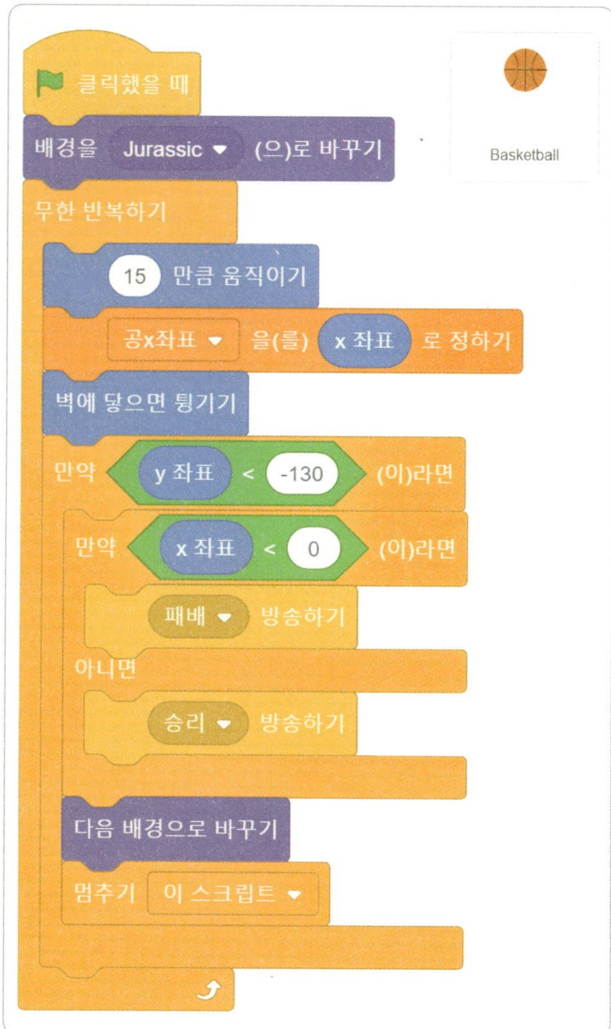

그림 14-18. 게임 종료를 추가한 공 스크립트

연습문제

간단한 게임 만들기

1. 유령 잡기에서 한 번 잡은 유령을 다시 클릭해도 점수가 올라가지 않도록 수정해보자.

2. 배구 게임에서 공을 칠 때마다 소리가 나도록 수정해보자.

3. 배구 게임의 난이도가 시간이 갈수록 높아지도록 수정해보자.

저자약력

노기섭
공군사관학교 산업공학 학사
University of Colorado, Computer Science 석사
서울대학교 컴퓨터공학 박사
공군사관학교 전산정보학과 조교수('17.~'18.)
청주대학교 인공지능소프트웨어전공 조교수('18. ~ 현재)

박현준
부산대학교 정보컴퓨터공학 학사
부산대학교 컴퓨터공학 석사
부산대학교 컴퓨터공학 박사
청주대학교 인공지능소프트웨어전공 조교수('18. ~ 현재)

나도 할 수 있다! **컴퓨팅사고**

발행일	1판 1쇄 인쇄 2020년 2월 25일 1판 1쇄 발행 2020년 2월 28일
지은이	노기섭 · 박현준
발행인	윤덕우
발행처	도서출판 그린
주 소	서울특별시 서대문구 연희로5길 50 (03716)
전 화	02)333-2574, 5
팩 스	02)333-2561
출판등록	제8-16호(1995. 5. 3.)
E-mail	greenpress@greenpress.co.kr
Homepage	http://www.greenpress.co.kr
가 격	19,000원
ISBN	978-89-5727-304-3 (93000)